ESTUDOS INTERDISCIPLINARES DE VIOLÊNCIA NA AMAZÔNIA

LUANNA TOMAZ DE SOUZA
Organizadora

✳ EDITORA CRV

Luanna Tomaz de Souza
Organizadora

ESTUDOS INTERDISCIPLINARES DE VIOLÊNCIA NA AMAZÔNIA

EDITORA CRV
Curitiba - Brasil
2014

Copyright © da Editora CRV Ltda.
Editor-chefe: Railson Moura
Diagramação e Capa: Editora CRV
Revisão: Os autores
Conselho Editorial:

Profª. Drª. Andréia da Silva Quintanilha Sousa (UNIR/UFRN)
Prof. Dr. Antônio Pereira Gaio Júnior (UFRRJ)
Prof. Dr. Carlos Alberto Vilar Estêvão (Universidade do Minho, UMINHO, Portugal)
Prof. Dr. Carlos Federico Dominguez Avila (UNIEURO – DF)
Profª. Drª. Carmen Tereza Velanga (UNIR)
Prof. Dr. Celso Conti (UFSCar)
Profª. Drª. Gloria Fariñas León (Universidade de La Havana – Cuba)
Prof. Dr. Francisco Carlos Duarte (PUC – PR)
Prof. Dr. Guillermo Arias Beatón (Universidade de La Havana – Cuba)
Prof. Dr. João Adalberto Campato Junior (FAP – SP)
Prof. Dr. Jailson Alves dos Santos (UFRJ)

Prof. Dr. Leonel Severo Rocha (URI)
Profª. Drª. Lourdes Helena da Silva (UFV)
Profª. Drª. Josania Portela (UFPI)
Profª. Drª. Maria Lília Imbiriba Sousa Colares (UFOPA)
Prof. Dr. Paulo Romualdo Hernandes (UNIFAL – MG)
Profª. Drª. Maria Cristina dos Santos Bezerra (UFSCar)
Prof. Dr. Sérgio Nunes de Jesus (IFRO)
Profª. Drª. Solange Helena Ximenes-Rocha (UFOPA)
Profª. Drª. Sydione Santos (UEPG – PR)
Prof. Dr. Tadeu Oliver Gonçalves (UFPA)
Profª. Drª. Tania Suely Azevedo Brasileiro (UFOPA)

CIP-BRASIL. CATALOGAÇÃO-NA-FONTE
SINDICATO NACIONAL DOS EDITORES DE LIVROS, RJ

E85

Estudos interdisciplinares de violência na Amazônia / organização Luanna Tomaz de Sousa. - 1. ed. - Curtiba, PR : CRV, 2014.

214 p.

Inclui bibliografia
ISBN 978-85-444-0341-9

1. Violência - Amazônia . 2. Sustentabilidade. 3. Violência. I, Sousa, Luanna Tomaz de.

15-19754

CDD: 364
CDU: 364

03/02/2015   03/02/2015

Foi feito o depósito legal conf. Lei 10.994 de 14/12/2004
2014
Proibida a reprodução parcial ou total desta obra sem autorização da Editora CRV
Todos os direitos desta edição reservados pela:
Editora CRV
Tel.: (41) 3039-6418
www.editoracrv.com.br
E-mail: sac@editoracrv.com.br

SUMÁRIO

PREFÁCIO 9
Carlos Maneschy

PARTE 1 - ASPECTOS GERAIS DA VIOLÊNCIA

VISIBILIDADES E INVISIBILIDADES DAS VIOLÊNCIAS
CONTEMPORÂNEAS 13
Rochele Fellini Fachinetto

SUSTENTABILIDADE SOCIAL E CONFLITO 27
Lorena Santiago Fabeni
Luanna Tomaz de Souza

PARTE 2 - VIOLÊNCIA OBSTÉTRICA

VIOLÊNCIA OBSTÉTRICA É VIOLÊNCIA DE GÊNERO: naturalização,
banalização e rotinas violentas na atenção ao parto 47
Edna Abreu Barreto

PARTE 3 - VIOLÊNCIA DOMÉSTICA E FAMILIAR

CÁRIE DENTAL EM MULHERES VÍTIMAS DE VIOLÊNCIA 65
Priscila Nazaré da Silva Neves
Cyntia Maria Bino Sinimbú
Roberta Maués de Carvalho Azevedo Luz
Gustavo Antonio Martins Brandão
Liliane Silva do Nascimento

O TRATAMENTO PSICOLÓGICO DE GRUPO PARA MULHERES EM
SITUAÇÃO DE DEPENDÊNCIA AFETIVA E DE VIOLÊNCIA
DOMÉSTICA 77
Silvia Canaan-Stein
Pedro Augusto Dias Baía
Manoella Canaan-Carvalho

VIDA DOMÉSTICA E PRÁTICAS DE VIOLÊNCIA CONTRA AS
MULHERES 107
Maria Luzia Miranda Álvares

PARTE 4 - VIOLÊNCIA SEXUAL

O FORMAÇÃO DO EDUCADOR PARA O ENFRENTAMENTO DA EXPLORAÇÃO SEXUAL DE CRIANÇAS E ADOLESCENTES: uma reflexão a partir da política nacional de enfrentamento da violência sexual contra crianças e adolescentes 119
Leonildo Nazareno do Amaral Guedes
Genylton Odilon Rêgo da Rocha

ASPECTOS CULTURAIS E ESTRUTURAIS ASSOCIADOS À REVELAÇÃO DA VIOLÊNCIA SEXUAL DE CRIANÇAS E ADOLESCENTES: reflexões sobre o contexto amazônico 137
Pedro Augusto Dias Baía
Celina Maria Colino Magalhães
Silvia Canaan-Stein

PARTE 5 - VIOLÊNCIA DE GÊNERO

VIOLÊNCIA CONTRA A MULHER NA REGIÃO AMAZÔNICA NARRADA PELA MÍDIA IMPRESSA DO ESTADO DO PARÁ 149
Vera Lúcia de Azevedo Lima
Lidiane Xavier de Sena
Andrey Ferreira da Silva
Valquíria Rodrigues Gomes
Danielle Leal Sampaio
Alessandra Carla Baia Dos Santos
André Ozela Augusto

VIOLÊNCIA ESTRUTURAL, AÇÃO SOCIAL E ATRIBUIÇÕES DE GÊNERO EM PROCESSOS JUDICIAIS DE PARRICIDAS INIMPUTÁVEIS. 161
Maria Patricia Corrêa Ferreira

SAÚDE MENTAL E VIOLÊNCIA DE GÊNERO - REFLEXÕES 175
Maria Eunice Figueiredo Guedes
Alan Fernandes
Carlos Joaquim Barbosa da Rocha
Cristianne Pinheiro Silva
Fernanda Tamie Isobe
Fabiana Lima Silva
Ilana P. Botelho Rodrigues

José Moraes Cardoso
Raquel Platilha
Weverton Ruan Rodrigues

PARTE 6 - TRABALHO E VIOLÊNCIA

O "TRABALHO ESCRAVO" CONTEMPORÂNEO: construção
conceitual e caracterizações 191
Jorge Luis Ribeiro dos Santos

SOBRE OS AUTORES..209

PREFÁCIO

A violência é, historicamente, um dos maiores desafios da sociedade humana. Depois das grandes guerras que marcaram o século XX, os ensaios das nações – tanto vitoriosas quanto vencidas – em busca de paz, revelaram-se insuficientes para colocar fim aos conflitos e aos sofrimentos que deles decorrem.

Com a velocidade das comunicações, os relatos de violência marcam o cotidiano do século XXI. Na praça pública, no novo espaço público das mídias, diante de nossos olhos, mas também na invisibilidade do chamado recesso do lar, as vítimas se multiplicam. Na Amazônia, várias cidades paraenses figuram em situação de destaque nos rankings da violência.

As ações corretivas são todas de grande envergadura e a longo prazo. Os caminhos para se chegar a um nível mínimo de controle do problema passam pelo enfrentamento de questões como a injustiça, a opressão, a pobreza, a degradação do meio ambiente. E, sem dúvida, também pela educação.

Chegamos, assim, ao papel das instituições de ensino na busca de um futuro melhor, ao preparar as novas gerações. As universidades, locais de produção de conhecimento, cada vez mais têm chamado a si essa responsabilidade.

Na Universidade Federal do Pará, o Núcleo de Estudo Interdisciplinar sobre Violência na Amazônia é um exemplo da reflexão que rompe nossos muros simbólicos e se volta para a sociedade. Esta publicação reúne relatos de pesquisas em desenvolvimento por especialistas de diversas áreas, a comprovar a multiplicidade de olhares que o objeto de estudo não só permite, como, na verdade, exige. Ao apresentá-la, a Universidade Federal do Pará acredita contribuir para a tomada de consciência sobre o tema, suscitando o debate e oferecendo subsídios para a formulação de políticas públicas.

Carlos Maneschy
Reitor da Universidade Federal do Pará

PARTE 1
ASPECTOS GERAIS DA VIOLÊNCIA

VISIBILIDADES E INVISIBILIDADES DAS VIOLÊNCIAS CONTEMPORÂNEAS

Rochele Fellini Fachinetto[1]

INTRODUÇÃO

O propósito deste texto é construir algumas reflexões sobre as visibilidades e invisibilidades das violências na sociedade contemporânea, tensionando – a partir de alguns episódios recentes e que tiveram grande repercussão nas mídias – algumas das dimensões desse processo tão complexo e multifacetado. O texto também apresenta uma diferenciação importante entre noções que, não raras vezes, são tratadas como sinônimas e, desta forma, busca-se aprofundar as diferenças entre crime, violências e conflitos sociais.

Não é nenhuma novidade falar que vivemos num país violento. Também não é novidade dizer que observamos e vivenciamos, cotidianamente, múltiplos episódios de violência.

Recebemos, diariamente, uma avalanche de notícias, na televisão, nos jornais, nas redes sociais sobre as violências que acontecem nas grandes e pequenas cidades do país. Assustados, assombrados, indignados, revoltados, são alguns dos adjetivos que podem vir a descrever os sentimentos motivados pelas múltiplas narrativas de tais episódios.

Este texto convida a outro posicionamento com relação ao tema. Ele propõe um exercício de distanciamento daquilo que nos instiga ao horror, às cenas cruas e espetacularizadas da violência cotidiana e seja capaz de constituir um olhar analítico, reconstruindo alguns rastros sociais para compreender as dinâmicas que envolvem estes processos tão múltiplos e diversos.

Para Zizek (2009, p. 9) num primeiro plano, a violência emerge para nós a partir de seus traços mais evidentes, do crime, do terror, dos confrontos civis e internacionais, mas:

> Deveríamos aprender a ganhar recuo, a desenredarmo-nos do engodo fascinante desta violência "subjectiva" diretamente visível, exercida por um agente claramente identificável. É necessário sermos capazes de nos aperceber dos contornos dos antecedentes que engendram essas explosões. O recuo permitir-nos-á identificar uma violência que subjaz aos nossos próprios esforços que visam combater a violência e promover a tolerância.

---

[1] Professora do Departamento de Sociologia da Universidade Federal do Rio Grande do Sul. Membro do Grupo de Pesquisa Violência e Cidadania/UFRGS. Mestre e Doutora em Sociologia pela Universidade Federal do Rio Grande do Sul.

O trecho do autor traz alguns aspectos que são fundamentais para iniciarmos a reflexão sobre este tema.

O primeiro deles convida a um distanciamento desta violência explícita, direta, que se torna visível e se utiliza de uma dramatização da dor para sensibilizar, comover e envolver. Esta comoção e envolvimento funcionam como uma "armadilha" ao olhar crítico, pois concentram nossos esforços à dimensão mais explícita e visível da violência – ao horror dos crimes violentos, mortes, torturas e outras tantas violações que acabam limitando nosso posicionamento ao medo, à revolta ou – o que pode ser pior – à própria ideia de vingança e de que algo precisa ser feito agora e já para conter esses episódios. Essa violência explícita, ou demasiadamente explicitada, é para Zizek (2009, p. 9) somente a parte mais visível de um processo que envolve outras formas de violência e que, via de regra, não são tematizadas ou mesmo visibilizadas. Essa urgência que se coloca diante dos fatos é justamente aquilo que nos impede de fazer uma análise mais aprofundada e cuidadosa dos fenômenos da violência. Somos chamados a nos posicionar e agir imediatamente quando é justamente isso que nos impede de pensar, de refletir e de lançar um olhar analítico sobre a violência porque estamos demasiadamente envolvidos pelo terror, pela face sangrenta e dolorosa da violência. Esta é uma primeira consideração importante sobre as reflexões que pretendemos pontuar neste texto.

O segundo aspecto a ser destacado com relação ao trecho do autor, atenta para a necessidade de olharmos não apenas para uma violência que consideramos externa, distante, longe e fora de nós. Ao contrário, instiga a pensar numa violência que subjaz aos nossos próprios esforços que visam combater a violência e promover a tolerância (ZIZEK, 2009, p. 9). Este constitui-se num exercício interessante na medida em que nos faz olhar para diferentes formas pelas quais a violência pode ser manifestar, muitas vezes, quando nos dizemos contrários à violência e defensores da tolerância. Há fissuras que nos passam despercebidas e que revelam formas de violência que manifestamos sem nos apercebemos que constituem, elas próprias, também outras formas de violência, porém, invisibilizadas.

2. O COTIDIANO DAS VIOLÊNCIAS VISÍVEIS E INVISÍVEIS

Partindo dessas duas ideias iniciais, passaremos a desdobrá-las a partir de alguns episódios recentes veiculados por diversas mídias e redes sociais que manifestam múltiplas formas de violência e que nos possibilitam problematizar tanto essa absorção pelos sujeitos de uma violência mais explícita e visível, quanto as situações em que a violência é legitimada socialmente e surge como justificativa para o cometimento de outras formas de violência.

A notícia data de 07 de janeiro de 2014. No site do jornal Folha de São Paulo[2], há uma reportagem sobre a decapitação de três homens que estavam presos no Centro de Detenção Provisória de Pedrinhas, no Estado do Maranhão. A reportagem traz uma narrativa sobre o episódio, sobretudo, de um vídeo que fora gravado pelos próprios presos no dia 17 de dezembro de 2013 onde são exibidos os corpos e as cabeças dos presos. O vídeo e as imagens dos presos decapitados foram reproduzidos em diversos jornais, blogs e outros sites da internet. Para além do horror do episódio ocorrido e da reprodução da narrativa pelas diversas mídias, este caso chama atenção igualmente pelos comentários que são reproduzidos pelos leitores logo abaixo às reportagens, nos mais diversos jornais que veicularam a notícia. Os comentários manifestam diversas opiniões, desde críticas à gestão do sistema penitenciário no estado e no Brasil; críticas à forma como o caso foi explorado midiaticamente, através da publicização das imagens e do vídeo e, destaca-se, sobretudo, muitos comentários que apoiaram a decapitação, pelo fato de que os mortos eram presidiários e, sendo assim, não mereceriam que suas vidas fossem protegidas ou defendidas.

Ainda no mês de janeiro, outro caso ganhou forte repercussão midiática. No dia 31 de janeiro de 2014, um jovem de 15 anos foi encontrado nu, preso a um poste por um cadeado de bicicleta, na cidade do Rio de Janeiro. O menino foi amarrado ao poste por um grupo de outros jovens que teriam decidido atuar como justiceiros na região. O jovem relatou ter sido espancado pelo grupo e foi encaminhado para delegacia e então para o hospital, de onde fugiu[3].

Na sequência, três dias após este fato, outro episódio, numa pequena cidade do interior de São Paulo (Gastão Vidigal), também traz elementos interessantes para esta reflexão. Era uma segunda feira de carnaval e um jovem, de 16 anos, fotografava o movimento da praça na cidade. Dentre as imagens, algumas foram tiradas de crianças que estavam no local e isso chamou a atenção do pai e do avô das crianças que suspeitaram de um caso de pedofilia. O jovem foi encaminhado á delegacia pela Polícia Militar, prestou esclarecimentos e foi liberado. Entretanto, um outro indivíduo o atacou na saída da delegacia espancando-o até a morte. Na reportagem do Estadão[4], o advogado de defesa do agressor comenta que seu cliente está em liberdade provisória por ter bons antecedentes e residência fixa.

Por fim, retoma-se o caso ocorrido em 05 de maio de 2014, quando uma mulher também foi espancada até morte, no Guarujá, em São Paulo. Segundo o caso foi

---

2   Disponível em: <http://www1.folha.uol.com.br/cotidiano/2014/01/1394160-presos-filmam-decapitados-em-penitenciaria-no-maranhao-veja-video.shtml> Acesso em 08/06/2014.
3   A notícia foi veiculada em diversos meios de comunicação. Destaca-se neste texto as informações veiculadas na Folha de São Paulo e no site do G1. Disponível em: <http://www1.folha.uol.com.br/cotidiano/2014/02/1415662--adolescente-amarrado-a-poste-e-preso-por-assalto-em-copacabana.shtml>
Disponível em: <http://g1.globo.com/rio-de-janeiro/noticia/2014/02/menor-preso-poste-diz-policia-que-foi-agredido-por-15-homens-no-rio.html> Acesso em 08/06/2014.
4   Disponível em: <http://www.estadao.com.br/noticias/geral,homem-que-matou-adolescente-a-socos-e-posto--em-liberdade,1138290> Acesso em 08/06/2014.

relatado, a mulher teria sido espancada por dezenas de moradores da cidade a partir de um boato criado em uma página numa rede social que a acusava de sequestrar crianças para realizar rituais de 'magia negra'[5]. As cenas da agressão foram gravadas por algumas pessoas.

Os quatro casos brevemente pontuados neste texto têm um propósito de contribuir para a reflexão de algumas ideias acerca da violência na sociedade contemporânea[6].

Uma primeira reflexão que estes relatos nos possibilitam explorar é o não reconhecimento da condição humana de determinados sujeitos. Os presos decapitados, o menino amarrado ao poste, o jovem espancado por ser confundido com um pedófilo e a mulher espancada em função de boatos nas redes sociais figuraram, pelo menos em algum momento dos episódios, como sujeitos merecedores dos atos de violência que sofreram, pois cometeram ou teriam cometido algum crime. Esta condição justificaria, por si só, o cometimento de outros crimes, agora contra eles?

Há uma diferença importante que reforça este argumento. Os atos de violência consumados contra os presos e contra o menino amarrado ao poste continuaram a ser legitimados socialmente através dos comentários que seguiram as matérias publicadas. Para os outros dois casos, há um rechaço das práticas de violência cometidas contra eles depois que se descobre que foram 'vítimas inocentes', ou seja, que não correspondiam – nem ao pedófilo, nem à sequestradora de crianças. Neste caso parece haver um reconhecimento maior de que os atos foram injustos. O que não se verifica com relação aos dois primeiros casos. E por isso é interessante questionar: e se fossem, de fato, responsáveis por aquilo que estavam sendo acusados, ainda assim a violência se justificaria? Em casos como estes, a fronteira entre o que se considera justiça ou violência parece ser bastante fluida.

Ao analisar a relação estabelecida entre os atores sociais e o sistema jurídico, Oscar Vilhena Vieira (2007, p. 29) identifica três grupos distintos: os *invisíveis*, que constituem os extremamente pobres; os *demonizados*, que são aqueles que desafiam o sistema de justiça ao cometerem um delito e, por fim, os *imunes*, que são os privilegiados, seja para os demais indivíduos, seja para as instituições. Desta forma, o autor defende que a exclusão social e econômica destrói a imparcialidade da lei, enfraquecendo a integridade do Estado de Direito. Para os casos que aqui analisamos, interessa aprofundar justamente os invisíveis e os demonizados.

> Invisibilidade significa aqui que o sofrimento humano de certos segmentos da sociedade não causa uma reação moral ou política por parte dos mais privilegiados e não desperta uma resposta adequada por parte dos agentes públicos. A perda de vidas humanas ou a ofensa à dignidade dos economicamente menos favorecidos, embora relatada e amplamente conhecida, é invisível no sentido de que não resulta em uma reação política e jurídica que gere uma mudança social.

---

5   Disponível em: <http://g1.globo.com/sp/santos-regiao/noticia/2014/05/mulher-espancada-apos-boatos-em-rede--social-morre-em-guaruja-sp.html> Acesso em 08/06/2014.
6   Os casos foram selecionados dentre uma infinidade de outros episódios de crimes e violências que ocorrem cotidianamente nos mais variados contextos sociais. Não se propõe nenhum tipo de generalização e mesmo que estes casos sejam representativos de outros casos que já ocorreram.

Demonização, portanto, é o processo pelo qual a sociedade desconstrói a imagem humana de seus inimigos, que a partir desse momento não merecem ser incluídos sobre o domínio do Direito. Seguindo uma frase famosa de Grahan Greene, eles se tornam parte de uma "classe torturável". Qualquer esforço para eliminar ou causar danos aos demonizados é socialmente legitimado e juridicamente imune (VIEIRA, 2007, p. 43-44).

Essa ideia de que o sofrimento humano de certos segmentos sociais não sensibiliza a sociedade expressa justamente esse não reconhecimento do outro, que se radicaliza quando os sujeitos invisíveis 'abandonam' a visibilidade e se tornam *demonizados*.

O autor bem expressa a noção de que há uma desconstrução da sua imagem humana e, portanto, os atos de violência cometidos contra os demonizados não são vistos como violências ou crimes, mas como 'justiça'. Trata-se, na verdade, de uma violência que é legitimada socialmente, porque produzida contra sujeitos que não são sujeitos, não são considerados humanos, contra os quais, tudo é possível. Isso fica claro nos casos aqui descritos, sobretudo para os presos do Maranhão e para o menino amarrado ao poste, já que em ambos os casos, a condição de demonizados não foi colocada em questão. Com relação ao jovem que fotografava a praça e a mulher acusada de sequestrar crianças, a violência praticada que foi incialmente legitimada, passou a ser fortemente criticada, pois se descobriu que as duas situações eram boatos e, portanto, não se tratavam mais dos *demonizados*.

Os episódios de violência aqui retratados expressam distintas dimensões. Para Zizek (2009, p. 9-10) a violência subjetiva é somente a parte mais visível de um processo que envolve outras formas de violência: a violência simbólica, manifesta pela linguagem e a violência sistêmica, que tem relação com os sistemas econômicos e políticos nos quais estamos inseridos. A violência simbólica, nos casos aqui pontuados, pode ser pensada tanto a partir da forma como as diferentes mídias veiculam os fatos (ao explorarem em maior ou menor grau cenas, detalhes, recursos imagéticos) quanto nos próprios comentários que seguem às reportagens e que, não raras vezes, ironizam, debocham e caçoam das situações de violência a que os sujeitos são expostos.

A violência sistêmica, por sua vez, é justamente aquela que menos atentamos quando somos absorvidos pela dimensão mais explícita da violência, pela sua urgência, pela forma como é dramatizada. Deixamos, com isso, de perceber que há complexos processos econômicos e políticos que subjazem às múltiplas formas de violência que somos confrontados cotidianamente. A violência do próprio sistema econômico, que é invisibilizada frente a outras formas de violência.

É justamente neste sentido que se coloca a importância do recuo e do distanciamento para compreensão de tais fenômenos, pois ao sermos absorvidos por esta violência explícita, visível, acabamos por desconsiderar outras dimensões que subjazem estas dinâmicas.

> Há razões para olharmos obliquamente a violência. A premissa subjacente que parto é a de que há qualquer coisa de intrinsecamente mistificador numa consideração directa: a alta potência do horror diante dos actos violentos e a empatia com as vítimas funcionam inexoravelmente como um engodo que nos impede de pensar. (ZIZEK, 2009, p. 11).

Estas reflexões nos instigam a olhar para os significados da violência – que ora pode ser vista como um problema ora pode ser significada como justiça, dependendo dos sujeitos aos quais ela se aplica. Na sequência, partindo da abordagem de uma sociologia das conflitualidades, buscamos aprofundar algumas diferenciações que nos parecem importantes para compreender processos sociais que, não raras vezes, são tratados como sinônimos.

3. POR UMA SOCIOLOGIA DAS CONFLITUALIDADES: DIFERENCIAÇÕES ENTRE CRIMES, CONFLITOS, VIOLÊNCIAS

Qualquer exercício de compreensão e interpretação dos fenômenos da violência na sociedade contemporânea, não pode abdicar de uma postura epistemológica que parta do reconhecimento da complexidade do fenômeno, que considere os processos sociais nas tramas sociais e históricas nas quais eles estão inseridos. Por esta razão, Tavares dos Santos (2009, p. 17) propõe a complexidade como uma primeira ideia-elemento para construção do olhar sociológico sobre a conflitualidade social contemporânea.

> O caminho sociológico para se compreender a violência social segue a reconstrução da complexidade das relações sociais e de poder, as quais se exercem por múltiplas formas, de um modo transversal a vários eixos de estruturação do social. Tais eixos podem ser dispostos em cinco conjuntos relacionais de conflitualidades: classes sociais, relações étnicas, relações de gênero; processos disciplinares; dispositivos da biopolítica; e os processos mentais inconscientes. Em cada conjunto de relações sociais reconhecemos relações de força entre a ordem e a desordem, macro e micro poderes; e tensões sociais, algumas das quais originam conflitos sociais, outras geram lutas sociais, em diversas expressividades. (TAVARES DOS SANTOS, 2009, p. 17)

Ao partir de uma ideia-elemento da complexidade social, Tavares dos Santos (2009) propõe a reconstrução desses fenômenos, das múltiplas dimensões que os compõem e traça uma diferenciação fundamental de algumas noções que perpassam esse campo temático. Uma primeira diferenciação diz respeito às noções de crime e violência, como dois problemas sociais distintos que tem sido reconstruídos sociologicamente mediante várias abordagens teóricas distintas, desde a sociologia clássica até a contemporânea (TAVARES DOS SANTOS, 2009, p. 16).

Uma contribuição fundamental a este debate parte das reflexões de Emile Durkheim (1978), um importante clássico do pensamento sociológico que, nos termos de Collins (2009) representa ele mesmo toda uma tradição sociológica que se desenvolveu a partir de seus estudos. Ao analisar as regras relativas à distinção entre normal e patológico nas diferentes sociedades, Durkheim (1978, p. 51) estabelece que a generalidade caracteriza exteriormente os fenômenos normais e é passível de explicação. Neste ínterim, Durkheim analisa o caso do crime, argumentando que ele *"não é encontrado somente na maioria das sociedades desta ou daquela espécie, mas em todas as sociedades de todos os tipos. Não existe nenhuma em que não haja alguma forma de criminalidade"* (DURKHEIM, 1978, p. 57). Esta generalidade do crime é que o situa dentro de um quadro de normalidade e não de patologia. O crime se tornaria algo patológico quando atinge taxas exageradas. Desta forma, certa taxa de crimes é considerada normal numa determinada sociedade.

> Em primeiro lugar, o crime é normal porque seria inteiramente impossível uma sociedade que se mostrasse isenta dele. Como mostramos noutra parte, consiste o crime num ato que ofende certos sentimentos coletivos, dotados de energia e nitidez particulares. Para que os atos reputados criminosos num sociedade dada possam deixar de ser cometidos, seria preciso que os sentimentos que eles ferem fossem encontrados em todas as consciências individuais sem exceção, e com grau de força necessária para conter os sentimentos contrários. (DURKHEIM, 1978, p. 58)

O crime consiste, portanto, numa ofensa aos sentimentos coletivos de determinada sociedade e não há, deste modo, o crime em si, mas sim as diversas formas pelas quais as diferentes sociedades definem quais são essas ofensas. Essa ideia contribui para compreendermos como há diferentes concepções de crimes e o que é considerado crime em uma determinada sociedade, não o é em outra, já que estes sentimentos coletivos variam em diferentes contextos históricos e sociais.

Em diversas sociedades, estes sentimentos coletivos são protegidos pelo direito penal, que estabelece e define juridicamente, quais são os comportamentos e práticas que ofendem os sentimentos coletivos de uma dada sociedade. Deste modo, para Durkheim (1978, p. 58):

> Com efeito, para que os sentimentos coletivos protegidos pelo direito penal de um povo, num momento determinado de sua história, consigam penetrar nas consciências que até agora lhes estavam fechadas, ou adquiram domínio ali onde este não era bastante, é preciso que alcancem intensidade superior a que possuíam até então.

Esta definição do crime é interessante para compreendermos justamente que não há o crime em si, mas diferentes modos pelos quais as diversas sociedades definem quais são as práticas e condutas que ameaçam esses sentimentos coletivos. Por outro lado, pensar nesta noção de crime para as sociedades complexas contemporâneas nos impõe novos olhares, justamente considerando que há uma multiplicidade de sentimentos coletivos – por vezes opostos, contraditórios, que entram em conflito na trama social. O que ocorre, muitas vezes, é que mesmo tendo definido que determinadas condutas são crimes – e assim estão estabelecidas no código penal brasileiro, alguns indivíduos agem de forma violenta – em nome de sentimentos coletivos – e acabam cometendo outros crimes, contra indivíduos que podem ou não ter cometido um crime. Estas noções poderiam ser tensionadas para pensar os casos de linchamentos, anteriormente mencionados, quando a própria sociedade legitima atos de violência e, acaba agindo de forma violenta (cometendo novos crimes) contra outros indivíduos.

A violência, por sua vez, não encontra seu substrato ou fonte de legitimação numa tipificação jurídica. A violência seria a relação social, caracterizada pelo uso real ou virtual da força ou coerção que impede o reconhecimento do outro – pessoa, classe gênero ou raça – provocando algum tipo de dano, configurando o oposto das possibilidades da sociedade democrática (TAVARES DOS SANTOS, 2009, p. 16)

A compreensão dos múltiplos fenômenos de violência que atravessam a sociedade contemporânea não pode ser buscada sem uma historicização desses processos sociais. Ao situar o contexto atual, sobretudo a partir do início do século XXI, Tavares dos Santos (2009, p. 15) faz referencia ao chamado processo de mundialização, que é marcado pela globalização dos processos econômicos e pela mundialização das novas questões sociais mundiais. Dentre essas novas questões sociais que marcam o processo de mundialização, destaca-se a violência nas suas mais diversas formas de expressão.

> Os fenômenos da violência adquirem novos contornos, passando a disseminar-se por toda sociedade contemporânea: a multiplicidade das formas de violência, violência política, costumeira, violência de gênero, violência sexual, racista, ecológica, simbólica e violência na escola, configuram-se como um processo de dilaceramento da cidadania (TAVARES DOS SANTOS, 2009, p. 16).

Ao tratar de como os enigmas da violência se configuram na sociedade atual, Tavares dos Santos (2009) recorre, inspirado em Foucault, à ideia de uma microfísica da violência, como um dispositivo de poder-saber, uma prática disciplinar e regulatória que produz um dano social e que se instaura com uma racionalidade específica, desde a prescrição de estigmas até a exclusão, efetiva ou simbólica.

Esse recurso analítico nos permite incursionar, por alguns possíveis caminhos de reflexão acerca da complexidade dos fenômenos da violência atual. Pensar os múltiplos e complexos fenômenos da violência a partir de uma ideia de microfísica da violência implica, num primeiro momento, num redirecionamento do nosso olhar. Para além dos processos sociais que envolvem intensos conflitos, como guerras, confrontos civis, internacionais, atos de crimes e terror (ZIZEK, 2009) a microfísica da violência atenta nosso olhar para os micro processo cotidianos que expressam uma rede de poderes que se sobrepõem e estão continuamente em circularidade e se manifestam por todo tecido social.

Esta distinção é interessante e nos possibilita incursionar pela complexidade que envolve cada noção. A temática da violência de gênero nos fornece um exemplo interessante para pensarmos esta distinção. A promulgação da Lei Maria da Penha, em 2006, expressa uma aposta política que os movimentos sociais tem feito na revisão jurídica e nas instituições da justiça criminal como forma de enfrentar a violência contra a mulher, processo que tem sido chamado de judicialização das relações sociais (DEBERT; GREGORI, 2008, p. 165).

Para as autoras, este recurso ao direito penal deixa evidente um "encapsulamento da violência pela criminalidade" (ibidem, p. 165). Esta ideia de um encapsulamento da violência pela tipificação jurídica contribui justamente para evidenciar que estas noções expressam processos sociais distintos que precisam ser compreendidos dentro de suas complexidades e das teias de relações que o compõem. Neste âmbito, o encapsulamento da violência pela noção de crime pode vir a representar a ideia de que apenas a produção de uma categoria jurídica acerca do fenômeno pudesse dar conta do que é a complexidade do fenômeno. A tipificação jurídica da violência contra a mulher tem uma importância política que não se pode deixar de considerar, pois ela estabelece uma fronteira e sinaliza que isto não é possível, que a violência contra a mulher não é algo natural ou aceitável no âmbito das relações sociais. Entretanto, apenas estabelecer que se trata de um crime e que seu o autor receberá uma punição não é suficiente para dar conta da complexidade do que é a violência de gênero. Seja porque os efeitos (psicológicos, psíquicos, materiais, corporais, subjetivos) dessa violência não são simplesmente "apagados" com a punição do agressor, seja porque apenas o recurso ao direito penal não contribui para tensionar, problematizar ou desconstruir os termos pelos quais essa violência se constrói. Dito de outra forma, apenas tipificação jurídica do fenômeno não garante ou resolve o problema da violência de gênero, que envolve uma multiplicidade de dimensões, tem como substrato um conflito de gênero que é histórico e que demanda uma mudança cultural de longa data nas representações acerca dos papéis de gênero.

Assim, para as autoras, é também pertinente essa diferenciação entre o crime e a violência.

> Da mesma forma, o significado de violência que atribui o sentido de danos, abusos e lesões a determinadas ações é construído historicamente e depende do poder de voz daqueles que participam do jogo democrático. É, portanto, de importância fundamental empreender distinções entre os significados de processos de violência e daqueles processos que criminalizam abusos. (DEBERT, GREGORI, 2008, p. 166).

Outra noção chave que compõe o quadro interpretativo de uma sociologia da conflitualidade, conforme proposta por Tavares dos Santos (2009) é a ideia do conflito. O autor retoma a linhagem sociológica de uma sociologia do conflito, cujo principal argumento não é simplesmente o de que a sociedade consiste em conflito, mas o de que, quando o conflito não é explícito, ocorre um processo de dominação (COLLINS, 2009, p. 49)[7]. Para os teóricos desta tradição, a ordem social é consti-

---

7   Randall Collins (2009) apresenta na obra "Quatro Tradições Sociológicas", as principais tradições do pensamento sociológico clássico e seus desdobramentos no pensamento sociológico contemporâneo. As quatro tra-

tuída por grupos e indivíduos que tentam impor seus próprios interesses sobre os outros, sendo que podem ou não irromper conflitos abertos nessa luta para obter vantagens (ibidem).

Portanto, partindo desta abordagem o conflito não constitui um processo necessariamente desagregador da sociedade, mas inerente às relações sociais e potencialmente criador de outras relações sociais. Da mesma forma, o conflito não implica necessariamente em violência, mas pode refletir uma pluralidade de diferentes tipos de normas sociais, padrões de códigos de orientação de conduta que são divergentes e incompatíveis (TAVARES DOS SANTOS, 2009, p. 19).

Essas diferenciações são fundamentais para buscarmos uma compreensão acerca da complexidade dos fenômenos e processos sociais que perpassam o tecido social atual. A sociologia da conflitualidade, proposta pelo autor, nos instiga a aprofundar e reconstruir a complexidade das dimensões e relações que estão presentes nestes processos. As principais ideias-elemento que fundamentam esta perspectiva, conforme Tavares dos Santos (2009, p. 17/18), podem ser assim sistematizadas:

> a) Complexidade: a noção de complexidade procura reconstruir sociologicamente a realidade histórica e social através de feixes de relações que explicariam as diversas manifestações dos fenômenos sociais, reconhecendo a heterogeneidade do social;
> b) Reconhecer a historicidade dos processos e conflitos sociais, atentando para práticas dinamizadoras, que se transformam nos diversos contextos históricos e sociais;
> c) Entender o conceito de processo social como a mediação entre a historicidade dos conflitos sociais e a interpretação e ação dos agentes sociais que os constroem, situando as redes de dominação presentes no tecido social. Dito de outra forma, em cada contexto histórico-social, os agentes sociais constroem dinâmicas e processos sociais, reinterpretam, conferem significados na produção da realidade social.
> d) Assumir uma perspectiva relacional das relações sociais: esta ideia é central para compreensão de como se constroem processos sociais conflitivos e as múltiplas formas de violência na sociedade contemporânea. É preciso atentar para como esses múltiplos e complexos fenômenos dos conflitos sociais, lutas sociais, violências são produzidos relacionalmente no tecido social, a partir de dinâmicas que envolvem dominações de gênero, classe social, raça, etnia, pertencimentos identitários. Os conflitos, tensões, disputas envolvendo estas múltiplas dimensões e categorias sociais só fazem sentido se forem considerados relacionalmente, como se constroem e estabelecem essas disputas no tecido social, a partir de diferentes trajetórias e posições no espaço social, nos termos de Pierre Bourdieu (1979) apud (TAVARES DOS SANTOS, 2009, p. 18)

---

dições trabalhadas no texto são a tradição do conflito, a tradição racional-utilitarista, a tradição durkheiminiana e a tradição microinteracionista.

Considerar as relações sociais numa perspectiva relacional contribui para aprofundar outra ideia desenvolvida pelo autor, que diz respeito à violência configurando-se como linguagem e como norma social para algumas categorias sociais (TAVARES DOS SANTOS, 2009, p. 19). Desde este ponto de vista, a violência não é percebida necessariamente como um dano, mas como uma forma possível de expressão, de comunicação, ainda que produza danos materiais, subjetivos, simbólicos. A violência como norma social expressa uma internalização de códigos violentos que podem ser manifestados nas mais variadas formas – verbais, corporais, gestuais, simbólicas – em que, muitas vezes, o próprio autor de atos violentos não reconhece estar produzindo um dano, mas ao contrário, está manifestando-se, expressando-se de alguma forma. Estas diferenças somente podem ser percebidas e tensionadas considerando-se como os conflitos e as violências são relacionalmente produzidos, ao ponto de que o que é violência para alguns, para outros é uma forma de manifestar-se, uma forma de perceber e de estar no mundo. Nesse aspecto, é preciso que se problematize justamente a forma como se constroem os processos de socialização que acabam tornando possível que a violência venha a se configurar como um código social, como uma forma de linguagem.

> e) Privilegiar as noções de conflito, contradição e luta para compreensão dos processos sociais, em oposição à ideia de consenso, harmonia, ordem. Essa ideia proposta pelo autor retoma um debate que se configura na própria constituição do saber sociológico. Por um lado, desde uma perspectiva funcionalista, representada sobretudo por Émile Durkheim, temos a imagem de uma sociedade que tenderia ao consenso, a ordem social e, portanto, os conflitos eram tidos como ameaças a esta ordem esperada. Por outro lado, desde o polo do conflito, que tem como representantes principais no pensamento sociológico clássico Karl Marx e Max Weber, o conflito é visto como inerente aos processos sociais, como dinamizador das relações sociais e, uma sociedade considerada "sem conflitos" só sinalizava para um processo amplo de dominação.

Essa ideia do autor contribui para analisarmos a realidade atual, com suas múltiplas e complexas formas de conflitualidade social, bem como, de fenômenos de violência tendo como horizonte não uma sociedade da harmonia ou do consenso, mas ao contrário, a possibilidade de vivermos numa sociedade em que os conflitos sociais possam vir à tona, possam ser socialmente visibilizados, tensionados e solucionados. É importante retomar aqui que quando tratamos de conflito, este não deve ser entendido como sinônimo de violência, o conflito não é necessariamente violento. Desta forma, ao termos em conta que os conflitos fazem parte da realidade social, das relações sociais estamos dando vazão à complexidade do tecido social e, podemos assim, esperar uma sociedade menos violenta, onde os conflitos sociais não culminem em atos de violência. Se nosso horizonte for uma sociedade harmônica a consensual, os conflitos – que fazem parte do tecido social – acabam sendo vistos como problemas sociais e não como a expressão da diversidade ou da multiplicidade de códigos culturais e sociais.

CONSIDERAÇÕES FINAIS

A violência figura hoje como uma das novas questões sociais mundiais (TAVARES DOS SANTOS, 2009) disseminando-se por toda sociedade e se manifesta a partir de diferentes dimensões. Por um lado, Zizek (2009) atenta para considerarmos que essa violência explícita com a qual somos cotidianamente confrontados, que ele denomina 'violência subjetiva' é somente uma das dimensões da violência contemporânea, talvez a sua face mais visível, mais dolorosa, que acaba desviando nosso olhar de outras formas de violência – a do próprio sistema capitalista – que desfruta de uma invisibilidade que é bastante oportuna ao sistema. Ao mesmo tempo, há uma violência simbólica na sociedade contemporânea presente nas formas de linguagem, que se manifesta tanto pelo recurso a uma dramatização dos episódios da violência pelas mídias, pela exposição à exaustão de cenas, confrontos, quanto pela disseminação de discursos de ódio nas redes sociais, pelos comentários de cidadãos comuns que exaltam e reivindicam a violência para determinados grupos sociais. Estas situações nos fazem pensar em como a violência é uma gramática que está muito próxima, que pode ser evocada a qualquer momento e por qualquer pessoa, e não apenas em situações de guerra ou de confrontos armados.

Das violências invisíveis ou invisibilizadas, recorremos também à noção de microfísica da violência (TAVARES DOS SANTOS, 2009) que remete aos micro processos de dominação que atravessam o tecido social e que expressam uma rede de poderes que se sobrepõem e estão continuamente em circularidade entre os sujeitos e instituições sociais. Invisível porque nem sempre esses processos são reconhecidos como violência e passam a ser naturalizados no âmbito das relações sociais.

Se, por um lado, há uma multiplicidade de formas de violência que se manifestam através de diversas dimensões, é também fundamental diferenciá-las de outros processos sociais, que se configuram mediante outras dinâmicas. Nesse sentido, a sociologia das conflitualidades, ao propor a reconstrução da complexidade dos processos sociais, contribui para compreender que há dinâmicas específicas e particulares nos fenômenos do crime, das violências e dos conflitos. É, portanto, fundamental que ganhemos recuo destes processos (ZIZEK, 2009), que não sejamos absorvidos por esta dimensão mais explícita da violência, de modo a assumirmos uma posição analítica que nos permita compreender as dinâmicas que compõem estes múltiplos e complexos processos sociais que são, muitas vezes, invisibilizados.

REFERÊNCIAS

COLLINS, Randal. **O surgimento das Ciências Sociais**. In: Quatro tradições sociológicas. Petrópolis, Rio de Janeiro: Vozes, 2009

DEBERT, Guita Grin; GREGORI, Maria Filomena. **Violência e gênero: novas propostas, velhos dilemas**. *Rev. bras. Ci. Soc.* [online]. 2008, vol.23, n.66, p. 165-185.

DURKHEIM, Emile. **As regras do método sociológico**. São Paulo: Editora Nacional, 1978.

TAVARES DOS SANTOS, J. V. **Violências e Conflitualidades**. Porto Alegre: Tomo Editorial, 2009.

VIEIRA, Oscar Vilhena. **A Desigualdade e a Subversão do Estado de Direito**. *Revista Sur* nº 6, ano 4, p. 29-51, 2007. Disponível em

<http://bdjur.stj.gov.br/xmlui/bitstream/handle/2011/18794/A_Desigualdade_e_a_Subvers%C3%A3o_do_Estado_de_Direito.pdf?sequence=4>

Acesso em 06/06/2014.

ZIZEK, Slavoj. **Violência: seis notas à margem**. Lisboa: Relógio D'Água Editores, 2009.

SUSTENTABILIDADE SOCIAL E CONFLITO

Lorena Santiago Fabeni[1]
Luanna Tomaz de Souza[2]

1. INTRODUÇÃO

Noções como a de sustentabilidade têm estado presente em boa parte das discussões acadêmicas voltadas a reflexão acerca do desenvolvimento nacional muito atreladas a uma preocupação ambiental. Cabe, contudo, repensar as nuances deste conceito que envolve uma dimensão mais ampla do que a preservação do meio ambiente.

A noção de sustentabilidade envolve também a figura do ser humano, sua preservação e, consequentemente, o resgate de sua cidadania, garantindo seus direitos universais como saúde, educação, trabalho, justiça, dentre outros. Essa é a dimensão da sustentabilidade social, que se volta ao ser humano e a aspectos como a melhoria da qualidade de vida dos/as cidadãos/ãs, que não deve ser reduzida ao bem-estar material, mas deve promover igualdade de oportunidades e a inclusão dos/as cidadãos/ãs nos processos decisórios e de resolução de conflitos.

A Justiça Restaurativa, apesar de ser uma proposta relativamente nova, objetiva romper com a velha Justiça Retributiva que muitas vezes colabora para o acirramento dos conflitos e a estigmatização das partes na resolução de conflitos. Busca assim, a garantia da participação dos indivíduos e o resgate da cidadania o que vai ao encontro de uma lógica de consolidação da paz social e da preservação da própria humanidade.

2. A SUSTENTABILIDADE SOCIAL COMO DESAFIO

O advento da Revolução Industrial expandiu a capacidade humana de produção e, consequentemente, possibilitou uma maior exploração da natureza. A partir da década de 70, já começam a surgir preocupações com o mau uso e desmatamento da natureza.

A Conferência sobre o Ambiente Humano das Nações Unidas de 1972, também chamada de Declaração de Estocolmo, representa um paradigma importante ao reconhecer como direito fundamental a vida em ambiente sadio e não degradado e ao conferir ao ser humano a incumbência de proteger e melhorar o meio ambiente para as gerações presentes e futuras:

---

[1] Professora de Direito da Universidade Federal do Pará (UFPA), Campus Marabá. Doutoranda no Programa de Pós-Graduação da UFPA. Email: lsfabeni@ufpa.br
[2] Professora de Direito da Universidade Federal do Pará. Doutoranda em Direito (Universidade de Coimbra). Conselheira e Presidente da Comissão de Direitos Humanos da OAB-Pa. Email: luannatomaz@ufpa.br

Princípios 4
O homem tem a responsabilidade especial de preservar e administrar judiciosamente o patrimônio da flora e da fauna silvestres e seu habitat, que se encontram atualmente, em grave perigo, devido a uma combinação de fatores adversos. Consequentemente, ao planificar o desenvolvimento econômico deve-se atribuir importância à conservação da natureza, incluídas a flora e a fauna silvestres[3].

Nesse momento já se tem referências à noção de desenvolvimento sustentável sob o termo "ecodesenvolvimento". Em 1987, a expressão "Desenvolvimento Sustentável" é formalizada através do Relatório de Brundtland de 1987, "Nosso Futuro Comum" produzido pela Comissão Mundial sobre o Meio Ambiente e Desenvolvimento, da Organização das Nações Unidas (ONU) que foi criada para fazer uma avaliação dos 10 anos da Conferência de Estocolmo, com os seguintes termos: "Desenvolvimento Sustentável é desenvolvimento que satisfaz aas necessidades do presente sem comprometer a capacidade de as futuras gerações satisfazerem as suas próprias necessidades[4]" e a através da compreensão de que:

> Na sua essência, o desenvolvimento sustentável é um processo de mudança no qual a exploração dos recursos, o direcionamento dos investimentos, a orientação do desenvolvimento tecnológico e a mudança institucional estão em harmonia e reforçam o atual e futuro potencial para satisfazer as aspirações e necessidades humanas.

O Relatório colocou o assunto diretamente na agenda pública e levou a realização, no Rio de Janeiro, em 1992, da "Cúpula da Terra", como ficou conhecida a Conferência das Nações Unidas sobre o Meio Ambiente e o Desenvolvimento, que adotou a "Agenda 21". Este documento complexo com 40 capítulos e 115 áreas de ação prioritária tem no âmbito de suas prioridades a busca pelo desenvolvimento sustentável, o combate à pobreza, a preocupação com a saúde humana, a necessidade de cooperação entre os países a fim de se evitar a contínua degradação ambiental, dentre outros objetivos (ALMEIDA, 2013).

A "Agenda 21" foi assim além das questões ambientais para abordar os padrões de desenvolvimento defendendo o fortalecimento da participação social, combinando ideais de ética, justiça, participação, democracia e satisfação de necessidades.

A partir daí, a noção de desenvolvimento sustentável passa a estar implícita em muitas das conferências da ONU[5], assim como diversos órgãos das Nações Unidas passam a se voltara proteção do meio ambiente numa perspectiva de desenvolvimento sustentável[6].

---

3   ONU. Declaração da Conferência das Nações Unidas sobre o Meio Ambiente Humano. 1972. Disponível em: http://www.onu.org.br/rio20/img/2012/01/estocolmo1972.pdf . Acesso em: 15 jan 2014.
4   ONU. Relatório Brundtland. 1987. Disponível em: http://ambiente.wordpress.com/2011/03/22/relatrio-brundtland--a-verso-original/ . Acesso em: 15 jan 2014.
5   Exemplo: A Segunda Conferência da ONU sobre Assentamentos Humanos (Istambul,1999); a Sessão Especial da Assembleia Geral sobre Pequenos Estados Insulares em Desenvolvimento (Nova York, 1999); a Cúpula do Milênio (Nova York, 2000) e seus Objetivos de Desenvolvimento do Milênio (cujo sétimo objetivo procura "Garantir a sustentabilidade ambiental") e a Reunião Mundial de 2005.
6   Tais como: o Banco Mundial, o Programa das Nações Unidas para o Desenvolvimento (PNUD), a Organização Marítima Internacional (OMI), a Organização das Nações Unidas para o Desenvolvimento Industrial (UNIDO), a

A "Carta da Terra" é um documento significativo deste ideário. A Comissão Mundial das Nações Unidas para o Ambiente e Desenvolvimento, em 1987, ressalta a necessidade de um documento que tivesse os princípios fundamentais para o desenvolvimento sustentável. Na Cúpula da Terra no Rio em 1992 o assunto não foi concluído.

Em 1994, Maurice Strong, Secretário Geral da Cúpula da Terra e Presidente do Conselho da Terra e Mikhail Gorbachev, Presidente da Cruz Verde Internacional lançou uma nova iniciativa da Carta da Terra com o apoio do Governo dos Países Baixos[7].

A Carta da Terra foi redigida através de um processo conversacional intercultural de mais de uma década com a colaboração de diversos segmentos, sendo que em 2000 sua versão final foi apresentada com objetivo de estabelecer uma base ética sólida para a sociedade civil emergente e ajudar a construção de um mundo sustentável baseado no respeito à natureza, aos direitos humanos universais, a justiça econômica e a uma cultura de paz. O eixo IV "Democracia, Não-Violência E Paz" envolve questões como:

- Fortalecer as instituições democráticas em todos os níveis e prover transparência e responsabilização no exercício do governo, participação inclusiva na tomada de decisões e acesso à justiça;

- Integrar, na educação formal e na aprendizagem ao longo da vida, os conhecimentos, valores e habilidades necessárias para um modo de vida sustentável;

- Tratar todos os seres vivos com respeito e consideração;

- Promover uma cultura de tolerância, não-violência e paz.

Neste último aspecto temos:

a. Estimular e apoiar o entendimento mútuo, a solidariedade e a cooperação entre todas as pessoas, dentro das e entre as nações.

b. Implementar estratégias amplas para prevenir conflitos violentos e usar a colaboração na resolução de problemas para administrar e resolver conflitos ambientais e outras disputas.

c. Desmilitarizar os sistemas de segurança nacional até o nível de uma postura defensiva não-provocativa e converter os recursos militares para propósitos pacíficos, incluindo restauração ecológica.

d. Eliminar armas nucleares, biológicas e tóxicas e outras armas de destruição em massa.

e. Assegurar que o uso do espaço orbital e cósmico ajude a proteção ambiental e a paz.

f. Reconhecer que a paz é a plenitude criada por relações corretas consigo mesmo, com outras pessoas, outras culturas, outras vidas, com a Terra e com a totalidade maior da qual somos parte.

Podemos observar, que a Carta da Terra traz uma noção bem ampla do assunto envolvendo não apenas os aspectos relativos ao meio ambiente, mas também a

---

[6] Organização das Nações Unidas para Agricultura e Alimentação (FAO), o Programa das Nações Unidas para Assentamentos Humanos (ONU-HABITAT), a Organização das Nações Unidas para Educação, Ciência e Cultura (UNESCO) e a Agência Internacional de Energia Atômica (AIEA)

[7] CARTA DA TERRA BRASIL. Disponível em: http://www.cartadaterrabrasil.org/prt/history.html. Acesso em 16 jan 2014

melhoria da qualidade de vida da população, equidade na distribuição de renda e de diminuição das diferenças sociais, com participação e organização popular, o que pode ser considerado como uma noção de sustentabilidade social. **Esta se volta ao bem-estar da sociedade de hoje e a de amanhã em busca da uma convivência pautada no respeito, na solidariedade, da igualdade e nos direitos humanos.**

De fato não há um conceito único de desenvolvimento sustentável. Segundo Nascimento (2012) a noção se tornou um campo de disputa, no sentido utilizado por Bourdieu, com múltiplos discursos que ora se opõem, ora se complementam.

John Elkington (2001) é um autor importante nessa discussão criando o termo *Triple Bottom Line* para designar a necessidade do equilíbrio de três dimensões - ambiental econômica e social - da sustentabilidade[8].

Para além dessas dimensões há ainda alguns aspectos que precisam ser considerados para que possamos garantir o equilíbrio entre o ideal de desenvolvimento e o de preservação de meio ambiente, como aqueles relativos à dimensão da cultura, que se volta à mudança no padrão de consumo e no estilo de vida e a dimensão política que destaca os conflitos de interesses existentes o que demonstra a complexidade do assunto.

Pensar a sustentabilidade envolve assim mais do que o olhar sobre o ambiente, refletir acerca do próprio desenvolvimento humano e a forma com que este se estabelece no cotidiano, no âmbito de suas instituições e de suas relações de poder.

3. SUSTENTABILIDADE SOCIAL E RESOLUÇÃO DE CONFLITOS

Ao viver em sociedade, buscando a realização de seus ideais de vida e proporcionando proteção às suas prerrogativas naturais, o ser humano defronta-se cotidianamente com diversos conflitos de interesses, sejam eles, individuais, coletivos ou difusos. O conflito, contudo, não pode ser considerado um mal em si mesmo, pois têm funções individuais e sociais importantes, proporcionando o estímulo para as mudanças e o desenvolvimento individual. Simmel (1983) traz uma grande contribuição a sociologia a discorrer sobre a importância sociológica do conflito como mecanismo que resolução de dualismos existentes na sociedade.

ConformeWunderlich e Carvalho (2005), a situação conflituosa, por mais mal-estar que traga sempre existirá, pois é inerente à condição humana, principalmente numa sociedade como a que vivenciamos, diante de um paradigma neoliberal de individualismo e consumo, gerando desigualdades e desarmonia. Segundo os autores, não há sociedade na qual todos os conflitos tenham solução, nem se pode afirmar que seja indispensável produzir uma solução por via institucional em todos os casos, especialmente se for previsível que a intervenção possa reproduzi-los ou agravar-lhes as consequências.

---

[8] A primeira dimensão voltar-se-ia à ciência ambiental, buscando um modelo de produção e consumo compatível com a base material em que se assenta a economia. A segunda dimensão buscaria um aumento da eficiência da produção e do consumo com redução crescente de recursos naturais. E, por fim, uma dimensão social, onde todos os cidadãos tenham o mínimo necessário para uma vida digna, com limites mínimos e máximos de acesso a bens materiais.

Todavia, toda a sociedade deve prover sua população de modos de solucionar seus conflitos, exercendo seus direitos e deduzindo suas pretensões (FILHO P., 2008).No decorrer dos séculos, a humanidade continuamente se preocupou com a criação e o aperfeiçoamento dos meios de pacificação dos conflitos e isso configura um mecanismo de sustentabilidade social.

Segundo Hermann (2004) não podemos alimentar a ideia de que todos os conflitos devem ser eliminados, mas antes que devem ser proporcionados instrumentais para que os sujeitos, possam administrar as relações que vivenciam, impondo seus limites, e tomando todas as medidas necessárias para romper com as situações de violência inclusive, quando necessário, utilizando dos caminhos jurídicos. Uma sociedade precisa criar formas de resolver seus conflitos que garantam o respeito aos direitos individuais e à cidadania e promovam a pacificação social.

No entanto, é oportuno dizer que a paz não é, não pode ser, e nunca será a ausência de conflitos, mas sim o controle, a gestão e a resolução dos conflitos por outros meios que não os da violência. A ação política, ao lado da ação jurídica, também visa a resolução não violenta dos conflitos (MULLER, 2007). E resolução não violenta de conflitos pressupõe o reconhecimento da alteridade, da partilha e da generosidade sempre em razão do outro. A pós-modernidade nos convida a nos aproximarmos do outro.

Passamos por um momento onde prevalecia a *autotutela*, que se caracteriza pelo fato de que uma das partes impõe o sacrifício do interesse da outra. Ela expressa um sentimento de vingança, como na Lei da XII Tábuas, originária da Lei do Talião – olho por olho, dente por dente, em que se limitava a vingança ao tamanho do dano. Este modelo foi gradativamente substituído pela *autocomposição*, que estabelecia um ressarcimento à vítima, unilateral ou bilateralmente, total ou parcialmente.

O *processo* nasce no momento em que a composição da lide passa a ser função estatal, surgindo a jurisdição em sua feição clássica, ou seja, o poder-dever dos juízes de dizer o direito na composição das pendências, sendo o processo seu método. No âmbito criminal, a vingança privada e a justiça privada foram dando lugar à justiça pública. A noção de proibição da "justiça pelas próprias mãos" teve como ponto de partida a expropriação do conflito pelo Estado. A vítima foi sendo neutralizada passando a ser mera informadora do delito.

Não foi, contudo, extinta a possibilidade de resolução de conflitos através da designação de um árbitro ou através de outros mecanismos para além da jurisdição estatal. Todavia, principalmente no âmbito penal, a vítima sai do foco de atenção ocorrendo a chamada "expropriação do conflito" pelo Estado, sendo a vítima neutralizada passando a ser mera informadora do delito.

Hodiernamente as soluções dos conflitos se realizam às custas da intervenção estatal materializada na decisão judicial, dotada de coerção típica da atuação soberana do Estado, ou à margem de qualquer atividade estatal como ocorre nos meios alternativos de solução de conflitos.

O recurso aos tribunais enquanto instância de resolução de conflitos ocorre em um campo de alternativas várias de resolução, de tal modo que por vezes o tribunal de primeira instância é acionado após terem falhados outros meios de resolução de conflitos, tais como a família, a Igreja, o centro comunitário, o partido político.

Em que pese a crescente demanda pela via judiciária, a intensidade do uso deste ainda assim pode-se variar bastante. É crescente o movimento de criação de meios alternativos de resolução de conflitos, esses são expressões do novo paradigma de desjudicialização, que alguns países têm vivenciado, diante da ineficácia dos tribunais.

Isso ocorre principalmente pela ineficiência do Estado na realização das suas tarefas, e diversos fatores contribuem para isto. A morosidade no julgamento dos processos, o pensamento arcaico, a ineficiência e a desordem na condução dos processos, fomentando o desprestígio da administração da justiça, que gera a insatisfação e descrédito dos jurisdicionados. Segundo Souza (2009, p. 107):

> Devemos compreender que essa estrutura sobre a qual o direito se debruça termina por impossibilitar um olhar atento aos sujeitos envolvidos no processo judicial e como estes se inserem nele. Em realidade, diversos impedimentos encontram-se incrustados no aparato judicial e seu funcionamento parece não assegurar uma efetiva distribuição da justiça social. As desigualdades no acesso à justiça, a lentidão nas respostas processuais, a falta de instrumentos efetivos para a pacificação dos conflitos, as deficiências no âmbito da assistência jurídica, que abordaremos mais detidamente no último capítulo, dentre outros motivos, terminam consolidando um sistema de justiça que acaba restringindo direitos ao invés de garanti-los.

Para o êxito da utilização do processo como meio de alcançar a justiça há custos que devem ser levados em consideração como o custo econômico, social e psicológico da transação; a conformidade mútua das partes com o resultado, ou seja, a satisfação dos interesses e a crença em um resultado justo; o efeito produzido na solução da relação entre as partes; e, por fim a reincidência do conflito, ou seja, a durabilidade da pacificação das partes e a possibilidade de que se reitere o conflito no futuro.Segundo Mauro Cappelletti(1994):

> Devemos estar conscientes de nossa responsabilidade: é nosso dever contribuir para fazer que o direito e os remédios legais reflitam as necessidades, problemas e aspirações atuais da sociedade civil: entre essas necessidades estão seguramente as de desenvolver alternativas aos métodos e remédios, tradicionais, sempre que sejam demasiado caros, lentos e inacessíveis ao povo: daí o dever de encontrar alternativas capazes de melhor atender às urgentes demandas de um tempo de transformações sociais em ritmo de velocidade sem precedente.

Têm sido desenvolvidas medidas que visam facilitar o acesso à justiça, tanto fora, como durante os processos judiciais, e procedimentos complementares aos processos jurisdicionais, estando estes muitas vezes melhor adaptados à natureza dos litígios.

O poder judicial assume em muitos lugares a função de promotor dos meios alternativos. Em vários países, são os juízes que aconselham ou impõem o recurso prévio a formas de resolução alternativa dos litígios. Os modelos consensuais de resolução de conflitos têm-se propagado como alternativa aos modos clássicos de confrontação. Promove-se assim uma justiça negociada, de consenso e reparadora.

Para Filho P. (2008) são de ordem consensual a autocomposição e a heterocomposição, pautadas numa perspectiva negociada, não adversarial, onde as partes mantêm o controle sobre o procedimento e a decisão final. Configurariam, em sentido oposto, uma ordem imposta, a autotutela e a heterocomposição, quando expressa a imposição de um terceiro alheio a vontade das partes, mediante ato de autoridade e poder.

Em realidade, todo esse processo está relacionado às próprias transformações do Estado. Os Tribunais são um dos pilares fundadores do Estado constitucional moderno. Boaventura de Sousa Santos (1996) identifica três períodos marcantes que mostram uma evolução nessa relação: o Estado Liberal, o Estado providência e a crise do Estado providência. O próprio autor ressalta que essa trajetória histórica não se adequa aos países periféricos e semi-periféricos, pois quando do Estado Liberal, muitos destes ainda eram colônias e o Estado Providência é fenômeno político exclusivo dos países centrais.

Nesses países que passaram por processos de transição democrática nas últimas três décadas, os Tribunais só muito lenta e fragmentariamente têm assumido maior participação política na atuação providencial do Estado. Boa parte, entretanto, desses países experimentou uma explosão de litigação com o aumento no significado sócio-político dos tribunais e o reconhecimento de novos direitos. Esse aumento no padrão de litigação varia em cada país de acordo com o desenvolvimento sócio-econômico e a cultura jurídica.

Pedroso (2006) divide em fatores exógenos e endógenos aqueles que interferem no movimento processual. Os primeiros dizem respeito às transformações sociais, econômicas, políticas e culturais e ao seu impacto na administração da justiça. Os fatores endógenos consistem nas alterações legislativas, institucionais e técnicas.

Varia também de país para país a capacidade de adaptação da oferta judicial à procura judicial. Em regra está acompanhada de reformas voltadas a informalização da justiça; o reapetrechamento dos tribunais com recursos humanos e informatização; reformas processuais; e, a criação de tribunais especiais para a pequena litigação de massa.

No Brasil, o surgimento dos Juizados Especiais Criminais (JECrim) deu espaço no sistema judiciário para demandas de violência do cotidiano, que antes ou não eram trazidas para o sistema, ou terminavam sendo "engavetadas" nas delegacias num controle arbitrário por parte dos delegados e delegadas que evitavam que estes conflitos "ocupassem" os tribunais, por serem "brigas de vizinho", "brigas de marido e mulher", "mal-entendidos", sendo banalizadas, localizando-os no campo da invisibilidade.

Tal realidade influenciou os padrões de litigação, conceito que tem sido utilizado para dar conta do modo como são geridas socialmente as relações litigiosas numa dada sociedade, sendo exemplificada através de uma pirâmide onde a ponta é representada por aquelas demandas que chegam aos Tribunais. De fato, um comportamento lesivo de uma norma não é suficiente para desencadear o litígio, em boa parte os/as lesados/lesadas sequer se dão conta do dano ou de que podem reagir.

Segundo Santos (1996: 45), "os grupos sociais têm percepções diferentes das situações de litígio e níveis de tolerância diferentes perante as injustiças em que elas se traduzem." Por isso, baixo nível de litigiosidade não significa que haja poucos conflitos. Os grupos de maior vulnerabilidade têm mais dificuldade de transformar a lesão em litígio.

O aumento na consciência de direitos que o Brasil tem sentido, contudo, não permitiu que as demandas fossem transformadas em efetivo alcance da justiça com os JECrims. A Lei n 9.099/95, que trouxe os juizados especiais criminais, abriu as portas da justiça penal a uma conflitualidade antes abafada nas delegacias, e para a qual o Estado é chamado a exercer um papel de mediador, mais do que punitivo sem, contudo, ter uma estrutura adequada. O que acontece muitas vezes é o acirramento do conflito ou sua banalização sem de fato haver a preocupação com a participação dos envolvidos e o fortalecimento de sua cidadania.

Cria-se, muitas vezes, uma lógica de mimetização dos tribunais, evitando-se processos de informalização que poderiam trazer inclusive celeridade. De fato, em alguns casos o que vemos é uma justiça "de segunda" (WUNDERLICH e CARVALHO, 2005).

Para uma efetiva mudança no padrão de litigiosidade seria necessária a criação de uma nova cultura judiciária que não veja os tribunais como fonte exclusiva de resolução de conflitos, e uma política judiciária que construa um sistema integrado para gerir de forma racional e diferenciada o volume da procura, apostando em outros mecanismos de resolução de conflitos, como a escola, o centro comunitário, a família, as valorosas experiências de justiça restaurativa.

Um bom caminho a ser trilhado é o investimento em uma educação para a paz, prevista em diversos documentos como a Recomendação Concernente à Educação para Compreensão Internacional, Cooperação e Paz e Educação Relativa aos Direitos Humanos e Liberdades Fundamentais, aprovada em 1974; e o Plano Mundial de Ação em Favor da Educação para os Direitos Humanos e a Democracia, produzida em 1993. Nesses documentos, a educação aparece como um processo formativo de valores e atitudes em favor da paz, da democracia, dos direitos humanos e das liberdades fundamentais.

O Plano Nacional de Educação em Direitos Humanos (2007), a partir de outro viés, o da educação em direitos humanos, também assume esse compromisso com a paz social ao propor como ação programática "ações fundamentadas em princípios de convivência, para que se construa uma escola livre de preconceitos, violência, abuso sexual, intimidação e punição corporal, incluindo procedimentos para a resolução de conflitos e modos de lidar com a violência e perseguições ou intimidações, por meio de processos participativos e democráticos".

4. A JUSTIÇA RESTAURATIVA COMO POSSIBILIDADE

O marco inaugural da regulamentação da Justiça Restaurativa pela Organização das Nações Unidas (ONU) foi a Resolução 1999/26, de 28.7,99 quedispõe sobre o "Desenvolvimento e Implementação de Medidas de Mediação e de Justiça Restaurativa na Justiça Criminal", quando foi proposta formulação de padrões no âmbito internacional[9]. Seguiu-se a Resolução 2000/14, de 27.7.00, reafirmando a importância dessa tarefa, e a Resolução 2002/12, de 24.7.02, que incorporou as principais proposições do grupo de especialistas criado para aquela finalidade.

No Brasil, em especial, ainda não há uma legislação que dê tratamento à matéria em comento, no entanto, há um projeto de lei que está em tramitação desde 2006 e vem sofrendo vários percalços. É arquivado e desarquivado sucessivas vezes e não chegou ainda em votação. Trata-se do Projeto de Lei - PL 7006/2006 que propõe alterações no Código Penal, Código de Processo Penal e Lei dos Juizados Especiais[10].

A justiça, antes de ser traduzida em leis, direitos ou instituições, é um valor fundamental e como tal representa uma necessidade vital do ser humano. É uma virtude capital capaz de iluminar e dar sentido às ações humanas.

As normas antes mesmo de estabelecerem direitos e deveres trazem em seu cerne valores fundamentais que buscam proteger o ser humano, tais como: dignidade, integridade, igualdade, isonomia, respeito, pertencimento, reciprocidade solidariedade, harmonia. E neste sentido temos que a sua finalidade não reside simplesmente em sua aplicação como um fim em si mesma mas sobretudo, prioriza a identificação e a reafirmação dos valores que as fundamentam.

A justiça restaurativa em seu alcance prático e teórico é formada por diversos valores fundamentais que a distingue de outras abordagens de justiça para a resolução de conflitos.

4.1 VALORES DA JUSTIÇA RESTAURATIVA

Para Marshal (2005), os mais importantes valores da Justiça Restaurativa são:

-Participação: Os mais afetados pela transgressão – vítimas, ofensores e suas comunidades de interesse – devem ser, no processo, os/as principais oradores e tomadores de decisão, ao invés de profissionais treinados representando os interesses do Estado;

-Respeito: Todos os seres humanos têm igual valor e inerente, independente de suas ações boas ou más, ou de sua raça, cultura, gênero, orientação sexual, idade, credo e status social. Todos portanto são dignos de respeito nos ambientes da Justiça Restaurativa. O respeito mútuo gera confiança e boa fé entre os participantes;

-Honestidade: A fala honesta é essencial para se fazer justiça. Na Justiça Restaurativa, a verdade produz mais que elucidação dos fatos e o restabelecimento da culpa dentro dos parâmetros estritamente legais; ela requer que as pessoas falem

---

9 Disponível em http://www.justica21.org.br/j21.php?id=366&pg=0#.UPnKKB3C1gg. Acesso em 19 jan 2014.
10 Disponível em http://www.camara.gov.br/proposicoesWeb/fichadetramitacao?idProposicao=323785

aberta e honestamente sobre sua experiência relativa à transgressão, a seus sentimentos e responsabilidade morais;

-Humildade: A Justiça Restaurativa aceita as falibilidades e a vulnerabilidade comuns a todos os seres humanos. A humildade para reconhecer esta condição humana universal capacita as vítimas e ofensores a descobrir que eles têm mais em comum como seres humanos frágeis e defeituosos do que a divisão entre vítima e ofensor. A humildade também capacita aqueles que recomendam os processos de Justiça Restaurativa a permitir a possibilidade de que consequências sem intenções possam vir de suas intervenções. A empatia e os cuidados mútuos são manifestações de humildade;

-Interconexão: Enquanto enfatiza a liberdade individual e a responsabilidade, a Justiça Restaurativa reconhece os laços comunais que unem a vítima e o ofensor. Ambos são membros valorosos da sociedade na qual todas as pessoas estão interligadas por uma rede de relacionamentos. A sociedade compartilha a responsabilidade por seus membros e pela existência de crimes, e há uma responsabilidade compartilhada para ajudar a restaurar as vítimas e reintegrar ofensores. Além disso, a vítima e o ofensor são unidos por sua participação compartilhada no evento criminal e, sob certos aspectos, eles detêm a chave para a recuperação mútua. O caráter social do crime faz do processo comunitário o cenário ideal para tratar as consequências (e as causas) da transgressão e traçar um caminho restaurativo para frente;

-Responsabilidade: Quando uma pessoa, deliberadamente causa um dano à outra, o ofensor tem obrigação moral de aceitar a responsabilidade pelo ato e por atenuar as consequências. Os ofensores demonstram aceitação dessa obrigação, expressando remorso por suas ações, através da reparação dos prejuízos e talvez até buscando o perdão daqueles a quem eles trataram com desrespeito. Esta resposta do ofensor pode preparar o caminho para que ocorra a reconciliação;

-Empoderamento: Todo ser humano requer um grau de autodeterminação e autonomia em sua vida. O crime rouba este poder das vítimas, já que outra pessoa exerceu controle sobre elas sem seu consentimento. A Justiça restaurativa devolve os poderes a estas vítimas, dando-lhes um papel ativo para determinar quais são suas necessidades e como estas devem ser satisfeitas. Isto também dá poder aos ofe3nsores de responsabilizarem-se por suas ofensas, fazerem o possível para remediarem o dano que causaram, e iniciarem um processo de reabilitação e reintegração;

-Esperança: Não importa quão intenso tenha sido o delito, é sempre possível para a comunidade responder, de maneira a emprestar forças a quem está sofrendo, e isso promove a cura e a mudança. Porque não procura simplesmente penalizar ações criminais passadas mas abordar as necessidades presentes e equipar a vida futura, a Justiça Restaurativa alimenta esperanças – a esperança de cura par as vítimas, a esperança de mudança para os ofensores e a esperança de maior civilidade para a sociedade.

Acrescenta-se a voluntariedade e o diálogo como meios de se consolidar e expressar os valores acima. Porquanto a participação voluntária e a verbalização da experiência vivida pelas partes envolvidas no evento são de fundamental importância para a cura e satisfação das necessidades. Utilizando-se do diálogo se busca enfatizar as relações subjetivas recorrendo-se aos princípios humanistas de reconciliação e de capacidade de compreensão do outro. Desta feita o conflito deixa de ser visto como "aquilo que há de ser rechaçado, pagado, aniquilado, mas sim como aquilo que há de ser trabalhado, elaborado, potencializado naquilo que pode ter de positivo (MELO, 2006).

A solução do conflito se dá através da reunião das partes em um ambiente seguro e acolhedor com a presença de um facilitador, podendo estar presentes também outras pessoas secundariamente afetadas pelo conflito (crime).

O encontro restaurativo com o facilitador é precedido por encontros individuais onde será explicada a dinâmica do encontro, quem estará presente, será um momento de escuta de relatos sobre o conflito de modo a estabelecer um ambiente de confiança. O simples ato de escuta do facilitador já oferece um efeito terapêutico, porquanto favorece a liberação das angústias, do medo, da insegurança, da cólera, do ódio e violência ainda impregnados, chegando a desarmar a hostilidade que alimenta as partes. Portanto, ao chegarem para o encontro já se encontram mais relaxados e menos violentos.

O facilitador não é um terceiro neutro e nem poderia sê-lo. É equitativo: procura dar a cada um o que lhe é devido, para assim, ganhar a confiança dos dois adversários e facilitar o diálogo entre eles (MULLER, 2007)

4.2 FINALIDADES DA JUSTIÇA RESTAURATIVA

A mobilização de uma comunidade decorre da necessidade de enfrentamento de uma ameaça, da cura de uma dor, da resolução de um problema. O conflito desencadeia essa oportunidade de transformar a experiência traumática em aprendizado, tendo em vista que os valores somente são conhecidos e aprendidos na medida em que os vivenciam. Vivenciar práticas restaurativas implica educar, mobilizar e despertar nas pessoas – vítima, ofensor e comunidade- a solidariedade, a empatia, o acolhimento, o respeito, a empatia, o perdão, a alteridade, a compreensão, a responsabilização, a partilha, a generosidade, dentre tantos outros valores. E uma vez assimilados desde a infância se tornarão adultos autônomos capazes de lidar com o conflito, superando-o e promovendo uma cultura de paz o que representa em última análise a esperança de um novo futuro para as gerações do por vir. Esta é a promessa da justiça restaurativa.

A justiça tradicional, diferentemente da justiça restaurativa, baseia-se na ilusão de que a ameaça de punição é capaz de dissuadir a ocorrência do crime e quando há o encarceramento, este será capaz de "devolver" à sociedade um sujeito comprometido com os valores éticos e morais.

O sistema retributivo concentra-se nos agressores como indivíduos localizados em posições adversariais, reforçando o antagonismo, a estigmatização (inimigos da comunidade) e as soluções são construídas e impostas pela expertise de juízes, médicos, técnicos, policiais, completamente estranhos ao caso em particular, em um ambiente austero e estranho à realidade do ofensor. A justiça restaurativa pressupõe as pessoas imbricadas em uma rede de relacionamentos, cujo foco é a redução dos antagonismos.

Busca demonstrar que as pessoas são mais que o ato criminoso praticado e, portanto, são capazes de aprender a lidar com as situações conflituosas e sobretudo são as únicas que podem ter a exata medida da consequência dos seus atos, dos problemas e das possíveis soluções, porque são as pessoas que efetivamente estão envolvidas tanto na prática do ato quanto dos prejuízos, dores e consequências causadas e suportadas. E diga-se, cada experiência é única vivenciadas através de emoções e sentimentos.

O sistema de justiça penal em sua feição teórico e prática desconsidera os aspectos emocionais ligados ao sofrimento e angústia causados pelo crime, assim como também desconsidera os aspectos, culturais e sociais que os autores dos fatos carregam consigo. De sorte que está abandonada qualquer noção de alteridade entre as partes que compõe a cena litigiosa. No modelo restaurativo as partes se apropriam do conflito, demonstrando maior autonomia e vontade na forma do desfecho da controvérsia, porquanto demonstram sua percepção acerca da ofensa sofrida (OLIVEIRA, 2012).

4.3 APROXIMAÇÃO CONCEITUAL

Importante destacar que o novo modelo não parte de uma construção teórica simplesmente ou principalmente, mas, sobretudo de resultados práticos de experimentações realizadas em diversas partes do mundo, portanto em diferentes culturas, com o objetivo de procurar respostas ao crime que fossem mais eficazes e menos destrutivas.

Marshal (2005) entende que a justiça restaurativatem a preocupação de verificar o verdadeiro fim do sistema penal e confronta-se as teses clássicas com a necessidade, até então nunca sentida, de a vítima passar a ocupar o centro desse mesmo debate.

A partir desta preocupação a vítima assume ou quiçá, retoma seu lugar, de destaque no sistema penal. Por outro lado a readaptação social do agressor continua sendo um dos fins do sistema penal, mas, a agora, ocupa um lugar ao lado da reparação pecuniária ou não, dos efeitos e consequências do ato criminoso junto à vítima.

Marshal (2005) contribui para a construção do conceito de justiça restaurativa, afirmando ser uma compreensão que se constrói ao longo do tempo e a partir das experiências práticas, no entanto o novo termo justiça restaurativa adquire um significado genérico e outro técnico. Genericamente o termo é percebido e utilizado para "...abraçar abordagens cooperadoras para o tratamento do conflito, que mutuamente buscam obter resultados benéficos", ou seja, o adjetivo restaurativo alcança, qualifica qualquer estratégia para a resolução do conflito com intenção restaurativa. No uso técnico do termo justiça é o aspecto crítico. Crítico porquanto ela, a justiça, deve reconhecer o restaurativo como expressão do princípio da dignidade da pessoa humana, mas não só, deve oferecer as bases teóricas para sua efetivação e é este o processo pelo qual estamos passando – desenvolvendo as bases teóricas para sua efetivação, através da observação, da crítica, da análise.

Sendo assim, parece correto a utilização "...tanto no uso genérico quanto no uso técnico do termo, e eles estão frequentemente disfarçados, um dentro do outro..." (MARSHAL, 2005).

A Declaração da ONU Relativa aos Princípios Fundamentais da Utilização de Programas de Justiça restaurativa em Matéria Criminal[11] também oferece diretrizes no sentido da aproximação conceitual como sendo um processo no qual a vítima, o infrator e/ou outros indivíduos ou membros da comunidade de afetados por um crime participam ativamente e em conjunto na resolução das questões resultantes daquele, com a ajuda de um terceiro imparcial.

4.4 JUSTIÇA RESTAURATIVA E JUSTIÇA SOCIAL

O exercício da governança na busca do bem comum da mesma maneira que se exerce a função da justiça na busca da solução do conflito são expressões de como se exerce o poder. Se o modelo de justiça tradicional serviu como poder fundado na dominação e no controle; o modelo restaurativo deve ser e servir para proclamar um modelo democrático de exercício de poder, e somente poderá existir se todos, inclusive os grupos minoritários forem contemplados, incluídos, acolhidos e suas opiniões forem levadas em conta na busca da solução ao invés de impor uma vontade majoritária. Na justiça restaurativa o poder é exercido através do consenso.

A busca do equilíbrio e da colaboração, a identificação e satisfação das necessidades de todos em uma relação responsável e mútua deve ser observada como uma atitude democrática e harmônica, que proporciona a restauração entre os envolvidos.

Em que pese as práticas sociais e os discursos serem validados pelo respeito aos direitos humanos e fundamentadas nos valores democráticos tem não raras vezes, sido travestidas pelas vestes do autoritarismo, legado da tradição bélica. De tal sorte que a justiça social a ser alcançadas através dessas práticas torna-se comprometida. No entanto, se a democratização de atitudes individuais e o estímulo de um comportamento altruísta forem fomentados nas bases das práticas sociais e políticas, ter-se-á nas futuras gerações um comportamento afetivo e emocional em detrimento de uma racionalidade exacerbada.

Destaca-se que um conflito resulta de um entrelaçamento, de uma imbricação complexa de inúmeras causas e para solucioná-lo é desejável que se intervenha nas várias causas que o originaram ao mesmo tempo. E se assim o é, a violência não dá conta de proceder a essas diferentes ações, porquanto privilegia apenas uma das causas e age somente em uma única direção (MULLER, 2007). Enquanto a opção para a resolução de conflito for a violência não haverá justiça social.

Ora, se estamos diante do sistema tradicional que se revela incapaz de oferecer à sociedade respostas satisfatórias de combate ao crime e a criminalidade, gerando, portanto, uma sensação generalizada de ineficácia e insegurança, e, sobretudo, uma crise de confiança no aparelho judicial, e em última análise reproduz a espiral da violência, estamos igualmente diante de um sistema que se mostra falho na decan-

---

11 Disponível em http://www.justica21.org.br/j21.php?id=366&pg=0#.UPnKKB3C1gg. Acesso em 19 jan 2014.

tada missão de "... conversão dos criminosos aos valores tutelados pelo Estado" (FERREIRA, 2006, pág. 11).

De outra ponta, a opção pela prisão como instância formal de controle típica de nosso tempo vem a seu turno, gestando indivíduos que em uma perspectiva cultural e sociológica que poderíamos chamar de filhos da prisão, ou em última análise, profissionais do crime, cuja escola é a prisão. Resultado, portanto, completamente adverso daquele que se propunha como reinserção, reintegração ou recuperação do indivíduo apenado com a pena de prisão.

Diante desse quadro, percebemos um conjunto de fatores, entre tantos outros, que incentivam a discussão na busca de novas respostas não punitivas e diversas ao sistema clássico de justiça.

O novo paradigma restaurador redescobre a definição de crime e justiça com a possibilidade de transformar o conflito, na medida em que nele intervém de modo mais efetivo na pacificação das relações sociais.

4.5 MANIFESTAÇÕES DE JUSTIÇA RESTAURATIVA

Temos essa questão a partir de um novo paradigma onde se busca privilegiar a relação vítima e agressor, a partir de uma visão reconstrutiva dos laços humanos e sociais esgarçados pelo crime.

Neste sentido, a justiça restaurativa tem sido levada à prática através de diversos modelos[12], tais como, mediação vítima-ofensor (*victim offender mediation*), conferências de grupos familiares ou comunitários (*conferencing group*), círculos sentencianatórios (*setencing circle*), painéis de vítimas, programas de assistência à vítima (*victim assistance*), programas de assistência ao ex-ofensor (*ex-offender assistance*), programas de serviços comunitários (*community service*), programas de restituição (*restitution*), programas de restauração, dentre outros, que embora eivados dos princípios e características da justiça restaurativa, diferem razoavelmente entre si.

E, especial a manifestação da justiça restaurativa através dos círculos de construção de paz há vários tipos, de acordo com Pranis (2010): de diálogo, de compreensão, de restabelecimento, de sentenciamento, de apoio, de construção do senso comunitário, de resolução de conflitos, de reintegração, de celebração, cada um com uma função específica.

Os círculos de construção de paz proporcionam uma estrutura capaz de criar possibilidades de liberdade para expressar a verdade pessoal, sem máscaras e defesas, sem subterfúgios e convencimentos equivocados, as pessoas presentes no círculo o estão voluntariamente, inteiras aptas a reconhecer seus erros e temores e para agir de acordo com os valores mais fundamentais.

Esta diversidade, mais notória fora da Europa decorre, sobretudo, de raízes culturais as quais essas práticas vão buscar inspiração – as culturas nativas – e, também o contexto institucional e social em que surgem: certamente que ideias como a de ter um agente policial a funcionar como facilitador da comunicação entre vítima e agressor, ou de promover a nível comunitário – e com grande intervenção

---

12 Disponível em www.restorativejustice.org. Acesso em 13 nov 2014.

de comunidades de fé – o apoio a um agressor sexual de risco após o cumprimento da pena numa ótica de prevenção não são transponíveis para todas as sociedades (LÁZARO e MARQUES, 2006, pág.69). Portanto a justiça restaurativa não será uma panaceia, para utilizar a expressão de Zher (2008).

Certamente que o surgimento da justiça restaurativa em meio a crise do sistema de justiça tradicional é um caminho, dentre tantos outros, que poderá levar à justiça social porquanto se pretende democrática, transformadora e humanística.

REFLEXÕES FINAIS

O surgimento do conceito de desenvolvimento sustentável leva a associação a novas demandas por participação da sociedade civil na gestão do Estado, para uma melhor "qualidade de vida", e por solução de conflitos com uma estrutura participativa.

A noção de sustentabilidade social vincula o perfil ideológico do desenvolvimento sustentável às demandas por participação popular na formulação de políticas públicas, na tomada de decisões e na administração de seus conflitos.

A evolução histórica dos métodos de solução de litígios mostra que o Estado foi, paulatinamente, assumindo o papel de pacificador social, expropriando este poder dos sujeitos envolvidos. As formas alternativas de resolução de conflito permitem repensar a participação popular sob a égide das noções de autonomia e de cidadania.

Na sociedade brasileira, as diferenças sociais produzem conflitos de interesses, prejudicando a aplicação democrática, igualitária e individualista dos direitos garantidos por lei. A atuação do poder judiciário não tem demonstrado força suficiente para minimizar essa corrente de tradições e práticas brasileiras.

A justiça restaurativa se apresente como uma possibilidade de promover uma aproximação entre o sistema jurídico e a sociedade e produzir novas maneiras de pacificação das relações sociais proporcionando uma sociedade baseada na harmonia e na solidariedade, conceitos fundamentais para o desenvolvimento sustentável.

Ela não será a única solução, devendo-se investir mais, por exemplo, na construção de uma educação voltada a paz e aos direitos humanos. Todavia, sem sombra de dúvidas, deve ser um caminho possível a ser apresentado a sociedade para contribuir para que a resolução dos conflitos tenha o envolvimento direto das partes e da comunidade como um todo, diferente da justiça tradicional que deposita nas mãos do/a juiz/a todo o processo decisório. Essa dinâmica pode contribuir para que o respeito a cidadania, e para que os mecanismos de resolução de conflitos estejam para além do sistema judicial, diminuindo a sobrecarga dos Tribunais e contribuindo para a diminuição da violência, que muitas vezes é acirrada pelo próprio sistema diante de todos os seus percalços.

REFERÊNCIAS

AJURIS. **Justiça para o Século 21: Instituindo Práticas Restaurativas**. Iniciação em Justiça Restaurativa: formação de lideranças para a transformação de conflitos. Compilação, sistematização e redação Leoberto Brancher. – Porto Alegre: AJURIS, 2008.

AMOY, Rodrigo de Almeida. **A proteção do direito fundamental ao meio ambiente no direito interno e internacional**. Disponível em: www.conpedi.org.br/manaus/arquivosos/anais/bh/rodrigo_de_almeida_amoy.pdf. Acesso em: 16 jan 2013.

CAPPELLETI, Mauro. **Os métodos alternativos de solução de conflitos no quadro do movimento universal de acesso à justiça**. Revista de Processo, nº 74, ano 19, abril-junho de 1994, p. 97.

ELKINGTON, J. **Canibais com Garfo e Faca.** São Paulo: Makron Books, 2001. p.444

FERREIRA, Francisco Amado. **Justiça Restaurativa**: Natureza, Finalidades e Instrumentos. Coimbra: Coimbra editora, 2006.

FILHO, Petrônio Calmon. **O conflito e os meios de sua solução.** In: DIDIER JR., Fredie e JORDÃO, Eduardo (org). Teoria do Processo: Panorama internacional. PODIUM: Salvador, 2008.

FILHO, Severino Soares Agra. **Conflitos ambientais e os instrumentos da política nacional de meio ambiente**. eGesta, v. 4, n. 2, abr.-jun./2008, p. 127-140

HERMANN, Leda Maria. **Violência doméstica e os juizados especiais criminais: a dor que a lei esqueceu**. 2 ed. Campinas: Servanda, 2004.

LÀZARO, João e MARQUES, Frederico Moyano. **Justiça Restaurativa e Mediação Penal**. Revista Sub Judice. Justiça e Sociedade – Out-Dez. Lisboa: Almedina, 2006.

MARSHAL, Chris; BOYARD, Jim, BOWEN, Helen. Como a Justiça Restaurativa assegura a boa prática: uma abordagem baseada em valores. IN: SLAKMON, C., R. De Vitto, e R. Gomes Pinto. In: SLAKMON, C., R. De Vitto, e R. Gomes Pinto, (org.). **Justiça Restaurativa** Brasília: Ministério da Justiça e Programa das Nações Unidas para o Desenvolvimento, 2005.

_____ Pelo Amor de Deus! Terrorismo, Violência Religiosa e Justiça Restaurativa. In: SLAKMON, C., R. De Vitto, e R. Gomes Pinto, (org.). **Justiça Restaurativa** Brasília: Ministério da Justiça e Programa das Nações Unidas para o Desenvolvimento, 2005.

MELO, Eduardo Rezende. **Comunidade e Justiça em pareceria para a promoção de respeito e civilidade nas relações familiares e de vizinhança**: um experimento de justiça restaurativa comunitária. Revista de Estudos Criminais, Porto Alegre, ano VI, n.23, p. 127-151, Jul/Dez, 2006, p. 117.

MULLER, Jean-Marie. **O princípio da não-violência**. Uma trajetória filosófica. Trad. Inês Polegato. São Paulo. Palas Athena, 2007.

NASCIMENTO, Elimar Pinheiro do. **Trajetória da sustentabilidade: do ambiental ao social, do social ao econômico**. São Paulo:Revista Estudos Avançados 26 (74), 2012.

PEDRO, Antonio Fernando Pinheiro et al. **Resolução de Conflitos Ambientais**. Disponível em: http://pinheiropedro.com.br/site/artigos/resolucao-de-conflitos-ambientais/. Acesso em: 21 de janeiro de 2013.

PEDROSO, João. **A justiça em Portugal entre a(s) crise(s) e a(s) oportunidade(s) – Contributo para a construção de um novo paradigma de política pública de justiça**. Portugal: Scientia Iuridica, TOMO LV(2006), N.º 306 – Abril/Junho.

PRANIS, Kay. **Processos circulares**. Tradução de Tônia Van Acker. São Paulo: Palas Athenas, 2010.

SANTOS, Boaventura de Sousa. **Os Tribunais nas sociedades contemporâneas: o caso português**. p. 19-56. Coimbra: Afrontamento, 1996.

SIMMEL. A natureza sociológica do conflito.In:MORAES FILHO, Evaristo de. (Org.) **Simmel**. São Paulo: Editora Ática, 1983.

SOUZA, Luanna Tomaz de. **"Será que isso vai pra frente, doutora?"** Caminhos para a implementação da Lei "Maria da Penha" em Belém. Dissertação de Mestrado. Universidade Federal do Pará. Instituto de Ciências Jurídicas. 2009.

VITTO, R. Gomes (Org.) **Justiça Restaurativa. Brasil: Ministério da Justiça**. Brasília: PNUD, 2005.

WUNDERLICH, Alexandre; CARVALHO, Salo de. **Novos Diálogos sobre os Juizados Especiais Criminais**. Rio de Janeiro: Lumen Juris, 2005.

ZHER, Howard. **Trocando as lentes: um novo foco sobre o crime e a justiça**. Tradução de Tônia Van Acker. São Paulo: Palas Athena, 2008.

PARTE 2
VIOLÊNCIA OBSTÉTRICA

VIOLÊNCIA OBSTÉTRICA É VIOLÊNCIA DE GÊNERO:
naturalização, banalização e rotinas violentas na atenção ao parto

Edna Abreu Barreto[1]

> Estudos sobre a perspectiva das mulheres mostram que muitas vezes elas descrevem o trabalho de parto como dominado pelo medo, solidão e dor, em instituições que deslegitimam a sexualidade e a reprodução de mulheres consideradas subalternas, como negras, solteiras e de baixa renda, e estigmatizam a maternidade na adolescência. Os abusos verbais voltados para a humilhação sexual do tipo "quando você fez gostou", são uma constante nos estudos e fazem parte do aprendizado informal dos profissionais sobre como disciplinar as pacientes, desmoralizando seu sofrimento e desautorizando eventuais pedidos de ajuda (Diniz, 2009, p. 320).

INTRODUÇÃO

Desde que engravidei pela primeira vez, em 2005, passei a discutir, atuar e militar[2] a favor da humanização da gravidez, do parto e do pós-parto, visto que fui conhecendo os problemas envolvidos na atenção às mulheres e às várias formas de violência a que estamos submetidas nessa condição. Compreender que locais onde deveríamos ser acolhidas e amparadas, como as maternidades, são, na verdade, espaços de violação de direitos e de produção e reprodução de violência contra mulheres grávidas (Aguiar, 2010), impulsionou-me a lutar contra esse tipo específico de violência ainda pouco conhecido, que é a violência obstétrica. Depois de decidir parir meus dois filhos em partos domiciliares planejados, dentre tantos motivos para fugir da violência obstétrica rotineira em hospitais e maternidades brasileiras, passei a ler, pesquisar, debater e contribuir com

---

[1] Doutora em Educação, pela Universidade Federal Fluminense- UFF; Professora da Faculdade de Educação da UFPA; pesquisadora da área do currículo, com foco nas questões de diversidade, gênero e sexualidade; e integrante da Rede Parto do Princípio.
[2] Faço parte da Rede Parto do Princípio (http://www.partodoprincipio.com.br/) que congrega mais de duzentas mulheres voluntárias atuando e militando, em todo o Brasil, a favor da humanização do parto e do nascimento.

a formação de profissionais de saúde, de direito e nos movimentos sociais[3] em relação a esse tema ainda pouco conhecido de grande parte da sociedade.

Embora a pesquisa SESC/Perseu Abramo (ABRAMO, 2010) tenha comprovado que uma em cada quatro mulheres sofre violência no parto, o sentido e o significado de tal conceito têm sido ainda desconhecidos na sociedade, motivo pelo qual políticas públicas nessa área são pouco eficazes. Neste trabalho, pretendo trazer uma pequena contribuição à luta das mulheres por dignidade, em uma sociedade machista e misógina, discutindo um tipo específico de violência de gênero: a violência obstétrica praticada contra mulheres na gestação, no parto e no pós-parto.

Tal debate tem o objetivo de colocar o tema em pauta, evidenciando uma violência que, por ser invisibilizada e naturalizada, tem sido pouco analisada pela academia e até mesmo pelos movimentos de mulheres, deixando intocados os seus reflexos e resultados perversos. O fato de a violência obstétrica ser rotineira e até mesmo esperada pelas mulheres, pois acreditam que faz parte do processo de parir, faz com que a mesma esteja banalizada (Aguiar, 2010).

São várias as formas de violência praticada contra as mulheres no parto, como veremos mais adiante, tanto no setor público, com a transformação do parto normal em um cenário de desrespeito, discriminações, procedimentos invasivos e dolorosos, quanto na rede privada, com índices de cesariana muito além do aceitável pela Organização Mundial de Saúde. Os dados alarmantes da pesquisa "nascer no Brasil: inquérito nacional sobre parto e nascimento", realizada pela Fundação Oswaldo Cruz em parceria com o Ministério da Saúde e divulgada recentemente, mostram que as mulheres são induzidas a realizar uma cirurgia de grande porte, como a cesariana[4], colocando em risco sua vida e a de seu próprio filho. Enquanto a Organização Mundial de Saúde – OMS - recomenda até 15% de cesarianas, no Brasil chega-se, na rede privada, a índices preocupantes de 88% sem qualquer justificativa técnica. Para a coordenadora da pesquisa, Maria do Carmo Leal, essa situação apresenta grandes prejuízos e coloca em risco tanto a vida da mãe como da criança, na medida em que:

> Um prejuízo que a criança pode ter é ela nascer antes do tempo que estaria pronta para nascer e, portanto, pode ter dificuldade para respirar, pode precisar ir para uma UTI [Unidade de Tratamento Intensivo] neonatal, e isso é um imenso prejuízo no começo da vida, essa separação da mãe. Para a mãe, o primeiro risco é que a cesárea é uma cirurgia, e como tal tem maior chance de hemorragia, de infecção, e também a recuperação da mulher é pior na cesárea do que no parto vaginal (NASCER NO BRASIL, 2014).

---

3 Como integrante da Rede Parto do Princípio, a Rede moveu Ação Civil Pública, no Ministério Público Federal, em Belém, no ano de 2010, exigindo o cumprimento da Lei do Acompanhante no Parto. Participei, em 2013, da formação de enfermeiros e médicos da Santa Casa, discutindo a violência obstétrica. Da mesma forma, colaborei com a formação dos Defensores Públicos do Pará, do Núcleo de Direitos Humanos, em 2014, contribuindo para que tais profissionais passassem a atuar em casos individuais desse tipo de violência. Integro, ainda, a Frente de Combate à Violência Obstétrica, criada em 2014 pela Ordem dos Advogados do Brasil - OAB, seção Pará.

4 A cesariana eletiva, sem indicação clínica baseada em evidências científicas, se apresenta como um tipo específico de violência obstétrica, na medida em que as mulheres são frequentemente induzidas à sua realização, por conveniência do sistema, colocando em risco a vida da mulher e do bebê. Esse tema será mais bem aprofundado neste trabalho.

Muito já avançamos, a partir da luta de grupos de apoio a grávidas; de profissionais de saúde que romperam com a lógica violenta das maternidades; de grupos de humanização do parto e nascimento[5], especialmente organizados na internet; da ação do Ministério da Saúde; da criação da Rede Cegonha[6]; etc., mas o tema precisa ser mais amplamente debatido para que as mulheres sejam esclarecidas e denunciem essa violência tão banalizada e rotineira que acaba por ser considerada "normal" e "natural" ao processo de gestar e parir.

Considero, finalmente, a necessidade de investimento na formação inicial e continuada dos profissionais de saúde para que não ignorem que sua atuação deve ser baseada em evidências científicas, nas orientações da Organização Mundial de Saúde - OMS (1986) e nas demandas dos movimentos de mulheres, e para que não sigam práticas defasadas e perigosas, causando o que Diniz (2005) considera o paradoxo perinatal, ou seja, melhoram os indicadores de saúde materna, sem melhoria no índice de mortalidade. Como a autora alerta, vivemos no pior dos dois mundos, com a morte de mulheres sendo causada por falta e excesso de tecnologia (Diniz, 2009).

Para contribuir com o debate aqui proposto, tomo como referência trabalhos que analisam a violência obstétrica, considerando seus vários tipos, seu significado como violência institucional e seu viés como violência de gênero. No primeiro momento, apresento o conceito de violência de gênero e de violência obstétrica, fazendo uma vinculação entre ambos; em seguida, discuto os vários tipos de violência praticados contra mulheres na gravidez, no parto e no pós-parto, ferindo a legislação brasileira e as normativas do Ministério da Saúde e da OMS; para, finalmente, apresentar as possibilidades de superação desse tipo de violência, considerando as recomendações da OMS (1986) para as boas práticas de atenção ao parto. Ao final da análise, retomo o conceito de violência de gênero, discutindo os sentidos da visão negativa e disfuncional do corpo feminino, naquilo que Diniz (2009) considera como a "pessimização" do parto, transformando essa experiência em algo doloroso, inseguro e desconfortável para a mulher.

1. CONCEITUANDO VIOLÊNCIA DE GÊNERO E OBSTÉTRICA: elos de uma mesma teia de redução do papel da mulher

Iniciar a discussão por conceitos é sempre esclarecedor, ainda que estes sejam frequentemente carregados de múltiplos sentidos e divergências. No debate conceitual, tem sido sistematizado, desde a Convenção Interamericana para prevenir, punir e erradicar a violência contra a mulher (Belém, 1994), que a violência de gênero é: qualquer ação ou conduta baseada no gênero, que cause morte, dano ou sofrimento

---

[5] Sobre a história dos movimentos de humanização do parto e nascimento, ver, entre outros, RATTNER (2009 a), (2009, b).

[6] Estratégia do Ministério da Saúde que visa implementar uma rede de cuidados para assegurar às mulheres o direito ao planejamento reprodutivo e à atenção humanizada à gravidez, ao parto e ao puerpério, bem como assegurar às crianças o direito ao nascimento seguro e ao crescimento e desenvolvimento saudáveis. A Rede Cegonha foi instituída no âmbito do Sistema Único de Saúde, pela Portaria de N° 1.459, de 24 de junho de 2011.

físico, sexual ou psicológico à mulher, tanto no âmbito público como privado. Tal conceito tem sido utilizado nas legislações que visam garantir direitos às mulheres contra a violência doméstica ou institucional, como é caso da Lei Maria da Penha (11.340/2006). Vale destacar o que prevê essa lei em termos de violência psicológica e/ou sexual, muito comuns na violência obstétrica, como veremos mais adiante. Referindo-se às formas de violência contra a mulher, o artigo 7º, em seus parágrafos II e III, diz que a violência psicológica e sexual é assim compreendida:

> II - a violência psicológica, entendida como qualquer conduta que lhe cause dano emocional e diminuição da autoestima ou que lhe prejudique e perturbe o pleno desenvolvimento ou que vise degradar ou controlar suas ações, comportamentos, crenças e decisões, mediante ameaça, constrangimento, humilhação, manipulação, isolamento, vigilância constante, perseguição contumaz, insulto, chantagem, ridicularização, exploração e limitação do direito de ir e vir ou qualquer outro meio que lhe cause prejuízo à saúde psicológica e à autodeterminação;
> III - a violência sexual, entendida como qualquer conduta que a constranja a presenciar, a manter ou a participar de relação sexual não desejada, mediante intimidação, ameaça, coação ou uso da força; que a induza a comercializar ou a utilizar, de qualquer modo, a sua sexualidade, que a impeça de usar qualquer método contraceptivo ou que a force ao matrimônio, à gravidez, ao aborto ou à prostituição, mediante coação, chantagem, suborno ou manipulação; ou que limite ou anule o exercício de seus direitos sexuais e reprodutivos (BRASIL, Lei, 11.340, 2006).

No que se refere ao conceito de violência obstétrica, termo recentemente utilizado por grupos de apoio e defesa da humanização do parto e do nascimento, o entendimento sobre o seu significado tem sido definido a partir da legislação venezuelana (2007), argentina (2009) e mexicana (2014), que passaram a incluir o conceito nas leis que protegem as mulheres de todas as formas de violência, sendo, inclusive, em alguns casos, tipificado como crime. Na legislação desses países a violência obstétrica é assim definida[7]: apropriação do corpo e processos reprodutivos das mulheres por profissionais de saúde, que se expressa num trato desumanizador, no abuso de medicalização e patologização dos processos naturais, trazendo consigo a perda de autonomia e capacidade de decidir livremente sobre seus corpos e sexualidade, impactando negativamente na qualidade de vida das mulheres (Venezuela, 2007).

Na legislação da Venezuela, podemos observar, por exemplo, no capítulo 6, que detalha os delitos, o artigo 51, especificando os atos considerados violentos que consistem em:

> 1. Não atender oportuna e eficazmente as emergências obstétricas;
> 2. Forçar às mulheres dar à luz em posição supina (decúbito dorsal) e com as pernas levantadas, tendo os meios necessários para a realização do parto vertical.
> 3. Obstaculizar o apego precoce da criança com sua mãe, sem causa médica justificada.

---

[7] Livre tradução da lei.

4. Alterar o processo natural do parto de baixo risco, mediante o uso de técnicas de aceleração, sem o consentimento voluntário, expresso e informado da mulher.
5. Praticar o parto por via cesárea, existindo condições para o parto natural, sem obter o consentimento voluntário, expresso e informado da mulher.

No caso de não cumprimento dessas normativas, estão previstas multas ao pessoal responsável pela prática violenta, bem como instalação de processo disciplinar.

Ao analisar os conceitos de violência de gênero e sua relação com a violência obstétrica, devemos ter como questão o fato de que a assistência obstétrica no Brasil tem sido caracterizada pelo alto grau de medicalização e abuso de práticas invasivas, obsoletas e rotineiras. Na visão de Diniz (2013), há uma ideia de produtividade que parte do pressuposto que o parto é um evento desagradável, degradante, humilhante, repulsivo, sujo e que, portanto, deve ser encurtado. Essa visão está associada à lógica de pessimização do parto, que o considera uma coisa primitiva, de pobre, que vai danificar o períneo ou comprometer a sexualidade feminina (Idem, 2013). Uma inversão de sentidos que tem o objetivo de convencer as mulheres de que sua sexualidade é repulsiva e o parto figuraria como o ápice de uma experiência que precisa de "correção" para "proteger" as mulheres.

A questão apresentada, a partir da análise dos conceitos, é a importância de uma atenção que tome como referência as necessidades e interesses da mulher como sujeito de direitos, entendendo-se o parto como um processo fisiológico que integra a experiência sexual feminina. Por outro lado, o entendimento do parto como evento fisiológico, antropológico, social, psicológico e não apenas como ato médico traz subjacente a ideia de que as mulheres devem ser o centro do processo, invertendo uma relação de poder historicamente sedimentada entre pacientes e profissionais de saúde. Romper com essa lógica implica à quebra de um modelo típico de assistência ao parto que "além de inseguro e pouco apoiado em evidências científicas, é não raro marcado por uma relação profissional-usuária autoritária, que inclui formas de tratamento, desumano ou degradante" (Diniz, 2009, pg. 317).

Ao discutir o paradoxo perinatal, Diniz (2009) afirma que este se baseia no fato de que nos últimos vinte anos melhoraram os indicadores de saúde materna, mas a mortalidade se mantém. Para a autora, essa situação é gerada por múltiplos fatores, destacando-se: superestimação dos benefícios da tecnologia, negação dos desconfortos das intervenções, imposição de sofrimentos e riscos desnecessários, "pessimização do parto" e apresentação da cesárea como rotina.

Na análise apresentada por Diniz (2009), existe uma crença, sedimentada na violência de gênero, que considera o corpo feminino como "essencialmente defeituoso, imprevisível e potencialmente perigoso, portanto necessitando de correção e tutela, expressa nas intervenções" (idem, 2009, pg. 318). Um exemplo muito claro, citado pela autora, no que se refere à banalização da violência e à desconsideração dos desconfortos e prejuízos que causam à mulher, é a própria história da episiotomia - o corte na musculatura da vulva e vagina, feito na hora do parto, supostamente para ampliar o canal de parto, instituído no início do século XX e tornado rotina nas maternidades.

Há uma ampla gama de análises[8] já consolidadas provando que tal corte não previne lesões, como se justificou desde sua origem, pois a intervenção praticada indistintamente nas mulheres é, ela mesma, a própria lesão, não atuando como prevenção, mas como mutilação, com sequelas que atingem de forma importante a sexualidade feminina, afetando, inclusive, em alguns casos, seu prazer sexual.

No Brasil, embora não exista uma legislação específica tipificando a violência obstétrica, pode-se recorrer a várias leis dispersas, sendo possível, inclusive, a responsabilização de hospitais e profissionais pelo descumprimento de normas já previstas para uma atenção humanizada ao parto e ao nascimento.

Na próxima seção, passo a apresentar o que têm sido considerado atos de violência obstétrica e suas consequências para a saúde, integridade e sexualidade das mulheres, mostrando como essas práticas ferem tanto as evidências científicas quanto direitos sexuais e reprodutivos, além da legislação brasileira.

ATOS DE VIOLÊNCIA OBSTÉTRICA NO PARTO: dor, perigo, negligência e descumprimento da legislação

Tanto no debate sobre humanização do parto, como naquele produzido a partir dos anos 80, pela chamada Medicina Baseada em Evidência Científica, o parto é considerado um evento social, psicológico, espiritual e fisiológico, que integra o rol de experiências significativas tanto para a mulher como para sua família (Aguiar e Oliveira, 2011). Os estudos que passaram a analisar os riscos e benefícios de vários procedimentos tidos como rotineiros na atenção ao parto são significativos ao demonstrarem que muitos deles, anteriormente considerados válidos, passaram a ser questionados, dentro do que se nomeia como violência institucional no parto (Diniz, 2009).

Referindo-se a várias análises, Aguiar e Oliveira (2011) caracterizam a violência institucional como sendo:

> (...) negligência na assistência, discriminação social, violência verbal (tratamento grosseiro, ameaças, reprimendas, gritos, humilhação intencional) e violência física (incluindo não - utilização de medicação analgésica, quando tecnicamente indicada) até, o abuso sexual. Outras pesquisas também apontam, como um tipo de violência, o uso inadequado de tecnologia, com intervenções e procedimentos muitas vezes desnecessários em face das evidências científicas do momento, resultando numa cascata de intervenções com potenciais riscos e sequelas (idem, 2001, pg. 80).

Na pesquisa da Fundação Perseu Abramo/SESC (ABRAMO, 2010), na qual se confirmou que uma em cada quatro mulheres sofre violência no parto, os tipos de violência registrados são assim especificados:

---

[8] A médica obstetra e grande referência no movimento de humanização do parto e nascimento, Melania Amorin, tem se dedicado a analisar os prejuízos da episiotomia de rotina, a partir de estudos de grande alcance, mostrando a necessidade de que tal prática seja abolida como rotina. Ver, entre outros, os trabalhos divulgados em seu blog:
http://estudamelania.blogspot.com.br/2012/08/estudando-episiotomia-voz-das-mulheres.htm

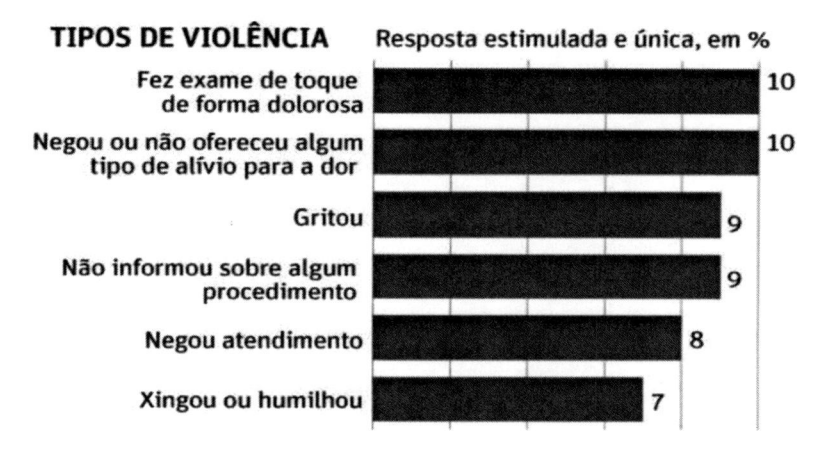

VIOLÊNCIA NO PARTO
25% das mulheres afirmaram ter sofrido algum tipo de violência no atendimento ao parto

TIPOS DE VIOLÊNCIA — Resposta estimulada e única, em %

Tipo de violência	%
Fez exame de toque de forma dolorosa	10
Negou ou não ofereceu algum tipo de alívio para a dor	10
Gritou	9
Não informou sobre algum procedimento	9
Negou atendimento	8
Xingou ou humilhou	7

Foi possível, ainda, observar na pesquisa as principais frases ouvidas pelas mulheres, que caracterizam a violência obstétrica, tais como:

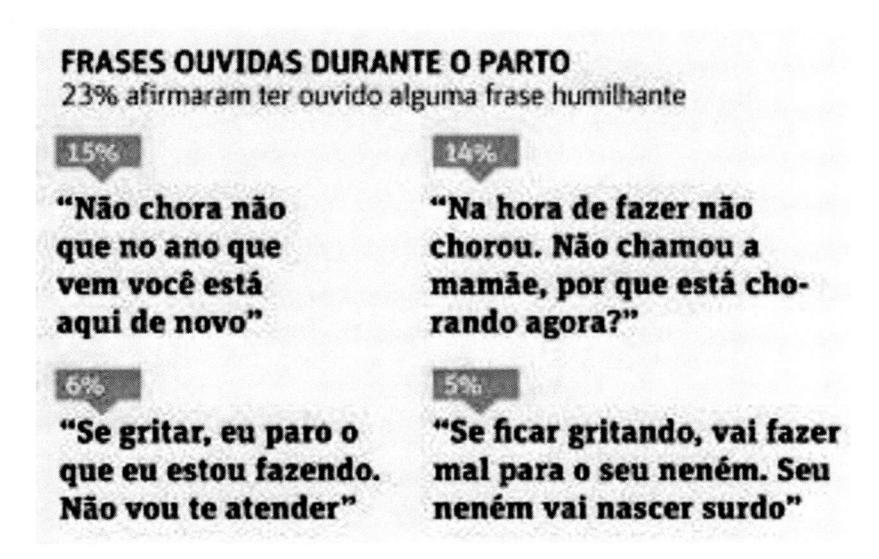

FRASES OUVIDAS DURANTE O PARTO
23% afirmaram ter ouvido alguma frase humilhante

15% — "Não chora não que no ano que vem você está aqui de novo"

14% — "Na hora de fazer não chorou. Não chamou a mamãe, por que está chorando agora?"

6% — "Se gritar, eu paro o que eu estou fazendo. Não vou te atender"

5% — "Se ficar gritando, vai fazer mal para o seu neném. Seu neném vai nascer surdo"

Como discutido anteriormente, a violência no parto fere direitos sexuais e reprodutivos, e em outros países já foi, inclusive, tipificada como crime. No Brasil, são muitas as normativas e leis esparsas que também garantem uma atenção humanizada ao parto e ao nascimento, visando combater práticas consideradas obsoletas e perigosas. Para analisar algumas dessas práticas, tomo como parâmetro a descrição feita pela obstetriz Ana Cristina Duarte (2013), grande referência na atenção humanizada ao parto no Brasil, na qual são apresentados os atos considerados violentos na atenção ao parto. Assim, podemos definir, com base na autora, os seguintes atos de violência obstétrica:

Impedir que a mulher seja acompanhada por alguém de sua preferência, familiar ou de seu círculo social. Essa prática fere a legislação brasileira, na medida em que a lei federal nº 11.108/05 garante a presença de um acompanhante durante todo o período de trabalho de parto, parto e pós-parto imediato. Infelizmente, existem inúmeras denúncias[9] de descumprimento dessa lei, de um modo geral, sem medidas efetivas para sua garantia. Um acompanhante de livre escolha traz inúmeros benefícios para o parto, na medida em que a mulher necessita de amparo e apoio emocional antes, durante e após o parto.

Proibir a mulher de comer, andar, se movimentar e escolher a melhor posição na hora do parto. O encaminhamento dessa prática, feita de maneira indiscriminada, fere a portaria do Ministério da Saúde, de n° 1.153/22/05/2014, que redefine os critérios de habilitação da Iniciativa Hospital Amigo da Criança (IHAC) como estratégia de promoção, proteção e apoio ao aleitamento materno e à saúde integral da criança e da mulher, no âmbito do Sistema Único de Saúde (SUS). No capítulo III, que trata da habilitação à IHAC, no artigo 7º, § VII, recomenda-se, na atenção à mulher no parto, as seguintes práticas:

> a) garantir à mulher, durante o trabalho de parto, o parto e o pós-parto, um acompanhante de sua livre escolha, que lhe ofereça apoio físico e/ou emocional;
> b) ofertar à mulher, durante o trabalho de parto, líquidos e alimentos leves;
> c) incentivar a mulher a andar e a se movimentar durante o trabalho de parto, se desejar, e a adotar posições de sua escolha durante o parto, a não ser que existam restrições médicas e isso seja explicado à mulher, adaptando as condições para tal;
> d) garantir à mulher ambiente tranquilo e acolhedor, com privacidade e iluminação suave;
> e) disponibilizar métodos não farmacológicos de alívio da dor, tais como banheira ou chuveiro, massageadores ou massagens, bola de pilates, bola de trabalho de parto, compressas quentes e frias, técnicas que devem ser informadas à mulher durante o pré-natal;
> f) assegurar cuidados que reduzam procedimentos invasivos, tais como rupturas de membranas, episiotomias, aceleração ou indução do parto, partos instrumentais ou cesarianas, a menos que sejam necessários em virtude de

---

9   A Rede Parto do Princípio – PP - protocolou, em 2010, uma Ação Civil Pública no Ministério Público Federal - MPF, denunciando o descumprimento da Lei do Acompanhante de Parto nas maternidades de Belém. Visando garantir a obediência à lei, realizaram-se várias reuniões com hospitais e maternidades. Porém, nos dias 23 e 27 de setembro de 2013, o MPF, a Parto do Princípio e o Conselho Regional de Enfermagem fiscalizaram sete maternidades e hospitais de Belém, constatando a transgressão total ou parcial da lei do acompanhante. Da mesma forma, no dia 31 de março de 2014, o MPF ajuizou Ação Civil Pública na Justiça Federal, contra a União, a Agência Nacional de Saúde Suplementar (ANS) e cinco hospitais de Belém: Beneficente Portuguesa, Samaritano, Maternidade do Povo, Ordem Terceira e Anita Gerosa, em função da desobediência à lei.

complicações, sendo tal fato devidamente explicado à mulher (Brasil, 2014, Portaria, N°1.153/2014).

Duarte (2013) segue enumerando os atos de violência obstétrica, muito comuns em relatos de mulheres, quais sejam: tratamento à mulher em trabalho de parto de forma agressiva, não empática, grosseira, zombeteira ou de qualquer forma que a faça se sentir mal pelo tratamento recebido; tratar a mulher de forma inferior, dando-lhe comandos e nomes infantilizados e diminutivos, tratando-a como incapaz; submeter a mulher a procedimentos dolorosos desnecessários ou humilhantes, como lavagem intestinal, raspagem de pelos pubianos, posição ginecológica com portas abertas; fazer graça ou recriminar por qualquer característica ou ato físico, como, por exemplo, obesidade, pelos, estrias, evacuação e outros. A utilização de tais práticas ferem pelo menos duas normativas específicas do Ministério da Saúde que são: Portaria 675/GM – 30/06/2006, que aprova a carta dos direitos dos usuários da saúde; e a Resolução da Diretoria Colegiada – RDC, da Agência Nacional de Vigilância Sanitária - ANVISA, n° 36/2008, que dispõe sobre regulamento técnico para funcionamento dos serviços de Atenção Obstétrica e Neonatal.

Outros atos de violência, de acordo com Duarte (2013), são: fazer graça ou recriminar por qualquer comportamento, como gritar, chorar, ter medo, vergonha etc.; fazer qualquer procedimento sem explicar antes o que é, por que está sendo oferecido e, acima de tudo, sem pedir permissão; submeter a mulher a mais de um exame de toque (ainda assim quando estritamente necessário), especialmente por mais de um profissional e sem o seu consentimento, mesmo que para ensino e treinamento de alunos. Na tese de Aguiar (2008), que entrevistou 21 puérperas, podemos observar uma série de relatos de humilhação, reproduzindo esse tipo de violência.

Como anteriormente descrito, o uso rotineiro do corte na vagina da mulher, chamado de episiotomia, é apresentado por Duarte (2013) como ato de violência. Considerando a dificuldade de rompimento dessa prática e os impactos negativos que a mesma traz como resultado, inclusive na sexualidade da mulher, é importante observar o que as evidências recomendam, bem como a OMS.

A OMS recomenda o máximo de 10% de episiotomias. Todavia, na visão de Amorin (2013), não há evidências clínicas corroborando qualquer indicação de episiotomia. A autora, analisando a revisão sistemática da Biblioteca Cochrane, que compara episiotomia de rotina com uma forma seletiva (Apud Carroli G, Mignini L., 2009), chega à conclusão de que a não utilização dessa prática gera menor risco de trauma perineal grave; menor necessidade de sutura e menor risco de infecção, dor e complicações da sutura. Nesse sentido, conclui Amorin (2013): "quando não há evidência de benefícios e há evidência de prejuízo, se continuarmos realizando o procedimento, estamos causando dano".

Outros atos de violência descritos por Duarte (2013) são: dar um ponto na sutura final da vagina de forma a deixá-la menor e mais apertada para aumentar o prazer do cônjuge ("ponto do marido"); subir na barriga da mulher para expulsar o feto (manobra de Kristeller); submeter a mulher e/ou o bebê a procedimentos feitos exclusivamente para treinar estudantes e residentes; permitir a entrada de pessoas estranhas ao atendimento para "ver o parto", quer sejam estudantes, residentes ou profissionais de saúde, principalmente sem o consentimento prévio da mulher e de seu acompanhante, que devem ter a chance clara e justa de dizer não.

Em relação à cesariana, Duarte (2013) considera como ato de violência obstétrica: fazer uma mulher acreditar que precisa de uma cesariana quando ela não precisa, utilizando de riscos imaginários ou hipotéticos não comprovados (o bebê é grande, a bacia é pequena, o cordão está enrolado)[10]; submeter uma mulher a uma cesariana desnecessária, sem a devida explicação dos riscos que ela e seu bebê estão correndo (complicações da cesárea, da gravidez subsequente, risco de prematuridade do bebê, complicações a médio e longo prazo para mãe e bebê). Nesse aspecto, vale retomar as conclusões da pesquisa nacional "Nascer no Brasil: inquérito nacional sobre parto e nascimento", realizada pela Fundação Oswaldo Cruz e Ministério da Saúde e divulgada recentemente, na qual se concluiu que as mulheres, na sua grande maioria, iniciam a gravidez desejando um parto normal, mas, no decorrer do pré-natal, modificam essa escolha, pois vão sendo convencidas, especialmente na rede particular, de que a cirurgia é mais segura. A pesquisa comprovou que na rede privada existem 88% de cirurgias cesarianas sendo realizadas, o que coloca o Brasil em primeiro lugar nesse tipo de procedimento, enquanto a OMS, recomenda 15%[11]. Para o professor da Universidade Federal de Pelotas, Cesar Victora[12], é justamente o elevado índice de cesarianas eletivas (sem indicação) que impede a redução das mortes maternas no Brasil, visto que esse procedimento aumenta em 20% o risco de morte. Como o pesquisador adverte, "o problema é provocado pela falsa ideia difundida pela classe médica de que a cesárea é mais segura que o parto normal. 'É uma ideia errada'". Outro problema associado às cesarianas sem indicação, de acordo com o pesquisador, é a prematuridade de bebês, que chega a 12%, uma das maiores taxas do mundo.

Finalmente, Duarte (2013) apresenta como violência as discriminações pelas escolhas feitas pela mulher, tais como: dar bronca, ameaçar, chantagear ou cometer assédio moral contra qualquer mulher/casal, por qualquer decisão que tenha(m) tomado. Especialmente quando essa decisão for contra as crenças, a fé ou os valores morais de qualquer pessoa da equipe, por exemplo: não ter feito ou feito inadequadamente o pré-natal, ter muitos filhos, ser mãe jovem (ou o contrário), ter tido ou tentado um parto em casa, tido ou tentado um parto desassistido, ter tentado ou

---

10 No blog de Amorin (2013), "Estuda, Melania, Estuda!", existe uma discussão sobre as indicações reais e fictícias de cesarianas, produzida em conjunto com Diniz (2013). Maiores detalhes consultar em: http://estudamelania.blogspot.com.br/2012/08/indicacoes-reais-e-ficticias-de.html
11 Informação amplamente noticiada na imprensa recentemente. Para saber mais, ler, entre outros: http://www.redebrasilatual.com.br/saude/2014/06/nos-hospitais-privados-brasileiros-88-dos-partos-sao-cesariana-diz-estudo-da-fiocruz-8744.html
http://noticias.terra.com.br/brasil/quase-90-dos-partos-na-rede-privada-sao-por-cesariana,ea6c2dd1ba946410VgnVCM3000009af154d0RCRD.html
http://www.correiobraziliense.com.br/app/noticia/brasil/2014/05/30/interna_brasil,430095/cesareas-chegam-a-88--em-hospitais-privados.shtml
12 Entrevista com o pesquisador divulgada em 30/06/2014, disponível em: http://saude.estadao.com.br/noticias/geral,cesarea-freia-queda-de-mortalidade-materna-diz-especialista,1521306

efetuado um aborto, ter atrasado a ida ao hospital, não ter informado qualquer dado, seja intencional ou involuntariamente.

Em relação à atenção ao bebê, Duarte (2013) descreve como violência obstétrica: submeter bebês saudáveis à aspiração de rotina, injeções e procedimentos na primeira hora de vida, antes que tenham sido colocados em contato pele a pele e de terem tido a chance de mamar. Outra violência obstétrica cometida em relação a bebês saudáveis é separá-los de suas mães sem necessidade clínica. Essas práticas ferem a recente Portaria 371, do Ministério da Saúde, de 07 de maio de 2014, que institui diretrizes para a organização da atenção integral e humanizada ao recém-nascido (RN) no Sistema Único de Saúde (SUS). No artigo 4º da referida portaria ficam garantidos:

> Para o RN a termo com ritmo respiratório normal, tônus normal e sem líquido meconial, recomenda-se:
> I - assegurar o contato pele a pele imediato e contínuo, colocando o RN sobre o abdômen ou tórax da mãe de acordo com sua vontade, de bruços e cobri-lo com uma coberta seca e aquecida; verificar a temperatura do ambiente que deverá estar em torno de 26 graus para evitar a perda de calor;
> II - proceder ao clampeamento do cordão umbilical, após cessadas suas pulsações (aproximadamente de 1 a 3 minutos), exceto em casos de mães isoimunizadas ou HIV HTLV positivas, nesses casos o clampeamento deve ser imediato;
> III - estimular o aleitamento materno na primeira hora de vida, exceto em casos de mães HIV ou HTLV positivas;
> IV - postergar os procedimentos de rotina do recém-nascido nessa primeira hora de vida. Entende-se como procedimentos de rotina: exame físico, pesagem e outras medidas antropométricas, profilaxia da oftalmia neonatal e vacinação, entre outros procedimentos (Brasil, Portaria, 371/2014).

Importante observar que os agravantes dessa violência praticada por um grupo que tem o domínio em seu próprio ambiente, apresentados por Duarte (2013), podem causar graves sequelas físicas e psicológicas[13] e, em raros casos, até a morte[14]; atingem um número grande de mulheres, se considerarmos todas as suas formas; e atingem, ao mesmo tempo, dois seres que estão vulneráveis, bem como, às vezes, o acompanhante também. Vale a pena ressaltar que grande parte dos atos de violência cometidos contra mulheres no parto, descritos anteriormente, ferem não apenas as normativas, resoluções e diretrizes já citadas, como descumprem as orientações da

---

13 Existe o caso da morte de Ana Carolina e sua filha, ocorrido no dia 25/12/2012, na Clínica Modelo de Ananindeua-PA, que foi denunciado pela família como erro médico na atenção ao parto, no qual a polícia concluiu o inquérito indiciando a médica que atendeu a mulher por homicídio culposo. O caso encontra-se tramitando no Fórum de Ananindeua e em sindicância interna no Conselho Regional de Medicina – CRM, tendo sido amplamente noticiado na época. Ver, entre outras matérias: http://g1.globo.com/pa/para/noticia/2012/12/familia-de-gravida--morta-durante-o-parto-em-ananindeua-quer-justica.html
http://www.diarioonline.com.br/noticia-235600-corpo-de-mulher-que-morreu-no-parto-e-exumado.html
http://odia.ig.com.br/portal/brasil/m%C3%A9dica-%C3%A9-indiciada-por-morte-de-gr%C3%A1vida-durante--parto-no-par%C3%A1-1.560621

OMS (1986), disponíveis há algum tempo. As boas práticas de atenção ao parto, como é conhecido o documento da OMS, apresentam uma classificação com quatro categorias (A, B, C e D) que devem ser observadas para um bom desfecho no parto, considerando o que definem as evidências científicas. Essas categorias são assim especificadas: A - práticas demonstradamente úteis e que devem ser estimuladas; B - práticas claramente prejudiciais ou ineficazes e que devem ser eliminadas; C - práticas sem evidências suficientes para apoiar uma recomendação clara e que devem ser utilizadas com cautela até que mais pesquisas esclareçam a questão; D - práticas frequentemente usadas de modo inadequado.

CONSIDERAÇÕES FINAIS: retomar o protagonismo feminino

A superação da violência obstétrica passa, necessariamente, pela retomada do protagonismo e empoderamento feminino na gravidez, no parto e no pós-parto. Trata-se, na verdade, de recolocar a mulher e suas necessidades no centro das atenções. Há evidências científicas que mostram que a medicalização excessiva e rotineira usada durante o parto apresentam riscos para as mães e bebês. O que se busca é devolver à mulher o poder de decidir sobre seu corpo, diminuindo o domínio que profissionais da saúde e hospitais criaram em torno da atenção ao parto. As mulheres devem ser bem informadas para que possam fazer escolhas conscientes e fundamentadas sobre o tipo de parto que desejam ter. Uma boa informação requer parâmetros baseados em evidências científicas e recoloca a necessidade de uma atenção integrativa, interdisciplinar e focada nas necessidades individuais das mulheres.

Essa possibilidade implica uma maior consciência da sociedade sobre os reais efeitos e prejuízos da violência obstétrica a curto, médio e longo prazo. Como resultado, temos que instituir uma mudança de cultura na atenção ao parto: de um modelo hostil, violento, agressivo, perigoso e desatualizado, para outro, acolhedor, respeitoso, baseado em evidências e humanizado.

A principal vantagem desse debate é a constatação de que a violência obstétrica saiu da invisibilidade e hoje é um problema social. Com a luta e organização das mulheres, o tema da violência obstétrica tornou-se matéria jurídica, abrindo precedentes inéditos para que elas tenham seus direitos garantidos na atenção ao parto. A violência obstétrica, na medida em que descumpre normativas, recomendações e evidências científicas, caracteriza-se como violência de gênero, visto que são as desigualdades das relações sociais que mantêm essas práticas na atenção ao parto

Considerando o conceito de violência psicológica, como definido na Lei Maria da Penha, podemos afirmar que a violência obstétrica causa dano emocional, diminuição da autoestima, constrangimento, humilhações, etc., podendo figurar como crime, tal como previsto nessa legislação. É necessário que haja essa vinculação, para que, a exemplo de outros países, a violência obstétrica seja considerada como violência de gênero, com sanções já previstas em lei.

A sociedade está apresentando suas demandas para a superação da violência obstétrica, que pode ser superada a partir da conscientização de todos/as, em pelo menos três aspectos: valorização do protagonismo feminino; práticas obstétricas baseadas em evidências, considerando as recomendações da OMS e do Ministério da Saúde; e uma atenção humanizada à família (mãe-bebê-acompanhante).

Como evidenciado na análise, existem ações governamentais sendo garantidas na busca de uma atenção humanizada ao parto, considerando-o como evento normal e fisiológico. É importante salientar que o debate proposto trabalha com a perspectiva de considerar o parto como evento cultural complexo, sendo, portanto, difícil sua definição no âmbito restrito da fisiologia. Mesmo assim, partindo do que Diniz (2009, p. 320) considera válido, o parto normal fisiológico pode ser considerado como tal quando é iniciado, conduzido e se encerra espontaneamente, sem drogas ou cirurgias. É sempre bom lembrar que a própria OMS (1996) considera que é necessário haver uma razão válida para se interferir sobre o processo natural do parto. Por outro lado, desde os anos 80, a Medicina Baseada em Evidências Científicas mudou o conceito de efetividade e segurança no parto, preconizando o mínimo de intervenção.

Com tais modificações, incorporadas em grande parte das políticas públicas no Brasil, torna-se preocupante o alerta feito por Rattner (2009 b) sobre a formação dos profissionais de saúde que ainda não incorporaram tais mudanças. Nesse sentido, a autora afirma:

> Um problema sério é que as mudanças preconizadas pela política estão ocorrendo, sobretudo, no sistema de saúde, enquanto o aparelho formador continua preparando profissionais dentro do modelo intervencionista considerado inadequado. Portanto, outro desafio é a articulação com o Ministério da Educação para que a grade curricular dos cursos de saúde incorpore os fundamentos da Medicina Baseada em Evidências Científicas, além da visão de humanidades imprescindível ao bom exercício profissional (Rattner, 2009b p. 765,766).

É provável que tal incompatibilidade entre políticas públicas e formação na área da saúde esteja causando o que Aguiar e Oliveira (2011) chamam de "crise de confiança", entendida como uma crise ética global, de fragilidade dos vínculos de confiança entre profissionais de saúde e pacientes, com a objetificação do corpo das mulheres. Por outro lado, podemos argumentar com Diniz (2014) que a organização das mulheres, impulsionada por projetos coletivos construídos nas redes sociais, está criando uma nova tendência nas relações médico-pacientes. No seu entendimento,

> Pode acontecer de as usuárias conhecerem melhor as evidências científicas sobre segurança e efetividade das práticas de saúde que os profissionais. Com o advento da internet as usuárias conhecem a realidade de outros países, onde políticas públicas promovem o parto espontâneo e centrado na mulher. Entram em contato com a literatura científica e de direitos sobre o parto (...) o que leva a um choque cultural frente às crenças dos profissionais da saúde (Diniz, 2014, p.217).

A busca por informações, a luta das mulheres, os grupos de apoio a grávidas, as ações coletivas produzidas em rede, a divulgação de documentários, a circulação de vídeos domésticos com partos naturais satisfatórios e até mesmo a produção de um documentário chamado "o Renascimento do Parto", exibido em cinemas comerciais de todo o Brasil em 2013, têm colocado no centro do debate a necessidade de mudanças efetivas na atenção ao parto.

A grande possibilidade que o debate e a visibilidade do tema sobre violência obstétrica apresentam é a quebra de rotinas obsoletas, perigosas, violentas, cruéis, que ainda são comuns em grande parte dos partos assistidos no Brasil. Tirar esse tema das quatro paredes hospitalares na qual ele acontecia rotineiramente é, quem sabe, a questão central para a mudança de práticas. Como defende Diniz (2014, p. 219), "o que as mulheres querem é ficar livres de maus tratos, de abandono, de negligência, de solidão, de ataques à sua integridade física e sexual". O que nós queremos, desejamos é ver nossos direitos garantidos, é ter nossa cidadania assegurada, é sair de nossos partos com o prazer e a alegria que um evento tão importante e decisivo para a vida e a sexualidade das mulheres tem.

Finalmente, é preciso afirmar que o modelo de atenção ao parto violento é perigoso, inseguro e fere direitos humanos como o direito à integridade corporal, à autonomia, a não discriminação e o direito à saúde. Concordando com o obstetra francês Michel Odent: "para mudar o mundo, primeiro é preciso mudar a forma de nascer".

REFERÊNCIAS

ABRAMO, Fundação Perseu/ SESC. **Mulheres brasileiras e gênero nos espaços público e privado**. 2010. Disponível em: <http://www.fpabramo.org.br/sites/default/files/pesquisaintegra.pdf>

AGUIAR, J. M. de. **Violência Institucional em maternidades públicas: hostilidade ao invés de acolhimento como uma questão de gênero**. Tese (doutorado). Faculdade de Medicina. Universidade de São Paulo. São Paulo, 2010.

AMORIM, M.M.R.; KATZ, L. **O papel da episiotomia na obstetrícia moderna**. Femina, vol. 36, n. 1, p. 47-54.

Duarte, A. C. 2013. **Violência Obstétrica**. Disponível em: <http://estudamelania.blogspot.com.br/2013/02/guest-post-violencia-obstetrica-by-ana.html>

NASCER NO BRASIL: **Ministério da Saúde e Fiocruz divulgam resultados de pesquisa sobre atenção ao parto e nascimento no país**, 2014. Disponível em: <http://www.redehumanizasus.net/84530-nascer-no-brasil-ministerio-da-saude-e--fiocruz-divulgam-resultados-de-pesquisa-sobre-atencao-ao-parto-e-nascimento--no-pais>

BRASIL. **Lei 11.108, de 07 de abril de 2005**. Garante às parturientes o direito à presença de acompanhantes durante o trabalho de parto, parto e pós-parto imediato. Diário Oficial da União, Brasília, 08 abr. 2005.

_____. Lei Maria da Penha: Lei n° 11.340, de 7 de agosto de 2006, que dispõe sobre mecanismos para coibir a violência doméstica e familiar contra a mulher. Brasília: Câmara dos Deputados, Coordenação Edições Câmara, 2010. 34 p. [882143] CAM.

_____. Ministério da Saúde. Resolução da Diretoria Colegiada n° 36 de 3 de junho de 2008.

Disponível em: <http://www.anvisa.gov.br/divulga/noticias/2008/040608_1_rdc36.pdf>

_____. Ministério da Saúde. Brasil, Portaria, 371. Institui diretrizes para a organização da atenção integral e humanizada ao recém-nascido (RN) no Sistema Único de Saúde. 2014.

_____. Ministério da Saúde. Portaria, N°1.153. Redefine os critérios de habilitação da Iniciativa Hospital Amigo da Criança (IHAC), 2014.

_____. Portaria 675/GM – 30/06/ aprova a carta dos direitos dos usuários da saúde. 2006.

_____ Resolução da Diretoria Colegiada – RDC, da Agência Nacional de Vigilância Sanitária - ANVISA, n° 36/2008. Dispõe sobre regulamento técnico para funcionamento dos serviços de Atenção obstétrica e Neonatal.

Organização Mundial de Saúde – OMS. Assistência ao parto normal: um guia prático. Genebra: organização Mundial de Saúde, 1996.

RATTNER, D. Humanização na atenção a nascimentos e partos: breve referencial teórico. Interface – Comunicação, Saúde, Educação, V. 13. Supl1, p. 595-602, 2009 a.

_____. Humanização na atenção a nascimentos e partos: ponderações sobre políticas públicas. Interface – Comunicação, Saúde, Educação, V. 13. Supl1, p. 759- 68, 2009 b.

DINIZ, C. S. G. Entre a técnica e os direitos humanos: possibilidades e limites da humanização da assistência ao parto. Tese (doutorado). Faculdade de Medicina da Universidade de São Paulo, SP: 2001.

_____. Gênero, saúde materna e o paradoxo Perinatal, Revista Brasileira de desenvolvimento e crescimento humano, 2009.

_____. O Renascimento do parto, e o que o SUS tem a ver com isso. Interface, comunicação, saúde e educação. V. 18. P. 217 – 220. 2014.

Dossiê Humanização do Parto. Rede Nacional Feminista de Saúde, direitos sexuais e direitos reprodutivos, 2002.

DIP, A. "Violência no parto vende cesárea, diz pesquisadora". <http://www.apublica.org/2013/03/violencia-parto-vende-cesarea-diz-pesquisadora-2/>

SENADO FEDERAL. Dossiê Violência Obstétrica: "parirás com dor". Parto do princípio, 2012. Disponível em: <www.senado.gov.br/comissoes/documentos/.../DOC%20VCM%20367.pd>.

VICTORA, G. Cesar, et. al. Saúde de mães e crianças no Brasil: progressos e desafios. Séries, 2011. Disponível em: <http://download.thelancet.com/flatcontentassets/pdfs/brazil/brazilpor2.pdf>

VENEZUELA, Assembleia Nacional da República Bolivariana da. Lei Orgânica Sobre o Direito das Mulheres a uma Vida Livre da Violência. 2006. Disponível em: <http://venezuela.unfpa.org/doumentos/Ley_mujer.pdf>

PARTE 3
VIOLÊNCIA DOMÉSTICA E FAMILIAR

CÁRIE DENTAL EM MULHERES VÍTIMAS DE VIOLÊNCIA

Priscila Nazaré da Silva Neves[15]
Cyntia Maria Bino Sinimbú[16]
Roberta Maués de Carvalho Azevedo Luz[17]
Gustavo Antonio Martins Brandão[18]
Liliane Silva do Nascimento[19]

INTRODUÇÃO

A violência cometida contra a mulher constitui um problema de saúde pública devido aos diversos agravos que convergem para o setor, além de ser uma violação explícita aos direitos humanos, identificada em altos índices de mortalidade que afetam a saúde individual e coletiva, exigindo práticas e protocolos dos serviços peculiares do setor saúde. (1-2)

Para a Organização Mundial da Saúde (3), a violência é entendida como: "*o uso da força física ou poder, real ou ameaça, contra si próprio, contra outras pessoas, contra um grupo ou comunidade, que resulte ou tenha qualquer possibilidade de resultar em lesão, morte, dano psicológico, deficiência de desenvolvimento ou privação de liberdade*".

No Brasil, para o Ministério da Saúde (4), considera-se como violência, ação realizada por indivíduos, grupos, classes ou nações que ocasiona danos físicos e emocionais a si próprios e aos outros.

Segundo Briceño-leon (5), o impacto econômico decorrente da violência incide em gastos com emergência, assistência, e reabilitação custam mais que a maioria dos procedimentos médicos convencionais. Cerca de 3,3% do PIB do brasileiro é direcionado aos custos diretos da violência, e 10,5% aos custos indiretos e transferências de recursos.

A violência é responsável por cerca de um terço das internações em unidades de emergência, e a violência doméstica é a causa de 50% dos homicídios de mulhe-

---

[15] Estudante de graduação em odontologia da Universidade Federal do Pará, Belém, Pará, Brasil. E-mail: priscilanves@hotmail.com
[16] Mestre em Odontologia pela Universidade Federal do Pará, Belém, Pará, Brasil. E-mail: cyntiasinimbu@gmail.com
[17] Mestre em Odontologia pela Universidade Federal do Pará, Belém, Pará, Brasil. E-mail: robertamaues@gmail.com
[18] Professor Doutor em Odontologia em Saúde Coletiva da Universidade Federal do Pará, Belém, Pará, Brasil. E-mail: gb_net@hotmail.com
[19] Professora Doutora em Odontologia em Saúde Coletiva da Universidade Federal do Pará, Belém, Pará, Brasil. E-mail: lilianenascimento2001@gmail.com

res, que correspondem ao último grau de uma escala de violência conjugal, que na maioria das vezes se inicia com a violência psicológica. (6)

Segundo Schraiber (7), estima-se que a violência contra a mulher cause mais mortes às mulheres de 15 a 44 anos que o câncer, a malária, os acidentes de trânsito e as guerras. Sob várias formas, as violências cometidas contra a mulher incluem assassinatos, estupros, abusos físicos, sexuais e emocionais, prostituição forçada, mutilação genital, violência racial e outras, onde os agressores costumam ser parceiros, familiares, conhecidos, estranhos ou agentes do Estado. (2, 7-8)

A violência afeta significativamente a saúde das mulheres. Esta causa vários agravos com associações imediatas como as lesões e traumas que as levam aos serviços de emergência, como também efeitos indiretos e de longo prazo, como dores crônicas, problemas gastrintestinais, fibromialgias, doenças sexualmente transmissíveis, gravidezes indesejadas, infecções urinárias de repetição, problemas com a menstruação e disfunções sexuais, e problemas de saúde mental. (9-11)

Os agravos decorrentes da violência contra as mulheres causam sérias repercussões ao estado físico, psíquico e social, sendo determinantes no processo de saúde e adoecimento. Os maus tratos sofridos pela mulher geram perdas significativas na saúde geral das mesmas, o que pode estar associado a uma maior probabilidade na diminuição do seu autocuidado e aumentar a vulnerabilidade à ocorrência de doenças, comparada a população feminina em geral. (11-16)

Para Progiante et al (17), fatores psicossociais (depressão, somatização, e problemas de sono) podem atuar como fator determinanteno desenvolvimento de desordens temporomandibulares e dor orofacial (DTM e OPA).

Portanto, o cirurgião-dentista tem atuação garantida no enfrentamento à violência, já que nos crimes de lesão corporal em mulheres há elevados comprometimentos do complexo maxilo-mandibular, além do comprometimento psicosocial decorrente da situação de violênia vivenciada no cotidiano das mesmas. (8, 12, 18-22).

Nesta lógica, considerando-se a cárie uma doença determinada por multifatores, objetivou-se avaliar a prevalência de cárie em mulheres em situação de violência doméstica em Belém/PA.

MÉTODOS

Este estudo respeitou as normas para pesquisa envolvendo seres humanos estabelecidas pelo Conselho Nacional de Saúde e foi aprovado pelo Comitê de Ética em Pesquisa da Universidade Federal do Pará.

Trata-se de estudo transversal com amostra randomizada, constituída por 173 mulheres usuárias da Delegacia Especializada de Atendimento à Mulher (DEAM) em Belém/PA no período de agosto de 2011 a junho de 2013. Uma a cada 10 mulheres era sorteada por dia de coleta de dados. A pesquisa foi realizada todos os dias úteis da semana

Os critérios de inclusão foram: ser mulher, ter 18 anos de idade completos ou acima e ter realizado boletim de ocorrência ou ter procurado atendimento na

DEAM. A avaliação e o exame clínico eram individuais e realizados por pesquisadoras calibradas previamente em estudo piloto. A coleta era feita antes ou após o atendimento da delegacia em uma sala reservada. Utilizou-se questionário com 37 questões sobre características sociodemográficas, vivência da violência, dados sobre o agressor e saúde bucal.

O exame clínico foi realizado baseado nos critérios adotados pelo SB Brasil 2010(23). A inspeção visual foi realizada sob a luz ambiente, com auxílio de espelho clínico e sonda OMS. Para o cálculo do CPO-D utilizou-se arcada de 32 dentes e foram estabelecidos intervalos dos resultados em relação ao CPO-D (0-5; 6-10; 11-15; acima de 15).

Os dados foram armazenados em um banco de dados Microsoft Office Excel 2007 e receberam análise estatística descritiva pelo Programa Bioestat 5.3 (24).

RESULTADOS

A média de idade das mulheres foi 34,88 anos com desvio padrão de ±10,51. A faixa etária predominante compreendeu-se entre 25 a 34 anos de idade (38,73%).

De acordo com a tabela 1, 71,10% declarou-se parda, cerca de 47,98% das mulheres entrevistadas afirmou ter o ensino médio, 40,46% ensino fundamental, 9,83% ensino superior e 1,73% não estudou. A maioria afirmou ser dona de casa ou desempregada (36,99%) e ter renda de 1 a 2 salários mínimos (53,76%).

Na tabela 2, observa-se que o tipo de violência predominante foi a violência física (43,93%), seguida pela violência psicológica (34,68%). Sendo a força corporal (46,82%) o maior agente etiológico utilizado pelos agressores de violência física. Quase 73% das mulheres (72,83%) relataram que o agressor foi o seu marido/companheiro. Mais de 52% dos agressores estavam alcoolizados no momento da agressão.

A busca pela DEAM imediatamente após a agressão desencadeadora foi 38,15%, em contrapartida a 42,20% que ficaram em casa, aguardando o próximo dia útil para fazer a denúncia. Em 81,50% das mulheres não era a primeira vez de ocorrência de um episódio violento. 34,68% delas relataram que já ocorreram mais de duas vezes algum episódio de violência. (Tabela 2)

Para o cálculo do CPO-D médio foram examinados 5536 dentes, entre os quais 2090 (37,75%) encontravam-se acometidos pela doença cárie. O CPO-D médio encontrado foi 12,11. Já o CPO-D referente à faixa etária de 35 a 44 anos foi 14,42.

A figura 1 mostra a distribuição do CPO-D em porcentagem dos dentes acometidos: 584 (27,94%) dentes cariados, 1240 (59,33%) perdidos e 266 (12,73%) obturados (restaurados).

DISCUSSÃO

Mais de um terço das mulheres possuíam a idade de 25 a 34 anos, o que, de acordo com a literatura, aponta mulheres mais jovens (idade de reprodução) como as mais acometidas pela violência. A maioria delas de cor parda, uma característica singular da região Norte do Brasil, que possui a maioria da sua população de cor parda. No último Censo Demográfico a população do estado do Pará obteve cerca de 69,5 % de pardos. (8, 25)

Em relação à condição socioeconômica, destacou-se a baixa renda (1 a 2 salários mínimos), dona de casa/desempregada e com baixa escolaridade (ensino fundamental e médio), corrobora com a literatura, onde baixa escolaridade e baixa renda econômica são consideradas fatores de risco para a violência doméstica. Entretanto, a violência atravessa todas as classes sociais e não representa privilégio das classes populares, podendo ocorrer uma alta incidência nas camadas sociais superiores. (8, 26)

Adeodato et al (13) explica que essa sub-representação nos dados de violência denunciada, ocorre pelo fato destas disporem de mais recursos, tanto econômico como político, conseguirem ocultar a violência doméstica. Em relação à escolaridade, o mesmo autor afirma que o esclarecimento da mulher leva a um menor grau de tolerância à violência doméstica.

O agressor geralmente é o marido/companheiro da vítima, e mais da metade estava sob efeito do álcool no momento da agressão. O tipo de violência predominante foi a violência física, utilizando-se da própria força corporal (socos, tapas, pontapés, etc.) para agredir a vítima. Esses dados estão de acordo com a literatura consultada, incluindo o uso frequente de álcool e desemprego por parte dos agressores como sendo fatores de risco para a violência. (26-27)

A maioria das mulheres afirmou não ter sido a primeira vez que sofria um episódio de violência, o que pode ser caracterizado como um ciclo de violência crônica que estas mulheres enfrentam. Embora a maioria declarasse força corporal no ato violento, é importante ressaltar que o abuso emocional e psicológico pode ser tão danoso quanto o abuso físico, sendo que este último geralmente está acompanhado da violência psicológica. A fragilização dessas vítimas pode incluir efeitos permanentes na autoestima e autoimagem, deixando-as com menor possibilidade de se proteger, menos seguras dos seus valores e limites pessoais e consequentemente menos atentas a realização de autocuidados, o que inclui a higiene oral. (11, 16, 27)

O CPO-D médio encontrado no estudo referente à faixa etária de 35 a 44 anos foi 14,42. Esta média está abaixo da média nacional que foi 16,75 (Belém-Pa: 15,87), segundo dados do SB Brasil 2010 (23), porém ainda assim é considerada alta quando utilizada a classificação da 'prevalência de cárie dentária', com base nos valores do CPO-D no mesmo grupo etário preconizado pela OMS[39] (0,2 a 1,5: muito baixa; 1,6 a 6,2: baixa; 6,3 a 12,7: média; 12,8 a 16,2: alta; 16,3 ou maior: muito alta). (28)

O componente "cariados" representa os dentes que ainda não passarem por tratamento restaurador e indica que as mulheres não estão tendo acesso aos serviços de saúde bucal. O componente "perdidos" corresponde a mais da metade (59%) do índice CPOD, o que indica uma prática mutiladora e atendimento odontológico limitado a estas mulheres. O componente "obturados" é o menor componente (apenas 13%), o que denota a baixa cobertura de tratamentos restauradores.

Os profissionais de saúde podem intervir na redução da morbidade causada pelo impacto da violência na saúde e bem-estar da mulher e podem igualmente ajudar a implementar a prevenção de futuros episódios de violência.

Os achados deste estudo revelam que as mulheres vítimas de violência apresentam más condições de saúde bucal, com alta prevalência de cárie necessitando de políticas públicas específicas de promoção e recuperação integral da saúde, principalmente na atenção de média e alta complexidade no tratamento e reabilitação dos agravos dos atos violentos sofridos, além da situação de viver dentro do ciclo da violência. Percebeu-se alta necessidade de tratamento odontológico e das poliqueixas em relação à saúde bucal. Destaca-se ainda a importância da odontologia inserir-se na atenção a saúde destas pessoas, assumindo seu papel uma vez que a região da cabeça e pescoço é de fato um dos sítios mais atingidos quando da ocorrência de agressão física e demais violências. (8, 19)

CONCLUSÃO

A prevalência de cárie em mulheres em situação de violência doméstica foi alta, portanto, ocupa cenário de atenção e políticas públicas de atendimento a estas mulheres. Maiores estudos são necessários para a extrapolação dos resultados e avaliação o comportamento do índice CPO-D em mulheres sob a ótica do gênero e assim averiguar a relação de outras doenças bucais em mulheres durante seu ciclo vital quando se encontram em situação vulnerável, como ocorre na violência doméstica.

AGRADECIMENTOS

Agradecemos a todas as mulheres que participaram como sujeitos desta pesquisa, bem como a Secretaria de Segurança Pública do Estado do Pará.

REFERÊNCIAS

Minayo MCS. **A Violência Social sob a Perspectiva da Saúde Pública.** Cad. Saúde Pública, Rio de Janeiro, 1994; 10 07-18.

Ministério da Saúde. Secretaria de Vigilância em Saúde. Impacto da violência na saúde dos brasileiros. Brasília, DF: O ministério; 2005.

Organização Mundial de Saúde (OMS). Relatório mundial sobre violência e saúde. Brasília: OMS/OPAS, 2002.

Ministério da Saúde (Brasil). Portaria n.º 737, de 16 de Maio de 2001. Política nacional de redução da morbimortalidade por acidentes e violências.Diário Oficial da União, 18 mai 2001; Seção1, (96).

Briceño-León R. **Violencia, sociedad y justicia en América Latina**. Buenos Aires: Clacso, 2002.

Garcia MV, Ribeiro LA, Jorge MT, Pereira GR, Resende AP. **Caracterização dos casos de violência contra a mulher atendidos em três serviços na cidade de Uberlândia, Minas Gerais, Brasil.** Cad. Saúde Pública, Rio de Janeiro, 2008 nov; 24(11): 2551-2563.

Schraiber LB, d'Oliveira AFPL, França-Junior I, Pinho AA et al. **Violência contra a mulher:** estudo em uma unidade de atenção primária à saúde. Rev. Saúde Pública, 2002; 36(4):470-47.

Rezende EJC, Araujo TM, Moraes MAS, Santana JSS, Radicchi R. **Lesões buco--dentais em mulheres em situação de violência:** um estudo piloto de casos periciados no IML de Belo Horizonte, MG. Rev Bras Epidemiol 2007; 10(2): 202-14.

Schraiber LB, Barros CRS, Castilho EA. **Violência contra as mulheres por parceiros íntimos:** usos de serviços de saúde. Rev Bras Epidemiol 2010; 13(2): 237-45.

Plichta SB. **Intimate Partner Violence and Physical Health Consequences.** J Interperson violence 2004; 19(11): 1296-323.

Fonseca DH, Ribeiro CG, Leal NSB. **Violência doméstica contra a mulher:** realidades e representações sociais. Psicologia ; Sociedade 2012; 24(2);307-14.

Monteiro CFS, Souza IEO. **Vivência da violência conjugal:** fatos do cotidiano. Psicologia ; Sociedade enferm 2007; *16*(1); 26-31.

Adeodato VG, Carvalho RR, Siqueira VR, Souza FGM. **Qualidade de vida e depressão em mulheres vítimas de seus parceiros.** Rev. Saúde Pública 2005; 39(1): 108-13.

Mattar R, Abrhão AR, Andalaft Neto J, Colas OR, Schroeder I, Machado SJR et al. **Assistência multiprofissional à vítima de violência sexual:** a experiência da Universidade Federal de São Paulo. Cad. Saúde Pública, Rio de Janeiro, 23(2):459-464, fev, 2007.

Guedes RN, Silva ATMC, Fonseca RMGS. **A violência de gênero e o processo saúde-doença das mulheres.** Esc Anna Nery Rev Enferm 2009 jul-set; 13 (3): 625-31.

Kronbauer JFD; Meneghel SN. **Perfil da violência de gênero perpetrada por companheiro.** Rev saúde publica 2005; 39(5): 695-701.

Progiante PS, Ficht DM, Lemos MS, Grossi PK, Grossi ML. **Prevalence of temporomandibular disorders and orofacial pain in battered women in Brazilian shelters.** Rev Odonto Cienc, 2011; 26(3):227-231

Organização Mundial de Saúde (OMS). Relatório Mundial de Saúde 2008: Cuidados de Saúde Primários – Agora Mais Que Nunca. Lisboa, Portugal: Alto Comissariado da Saúde, Ministério da Saúde,2008.

Saliba O, Garbin CAS, Garbin AJI, Dossi AP. **Responsabilidade do profissional de saúde sobre a notificação de casos de violência doméstica.** Rev Saúde Pública2007;41(3):472-7.

Schraiber LB, Barros CRS, Castilho EA. **Prevalência da violência contra a mulher por parceiro íntimo em regiões do Brasil.** Rev Saúde Pública 2007; 41(5):797-807.

Chiaperini A, Bérgamo AL, Bregagnolo LA, Bregagnolo JC, Watanabe MG, et al. **Danos bucomaxilofaciais em mulheres:** registros do Instituto Médico-legal de Ribeirão Preto (SP), no período de 1998 a 2002. Rev. odonto ciênc.2009; 24(1):71-76.

Saffioti HIB. **Violência contra a mulher e violência doméstica.** In: Bruschini C, Unbehaum SG. Gênero, democracia e sociedade brasileira. 34ª Ed. São Paulo: FFC, 2002.

Ministério da Saúde. Secretaria de Atenção à Saúde/Secretaria de Vigilância em Saúde Departamento de Atenção Básica. Coordenação Geral de Saúde Bucal. Projeto SB Brasil 2010: Pesquisa Nacional de Saúde Bucal – Resultados Principais. Brasília: Ministério da Saúde, 2011.

Ayres M, Ayres Junior M, Ayres DL, Santos AA. Bioestat – **Aplicações estatísticas nas áreas das ciências bio-médicas.** Ong Mamiraua. Belém, PA, 2007.

Instituto Brasileiro de geografia e estatística. Censo Demográfico 2010. Disponível em: <http://www.censo2010.ibge.gov.br>.

Day VP, Telles LEB, Zoratto PH, Azambuja MRF, Machado DA, Silveira MB, et al. **Violência doméstica e suas diferentes manifestações. R. Psiquiatr.** Rio Gd Sul 2003; 25:9-21.

Vieira EM, Perdona GSC, Santos MA. Fatores associados à violência física por parceiro íntimo em usuárias de serviços de saúde. **Rev Saúde Pública** 2011; 45(4):730-7.

World Health Organization. **The world oral heath report 2003.** Geneva: WHO, 2003.

TABELAS E FIGURAS

Tabela 01 - Distribuição das variáveis sociodemográficas estudadas em 173 mulheres vítimas de violência. Belém, Pa, Brasil, 2013.

Idade	n	%
18-24 anos	24	13.87
25-34 anos	67	38.73
35-44 anos	57	32.95
45-64 anos	25	14.45
Cor	n	%
Negra	19	10.98
Parda	123	71.10
Branca	31	17.92
Grau de escolaridade	n	%
Não estudou	3	1.73
Ensino Fundamental	70	40.46
Ensino Médio	83	47.98
Superior	17	9.83
Ocupação	n	%
Dona de casa/Desempregada	64	36.99
Estudante	8	4.62
Profissional Liberal	14	8.09
Mercado informal	55	31.79
Mercado Formal	29	16.76
Aposentada	3	1.73
Renda	n	%
Menos de 1 Salário Mínimo	26	15.03
De 1 A 2 Salários Mínimos	91	53.76
De 2 A 5 Salários Mínimos	35	22.54
Acima de 5 Salários Mínimos	14	7.51
Não sabe informar	2	1.16

Tabela 2 - Distribuição das variáveis descritoras de violência estudadas em 173 mulheres vítimas de violência. Belém, PA, Brasil, 2013.

Tipo de violência	n	%
Física	76	43.93
Psicológica	60	34.68
Patrimonial	3	1.73
Física e psicológica	24	13.87
Física e patrimonial	2	1.16
Psicológica e patrimonial	3	1.73
Todas	5	2.89
Agente etiológico para a agressão física	n	%
Arma Branca	12	6.94
Arma de fogo	3	1.73
Objeto contundente	8	4.62
Força corporal	81	46.82
Enforcamento/Sufocação	2	1.16
Outros	10	5.78
Arma branca e força corporal	2	1.16
Ignorado	55	31.79
Agressor	n	%
Marido/Companheiro	126	72.83
Namorado	9	5.20
Outros (ex: irmão, ex-marido, ex-namorado)	38	21.97
O agressor estava alcoolizado	n	%
Sim	91	52.60
Não	74	42.77
Não sabe responder	8	4.62
Procura de algum serviço	n	%
Não procurou (Ficou em casa)	73	42.20
Procurou a DEAM	66	38.15
Hospital ou UBS (Unidade Básica de Saúde)	3	1.73
Outros	17	9.83
Ignorado	14	8.09
Primeira vez que é agredida	n	%

continua...

continuação

Sim	32	18.50
Não	141	81.50
Frequência	n	%
Mais de 2 vezes	60	34.68
Diariamente	35	20.23
Semanalmente	18	10.40
Mensalmente	27	15.61
Ignorado	33	19.08

Figura 01: Distribuição absoluta e percentual do CPO-D de 173 mulheres vítimas de violência em Belém/PA, 2013.

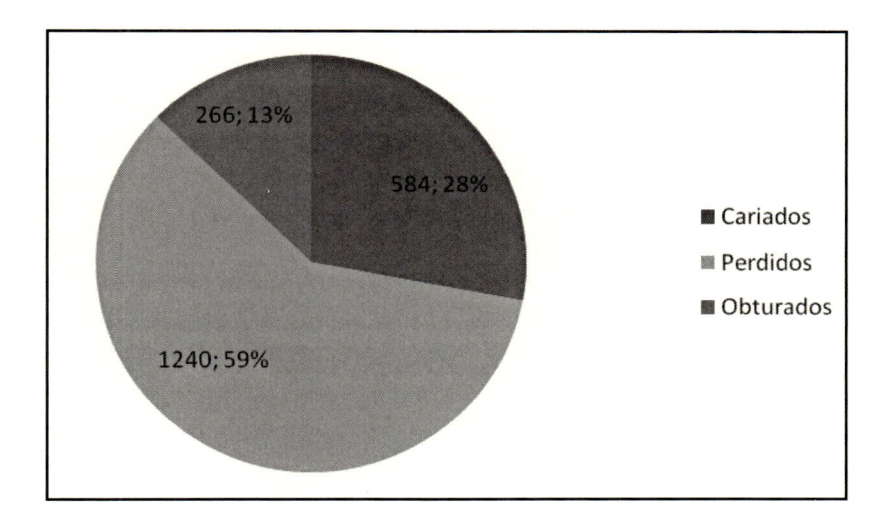

O TRATAMENTO PSICOLÓGICO DE GRUPO PARA MULHERES EM SITUAÇÃO DE DEPENDÊNCIA AFETIVA E DE VIOLÊNCIA DOMÉSTICA[20]

Silvia Canaan-Stein[21]
Pedro Augusto Dias Baía[22]
Manoella Canaan-Carvalho[23]

1. INTRODUÇÃO

A Dependência Afetiva (DA) é um problema que aparece de forma recorrente nas clínicas e consultórios de psicologia, sendo também conhecida como amor patológico (SOPHIA, TAVARES ; ZILBERMAN, 2007; SOPHIA, 2008; LORENA ET AL., 2008) e "amar demais" (NORWOOD, 2003/1985). Este tipo de dependência pode ser encontrado tanto em homens quanto em mulheres, porém sua incidência é maior no gênero feminino.

A dependência afetiva ou amor patológico se caracteriza basicamente como um comportamento de cuidado e atenção excessivo ao outro, renunciando a interesses antes valorizados (SOPHIA, TAVARES ; ZILBERMAN, 2007; SOPHIA, 2008). Embora não seja reconhecida como um novo transtorno psiquiátrico nem pelos clínicos e nem pela comunidade acadêmico-científica, alguns critérios podem ser utilizados para que seja possível identificar quem está amando de maneira patológica (SOPHIA, 2008): a) sinais e sintomas de abstinência – quando o parceiro está distante (física ou emocionalmente) ou perante ameaça de abandono, como o rompimento da relação, podendo ocorrer, por exemplo: insônia, taquicardia, tensão muscular, alternando-se períodos de letargia e intensa atividade; b) o ato de cuidar do parceiro ocorre em maior quantidade do que o indivíduo gostaria – o indivíduo costuma se queixar de manifestar atenção ao parceiro com maior frequência ou por

---

20　Trabalho desenvolvido com apoio da PROPESP/UFPA.
21　Psicóloga, Doutora em Psicologia pela Universidade de Brasília (UnB), Docente da Faculdade de Psicologia do Instituto de Filosofia e Ciências Humanas da Universidade Federal do Pará. Coordenadora do Programa de Atenção Interdisciplinar à Dependência Afetiva e à Violência Baseada no Gênero (PRODAVIG). Belém (PA) Brasil. Membro do Núcleo de Estudos Interdisciplinar da Violência na Amazônia (NEIVA) e do Grupo de Estudos sobre Mulher e Relações de Gênero Eneida de Moraes (GEPEM). E-mail: silviacanaan@gmail.com
22　Psicólogo, Analista Judiciário (Tribunal de Justiça do Estado do Pará), Mestre em Teoria e Pesquisa do Comportamento (Universidade Federal do Pará). E-mail: padbaia@yahoo.com.br
23　Discente do Curso de Graduação em Psicologia da Universidade Federal do Pará. E-mail: manoellacanaan@hotmail.com

período mais longo do que pretendia inicialmente; c) atitudes para reduzir ou controlar o comportamento patológico são mal sucedidas – em geral, já ocorreram tentativas frustradas de diminuir ou interromper a atenção dispensada ao companheiro; d) é dispendido muito tempo para controlar as atividades do parceiro – a maior parte da energia e do tempo do indivíduo é gasta com atitudes e/ou pensamentos para manter o parceiro sob controle; e) abandono de interesses e atividades antes valorizadas – como o indivíduo passa a viver em função dos interesses do parceiro, as atividades propiciadoras da realização pessoal e desenvolvimento profissional são deixados de lado, incluindo: cuidado com filhos, investimentos profissionais, convívio com colegas etc.; f) o amor patológico é mantido, apesar dos problemas pessoais, familiares e profissionais – mesmo consciente dos danos decorrentes desse comportamento para sua qualidade de vida, persiste a queixa de não conseguir controlar a conduta patológica. Portanto estes critérios apontam para a gravidade do problema da dependência afetiva, porém são praticamente inexistentes os estudos relacionados a este tema e os serviços especializados no atendimento da clientela que se encontra nesta situação.

1.1 REPERTÓRIO COMPORTAMENTAL NA DEPENDÊNCIA AFETIVA

As pessoas em situação de dependência afetiva tendem a apresentar algumas características peculiares, como: a) serem exclusivas em seus relacionamentos interpessoais, possuindo um número pequeno de pessoas com as quais se relacionam; b) necessitam de um acesso constante à pessoa da qual dependem emocionalmente, ou seja, o outro precisa estar sempre disponível; c) necessitam excessivamente da aprovação dos demais; estão na maior parte das vezes tentando agradar às pessoas ao seu redor ao invés de a si própria; d) subordinação nas relações com os parceiros, já que tentam a todo custo preservar a relação; e) idealização de seus parceiros escolhendo-os com características definidas como egoístas, com grande segurança em si mesmo e frio emocionalmente; f) pânico diante da ruptura do relacionamento e grande possibilidade de padecer de transtornos mentais tais como vazio emocional, sintomas de abstinência na ausência do parceiro, entre outras (BLASCO, 2001; 2004; JIMENEZ; RUIZ, 2009). É importante ressaltar que esta necessidade afetiva extrema pode ser sentida pela pessoa em diferentes relacionamentos amorosos, com parceiros distintos (BLASCO, 2004).

Um estudo sistemático de casos de dependência afetiva que chegaram espontaneamente em uma Clínica-Escola de Psicologia e foram atendidos individualmente por terapeutas comportamentais em treinamento (CANAAN, 2009a) mostrou que a dependência afetiva se manifesta em mulheres cujo repertório em geral se encontra bastante comprometido e restrito, caracterizado por vários déficits comportamentais. De modo mais específico, as características do repertório comportamental de uma mulher portadora de dependência afetiva incluem: a) déficits em autoestima, autoconfiança, autocuidado e autorresponsabilidade; b) comportamentos excessivamente governados por regras correlacionados com insensibilidade às contingências atuais envolvidas em seu relacionamento afetivo, c) comportamentos de fuga/esquiva bem desenvolvidos com relação à discriminação e descrição de seus eventos privados, d) repertório sob fraco controle privado e forte controle pelo ambiente externo, e) déficits em habilidades sociais, f) medo, insegurança e ansiedade, g) déficits em autocontrole, h) sentimentos de raiva, mágoa e ressentimentos e i) sentimentos de tristeza, solidão, desânimo e depressão (CANAAN, 2009a).

Convém ressaltar que estas características raramente são reconhecidas ou percebidas como problemas por pessoas em situação de dependência afetiva, as quais, aliás, costumam fugir e/ou se esquivar de suas dificuldades, se envolvendo em relacionamentos afetivos pouco prazerosos e muito aversivos. Inclusive segundo Canaan (2009a), mulheres em situação de dependência afetiva dificilmente se queixam de problemas no relacionamento afetivo no início do processo terapêutico; as queixas iniciais na terapia comumente dizem respeito a dificuldades em outras áreas na sua vida. Este resultado confirma as ideias de Bandura ; Walters (1979/1973), quando estes sugerem que o comportamento dependente geralmente não é visto como um comportamento-problema pela sociedade em geral, o que dificulta seu diagnóstico nas fases iniciais do desenvolvimento desse quadro, bem como seu processo de tratamento.

1.2. DEPENDÊNCIA AFETIVA: HIPÓTESES ETIOLÓGICAS

Segundo Canaan (2006), os comportamentos que caracterizam a dependência afetiva podem ser explicados a partir dos três níveis de determinação propostos por Skinner (1984/1981): filogenético, ontogenético e cultural. De acordo com expectativas filogenéticas, a espécie humana está predisposta a estabelecer sólidos vínculos emocionais com determinados indivíduos de quem pode passar a depender. Neste sentido, a dependência é um comportamento básico do ser humano que é desencadeado pela necessidade de sobrevivência da espécie e, por isso, já está presente de forma germinal no neonato devido a sua incapacidade de cuidar de si próprio (BANDURA; WALTERS, 1963). Tal comportamento se fortalece (ou não) a partir do contato entre mãe (e/ou pai) e bebê, em torno do sentido de proximidade e segurança, constituindo um aspecto importante no desenvolvimento normal (saudável) do relacionamento social. Portanto, parece haver variáveis filogenéticas que certamente explicam, pelo menos em parte, o fenômeno da dependência afetiva.

A Teoria do Apego de Bowlby (1990/1969) confirma a ideia de dependência enquanto um comportamento típico da espécie humana através de estudos sobre a importância do vínculo mãe-filho nos estágios iniciais de desenvolvimento como uma dependência necessária para a sobrevivência da espécie (SOPHIA, 2008). Entretanto, um vínculo mal constituído na infância com a principal figura de apego pode ocasionar transtornos nos relacionamentos na vida adulta, onde é provável que o indivíduo com apego inseguro procure em seu respectivo companheiro amor e afeto que lhe foram insuficientes anteriormente. Muitas vezes, estas pessoas são ainda atraídas por parceiros distantes e inseguros, em certas situações também dependentes de substâncias como álcool ou drogas e que por isso, carecem de cuidados. Em contrapartida, pessoas gentis e seguras são tidas por aquelas em situação de dependência afetiva como desinteressantes (SOPHIA, TAVARES; ZILBERMAN, 2007).

Além disso, dependendo das contingências de reforçamento que ocorrem ao longo da vida do indivíduo, a maneira como este se comporta em seus relacionamentos amorosos vai sendo modelada (ontogenia). Bandura; Walters (1979/1973), Norwood (2003/1985) e Canaan (2006) consideram a história prévia de exposição a contingências aversivas como uma variável relevante para a aquisição da dependência afetiva.

As mulheres em situação de dependência afetiva do estudo de Canaan (2009a), por exemplo, ao longo de sua história ontogenética, foram e/ou continuavam sendo expostas a uma ou mais das seguintes contingências: coerção, superproteção parental, modelo parental de comportamento dependente. As contingências coercitivas às quais as mulheres participantes deste estudo foram e/ou continuavam sendo expostas incluiam: rejeição; abandono; privação afetiva (déficits em reforços positivos sociais generalizados); punição intensa e frequente; pais ausentes/ negligente; pais com sérias dificuldades emocionais; ambiente familiar caracterizado por caos, confusão, imprevisibilidade; pais super-exigentes, com expectativas muito elevadas e cobranças excessivas quanto ao seu desempenho (perfeccionismo) etc. Além disso, os resultados ainda indicaram que, pelo menos um dos pais de algumas mulheres participantes deste estudo apresentou e/ou continuava apresentando repertório comportamental característico de dependência afetiva, o que sugere a ocorrência de aprendizagem observacional via modelo familiar.

Por fim, no contexto cultural no qual o indivíduo está inserido, determinados comportamentos em relação ao parceiro amoroso são reforçados ou não pela comunidade verbal. A maioria das comunidades verbais nas quais as mulheres estão inseridas não consideram problemáticos os padrões comportamentais das mesmas. Esse resultado confirma as colocações de Bandura; Walters (1979/1973), quando estes autores afirmam que a dependência em relação a pessoas é não só aguardada como reforçada pela sociedade, enquanto comportamentos independentes e o fracasso em desenvolver e manter dependência apropriada em relação a outras pessoas são critérios considerados na identificação de possíveis patologias. Portanto, parece haver variáveis culturais presentes na determinação da dependência afetiva, pois a sociedade aceita a dependência como algo natural e até mesmo esperado, especialmente quando se trata de pessoas do sexo feminino (CANAAN, 2009a).

Assim, pode-se afirmar que um indivíduo aprende a se comportar de maneira afetivamente dependente considerando-se a influência de variáveis filogenéticas, ontogenéticas e culturais.

1.3. VIOLÊNCIA DOMÉSTICA COMO UMA CONSEQUÊNCIA DA DEPENDÊNCIA AFETIVA

Um grande número de mulheres em situação de amor patológico ou dependência afetiva também se encontra em situação de violência doméstica. É muito comum que o comportamento de cuidar excessivamente do parceiro íntimo e tornar-se submissa a ele origine um contexto com a incidência de abusos ou agressões por parte deste parceiro.

Segundo Day, Telles, Zoratto, Azambuja, Machado, Silveira, Debiaggi, Reis, Cardoso & Blank (2003), a agressão do parceiro íntimo é, quase sempre, acompanhada de agressão psicológica e, de um quarto a metade das vezes, também de sexo forçado. Além disso, estes autores destacam que, na violência doméstica contra a mulher, o abuso pelo parceiro íntimo é mais comumente parte de um padrão repetitivo, de controle e dominação, do que um ato único de agressão física.

O abuso pelo parceiro pode tomar várias formas, tais como: a) Agressões físicas como golpes, tapas, chutes e surras, tentativas de estrangulamento e queimaduras, quebras de objetos favoritos, móveis, ameaças de ferir as crianças ou outros membros da família; b) Abuso psicológico por menosprezo, intimidações e humilhação constantes; c) Coerção sexual; d) Comportamentos de controle tipo isolamento forçado da mulher em relação à sua família e amigos, vigilância constante de suas ações e restrição de acesso a recursos variados (DAY et al., 2003).

A violência doméstica contra a mulher constitui uma das principais formas de violação dos Direitos Humanos e, segundo a Lei Maria da Penha, Lei nº 11.340, de 7 de agosto de 2006 (BRASIL, 2006) que criou mecanismos para coibir a violência doméstica e familiar contra a mulher.), é qualquer ato de violência de gênero que resulte ou possa resultar em dano físico, sexual, psicológico ou sofrimento para a mulher, inclusive ameaças de tais atos, coerção ou privação arbitrária da liberdade, quer ocorra em público ou na vida privada.

Um estudo recente realizado pela Secretaria de Transparência do Senado Federal (BRASIL, 2013) mostrou que aproximadamente 20% das mulheres brasileiras reconhecem já ter sido vítima de violência doméstica ou familiar provocada por um homem. Outra importante fonte de informações sobre a questão é a Central de Atendimento à Mulher - Ligue 180, que foi criada para orientar as mulheres em situação de risco e de violência. De acordo com esta Central de Atendimento (Secretaria de Políticas para as Mulheres da Presidência da República) (BRASIL, 2012), houve 47.555 relatos de violência no primeiro semestre de 2012; em 70,19% dos casos relatados de violência doméstica contra a mulher, o agressor foi o companheiro ou cônjuge da vítima. No comparativo entre os Estados por taxa da população feminina, o Pará ocupou o segundo lugar no ranking de procura à Central.

Alguns estudos mais específicos foram conduzidos em diferentes Estados do Brasil, confirmando os resultados gerais das pesquisas citadas acima. Um deles foi realizado por Ramos, Pamplona, Reis, Almeida e Araújo (2011) com o objetivo de apresentar o perfil das vítimas de crimes contra a mulher, na Região Metropolitana de

Belém, a partir de uma pesquisa realizada, em 2009, pelo Laboratório de Sistema de Informação e Georreferenciamento e o Grupo de Estudos e Pesquisas Estatísticas e Computacionais, ambos da UFPA, em que o objeto de análise correspondia a 555 ocorrências de crimes contra mulher registradas no setor social da Delegacia Especializada de Atendimento à Mulher de Belém. Dentre as variáveis analisadas destaca-se a idade, escolaridade, ocupação e nível de renda das vítimas. Os resultados mostraram que a maioria das vítimas (77,44%) tem baixo poder aquisitivo, sendo que 46,67% possuem renda inferior a um salário mínimo e 30,77% dispõem de renda de 1 a 1,99 salários mínimos, ou seja, há uma grande incidência de violência contra as mulheres de baixa renda. No entanto, segundo os autores, não se pode afirmar que a pobreza é a causa exclusiva da violência, devendo-se analisar, avaliar e ponderar cuidadosamente a questão, pois é arriscado tratar este assunto como o senso comum, uma vez que esta associação é decorrente do desenvolvimento do capitalismo nas sociedades ocidentais modernas, em que as classes menos favorecidas passaram a ser consideradas perigosas. Além disso, verificou-se que as vítimas de crimes contra a mulher, em sua maior parte, possuem o ensino médio completo (32,36%), seguidas por aquelas com ensino fundamental incompleto (28,65%). O baixo percentual de mulheres alfabetizadas (0,18%) e analfabetas (0,92%) nos registros do setor social da DEAM não pode ser interpretado como ausência de violência entre as mulheres com essas características, mas, ao contrário, é um indicativo de que nesse meio a questão é ainda mais grave, pois não chega ao conhecimento do poder público. Por falta de instrução, essas mulheres têm mais dificuldades para procurar assistência, ou talvez nem saibam dos seus direitos enquanto cidadãs. Observa-se, ainda, que ocorre uma diminuição na proporção de registros à medida que aumenta o grau de escolaridade das vítimas, o que pode se dever ao fato de ser mais comum pessoas com esse nível de instrução resolver esse tipo de questão por meio de serviços privados de saúde ou da justiça, sem passar pela esfera policial. A maior parte dessas mulheres tem como ocupação do lar, com 30,97%, seguida pelo trabalho no setor informal (27,05%). Os autores deste estudo especulam que muitas vítimas de violência enfrentam dificuldades para atingir posições de destaque no mercado de trabalho, por não terem um nível de escolaridade compatível com os postos de maior qualificação e mais bem remunerados. A consequência dessa conjunção de fatores é que essas pessoas tornam-se vulneráveis ao desemprego, ao trabalho precário e informal.

A grande maioria das mulheres em situação de dependência afetiva e de violência apresentam dificuldade de sair das relações amorosas aversivas e abusivas nas quais se encontram. Embora dependência e violência também possam se manifestar em mulheres que possuem autonomia econômico-financeira, a dependência financeira em relação ao companheiro é um motivo frequentemente alegado por elas para se manterem vinculadas a eles (CANAAN, 2006, 2007, 2009a, 2009b, 2009c, 2009d; CANAAN-STEIN, 2011, 2012a, 2012b).

Uma pesquisa realizada pelo Ibope/Instituto AVON (2011) e que investigou as percepções e reações da sociedade brasileira sobre a violência contra a mulher indicou que a principal razão atribuída pelos participantes para a mulher continuar com o agressor é a falta de condições econômicas para viver sem o parceiro (24% de 2.002 pessoas entrevistadas marcaram esta alternativa). De fato, a permanência de mulheres dependentes economicamente de seus parceiros em relações onde a violência se faz presente tem sido discutida em diversos fóruns. A Rede Nacional Feminista de Saúde (2005, p.20) afirma, por exemplo, que "a violência constitui um componente fundamental de adestramento das mulheres à ordem social patriarcal. A garantia de sobrevivência e de manutenção da família tem na obediência dos filhos e na submissão e dependência das mulheres a metodologia operativa da dominação patriarcal, terreno fértil para a ocorrência de abusos". Pode-se concluir que em uma sociedade de consumo, a autonomia econômico-financeira constitui um valor essencial para a independência das pessoas e que, embora, nas últimas décadas, se tenha ampliado a participação feminina no mercado de trabalho, esta ainda não significou a construção da igualdade plena entre homens e mulheres no mundo laboral.

1.4. TRATAMENTO PSICOLÓGICO DE MULHERES EM SITUAÇÃO DE DEPENDÊNCIA AFETIVA

Os relacionamentos amorosos saudáveis e satisfatórios são uma fonte importante de bem-estar, de felicidade e de enriquecimento pessoal. Quando entram em crise e/ou terminam, podem provocar grandes sofrimentos, os quais são necessários para incorporar mais aprendizagens (BYSTRONSKI, 1995). Em contrapartida, quando a maneira de amar é patológica, o sofrimento passa a ser excessivo e a saúde psicológica e orgânica do indivíduo pode ficar comprometida. Quando se trata especificamente de violência contra a mulher, Day et al. (2003) afirmam que este tipo de violência pode atingir a saúde física e emocional não apenas das mulheres mas o bem-estar de seus filhos e até a conjuntura econômica e social das nações, seja imediatamente ou a longo prazo.

Dentre os quadros orgânicos resultantes da dependência afetiva e da violência doméstica encontram-se síndrome de dor crônica, distúrbios gastrintestinais, fibromialgia, fumo, invalidez, mudanças no sistema endócrino, distúrbios ginecológicos, aborto espontâneo etc. (BATISTA, 2003; ADEODATO ET AL., 2005; CANAAN, 2006, 2009a; DAY et al., 2003). Entretanto, muitas vezes, as sequelas psicológicas destas situações são ainda mais graves que seus efeitos físicos. A situação de dependência afetiva, principalmente quando combinada com violência doméstica, destrói a autoestima da mulher, expondo-a um risco mais elevado de sofrer de problemas psiquiátricos como depressão, ansiedade, estresse pós-traumático, tendência ao suicídio e consumo abusivo de álcool e drogas. (BATISTA, 2003; ADEODATO ET AL., 2005; CANAAN, 2006; CANAAN, 2009a; DAY et al., 2003). Assim, as mulheres em situação de dependência afetiva necessitam de assistência em diversas áreas: psicológica, psiquiátrica, social, pedagógica e, às vezes, até jurídica quando o caso inclui situação de violência.

No que se refere ao tratamento psicológico de mulheres em situação de dependência afetiva, pode-se dizer que este costuma iniciar tardiamente, uma vez que as pessoas apenas buscam ajuda no momento em que o relacionamento termina, instante no qual costuma ser bastante difícil aceitar e administrar o forte sentimento de angústia resultante do fim da relação.

Nos últimos anos, mulheres em situação de dependência afetiva têm chegado à Clínica-Escola vinculada à Faculdade de Psicologia da Universidade Federal do Pará (CPUFPA) em busca de ajuda apresentando um elevado grau de sofrimento emocional e queixando-se de tristeza, falta de motivação, ansiedade, carência afetiva, insatisfação com o trabalho, nervosismo, etc. Desde 1997, algumas delas começaram a ser atendidas individualmente por terapeutas comportamentais em treinamento, sob a supervisão da primeira autora (BRASILIENSE, CHAGAS-NETO ; CANAAN--STEIN, 2012; BRASILIENSE, CHAGAS NETO ; CANAAN, 2013; CANAAN, 2004, 2006, 2007, 2009a, 2009b, 2009c, 2009d; CANAAN, MARTINS ; GONÇALVES, 2004; CANAAN, TADAIESKY, BATISTA ; SOUSA, 2007; COELHO E CANAAN, 2004; COSTA ; CANAAN, 2006; MAUÉS, ALMEIDA ; CANAAN-STEIN, 2014; TAVARES ; CANAAN, 2008; TEIXEIRA, LOPES ; CANAAN, 2014). Apesar dos reconhecidos benefícios resultantes do atendimento psicológico individual no tratamento dos casos de dependência afetiva na CPUFPA, a Psicoterapia de Grupo também passou a ser utilizada no atendimento destes casos a partir de 2011 como uma estratégia de tratamento eficaz e que amplia o número de clientes atendidos, reduzindo o número de profissionais necessários para o serviço, o que parece ser vantajoso no contexto de instituições públicas (CANAAN-STEIN, 2011, 2012a, 2012b, 2013; CANAAN-STEIN, BASTOS ; SANTOS, 2013; CANAAN-CARVALHO ; CANAAN-STEIN, 2012; SILVA, 2012, 2013; CANAAN-STEIN, BAÍA, CHAGAS, NOVAES, CANAAN-CARVALHO, ARAÚJO ; KAUFFMANN, 2012; CANAAN--STEIN, SILVA ;LEMOS, 2013; SOUSA, CANAAN-STEIN ; SILVA, 2012, 2013; SANT'ANA ; CANAAN-STEIN, 2013; SOUSA, 2013). Convém ressaltar que tanto os atendimentos psicológicos individuais quanto aqueles conduzidos no contexto de Psicoterapia de Grupo realizados na CPUFPA parecem estar contribuindo para uma melhoria do padrão de amor patológico das clientes.

O atendimento psicoterápico analítico-comportamental individual e de grupo para mulheres adultas em situação de dependência afetiva na Clínica Escola acima citada tem sido norteado por algumas diretrizes tais como os modelos terapêuticos da Psicoterapia Analítica Funcional - FAP (KOHLENBERG ; TSAI, 2001/1991), da Terapia de Aceitação e Compromisso - ACT (FUKAHORI, SILVEIRA ; COSTA, 2005) e da Abordagem Construcional (GOLDIAMOND, 1974). Desta forma, ressalta-se a importância de discutir brevemente tais diretrizes.

Com o surgimento da FAP (KOHLENBERG ; TSAI, 2001/1991) ao longo da década de 80, a relação terapêutica passou a ser utilizada como um dos principais instrumentos de mudança na prática clínica, permitindo ao terapeuta fazer uso de suas próprias reações para modelar os comportamentos do cliente. A FAP também introduz a noção de Comportamentos Clinicamente Relevantes ou CRBs

– definidos como os comportamentos alvo ocorridos no decorrer do atendimento (KOHLENBERG ; TSAI, 2001/1991), havendo três tipos de CRBs: 1, 2 e 3. Os CRBs 1 são respostas que o terapeuta visa reduzir de frequência, portanto, são comportamentos que provavelmente são punidos ou pouco reforçados no ambiente do cliente. Os CRBs 2 são os progressos do cliente, portanto, que devem aumentar de frequência durante a sessão. E, os CRBs 3 são os comportamentos verbais do cliente, são descrições de comportamento e/ou as explicações atribuídas pelo próprio cliente ao seu comportamento sendo, portanto, esperados na terapia, uma vez que, a partir disso, o cliente pode aprender a realizar sozinho análises funcionais (ALVES; ISIDRO-MARINHO, 2010).

Outro modelo terapêutico utilizado pelos analistas do comportamento é a Terapia de Aceitação e Compromisso (ACT), proposta inicialmente por Hayes e Wilson (1994). A ACT estimula a aceitação de estados do organismo, como sentimentos, e de emoções considerados indesejáveis pelo cliente. Este modelo terapêutico leva à aceitação e ao autoconhecimento por parte do cliente de qualquer situação que esteja ocorrendo na sua vida. Diante disso, o cliente deve estar comprometido com a mudança, uma ação mais efetiva na qual deve se engajar.

Uma terceira linha terapêutica bastante relevante, desenvolvida a partir das ideias de Goldiamond (1974) é a Terapia Comportamental Construcional. Esta linha pode ser definida como uma alternativa à abordagem patológica, já que a solução para os comportamentos disfuncionais consiste na construção de repertórios e não na supressão de repertórios. A partir disso, os comportamentos problemas não são alvo de mudança, porém acabam se extinguindo quando os comportamentos saudáveis são construídos. Portanto, se diferencia da abordagem patológica, a qual visa o alívio ou a eliminação dos comportamentos problemas através de diversas formas (GIMENES, ANDRONIS; LAYNG, 2005).

Portanto, acredita-se que as diretrizes acima citadas podem ser úteis para o psicólogo que atua como terapeuta analítico-comportamental com mulheres em situação de dependência afetiva, auxiliando-o na formulação de estratégias para o tratamento, o qual deve incluir a aquisição e fortalecimento de CRB2 e CRB3 segundo a FAP (KOHLENBERG; TSAI, 2001/1991), das respostas de construção ou ampliação de repertório previstos pela Abordagem Construcional (GOLDIAMOND, 1974) e as de aceitação e compromisso com a mudança da ACT (FUKAHORI, SILVEIRA ; COSTA, 2005), cuja frequência deseja-se manter ou aumentar no repertório das clientes ao longo da terapia. De fato, Canaan (2009a) inclusive chegou a afirmar que o tratamento da dependência afetiva, para ser eficaz, deve envolver necessariamente o aumento da variabilidade comportamental e a consequente ampliação do repertório comportamental das clientes.

2. OBJETIVOS

O objetivo geral da presente pesquisa foi verificar os possíveis efeitos decorrentes da oferta de 12 sessões de terapia analítico-comportamental de grupo sobre o repertório comportamental de sete mulheres em situação de dependência afetiva e de violência doméstica. Como objetivos específicos, foram avaliados os efeitos desta estratégia de tratamento sobre as Habilidades Sociais Conjugais, sintomas de Stress, sintomas de Ansiedade, sintomas de Depressão, sentimentos de Desesperança e a Impulsividade das participantes.

3. MÉTODO

3.1. PARTICIPANTES

As participantes deste estudo foram sete (7) mulheres adultas de 30 a 58 anos que atenderam aos seguintes critérios de inclusão: a) terem disponibilidade de tempo para participar das atividades de Intervenção Comportamental em Grupo nas 6as. Feiras, no horário de 16h às 18h; b) concordarem em participar da presente pesquisa através da leitura e assinatura do Termo de Consentimento Livre e Esclarecido; c) encontrarem-se em situação de Dependência Afetiva de acordo com os indicadores para amor patológico estabelecidos por Sophia, Tavares e Zilberman (2007), os quais foram avaliados por ocasião das entrevistas social, psicológica e psiquiátrica realizadas individualmente inicialmente. Os critérios de exclusão de candidatas a participantes da pesquisa foram: apresentar patologias clínicas graves cujo tratamento demandasse internação e ser portadora de diagnósticos psiquiátricos de transtorno de personalidade dependente, ciúmes patológico, transtorno de personalidade borderline.

3.2. LOCAL E ROTINA DO AMBIENTE DE REALIZAÇÃO DA PESQUISA

A execução da pesquisa ocorreu em uma sala de atendimento psicológico individual (entrevistas clínicas individuais com cada participante) e em uma sala destinada para o atendimento em grupo (intervenção em grupo). Ambas as salas estão situadas nas dependências de uma Clínica Escola de Psicologia, a qual foi criada com o objetivo de capacitar os alunos de graduação nas habilidades necessárias à sua prática clínica.

3.3. INSTRUMENTOS

Os principais instrumentos utilizados na coleta de dados foram: Formulário de Avaliação Socioeconômica (ABEP, 2008); Roteiro de Entrevista Psicológica Inicial (CANAAN, 2009b); Protocolo MINI - *Mini International Neuropsychiatric Interview* (AMORIM, 2000);Inventário de Sintomas de Stress para Adultos - ISSL (LIPP, 2000); Inventários Beck (CUNHA, 2001) de Ansiedade (BAI), de Depressão (BDI) e de Desesperança (BHS), Roteiro de Entrevista Final (CANAAN, 2009b).

3.4. PROCEDIMENTO

O procedimento consistiu de três (3) fases, as quais são descritas a seguir:
FASE 1: Após a submissão e aprovação do projeto de pesquisa pelo Comitê de

Ética em Pesquisa envolvendo Seres Humanos, foi realizada a seleção da amostra obedecendo aos critérios de inclusão e exclusão das participantes na pesquisa. A seleção ocorreu em três etapas: a) Entrevista Social; b) Entrevista Psicológica Inicial e c) Entrevista Psiquiátrica.

A Entrevista Social foi conduzida com base no Formulário de Avaliação Socioeconômica e teve como objetivo investigar algumas variáveis socioeconômico-demográficas, principalmente aquelas que dizem respeito à confirmação da situação profissional atual, renda e consumo mensal, condições de moradia atual (ABEP, 2008). A Entrevista Psicológica Inicial foi realizada com base no Roteiro de Entrevista Psicológica Inicial (CANAAN, 2009b) e objetivou identificar as queixas iniciais, os tratamentos anteriores, dados relevantes da história e da situação da vida atual, com ênfase nos aspectos relacionados ao relacionamento afetivo e em possíveis relatos característicos de dependência afetiva, com base nos indicadores de amor patológico estabelecidos por Sophia, Tavares e Zilberman (2007), utilizados por Sophia (2008) e adaptados para a dependência afetiva para fins desta pesquisa. A Entrevista Psiquiátrica objetivou: a) confirmar o quadro de dependência afetiva; b) investigar candidatas a participantes que estivessem sendo acometidas por possíveis patologias clínicas graves, cujo tratamento demandasse internação; c) verificar aquelas que pudessem estar apresentando outros quadros psiquiátricos, como transtorno de personalidade dependente, ciúmes patológicos, transtorno de personalidade *borderline*, etc e d) avaliar a necessidade de algumas delas receberem tratamento psiquiátrico para depressão e ansiedade concomitante com o tratamento psicoterápico, fazendo uso de medicamento. Durante esta entrevista, foi utilizado o protocolo MINI - *Mini International Neuropsychiatric Interview* (AMORIM, 2000).

FASE 2: Nesta fase, as participantes pré-selecionadas foram contatadas através de ligação telefônica, verificando-se com cada uma delas o interesse em participar da pesquisa e marcação da Entrevista de Coleta de Dados de Pré-Teste.

FASE 3: Programa de Tratamento propriamente dito, o qual foi composto das seguintes etapas:

Etapa A: *Entrevistas de Coleta de dados do Pré-Teste* - Aplicação dos seguintes instrumentos: Inventário de Sintomas de Stress para Adultos - ISSL (LIPP, 2000); Inventários Beck (CUNHA, 2001) de Ansiedade (BAI*),* de Depressão (BDI) e de Desesperança (BHS), Roteiro de Entrevista Final (CANAAN, 2009b). Com o intuito de evitar qualquer influência por parte da equipe de pesquisadores no processo de coleta de dados do Pré-Teste, os inventários ou escalas acima citados foram de autopreenchimento por cada participante sob a supervisão da primeira autora e sua equipe de assistentes de pesquisa, a qual incluía o segundo e terceiro autores.

Etapa B: *Sessões de Psicoterapia Comportamental de Grupo* - As sessões de intervenção grupal foram gravadas em áudio com o consentimento prévio das participantes. Devido a problemas técnicos com o áudio da gravação das sessões apenas algumas delas puderam ser transcritas e analisadas. Todas as sessões foram iniciadas com um período de 15 minutos de acolhimento durante o qual era servido um lanche para as participantes. Em seguida, a sessão propriamente dita começava.

A dinâmica de cada sessão de intervenção grupal (objetivos, temas e as atividades/instrumentos) encontra-se descrita na tabela abaixo.

Tabela 1: Objetivos, Temas e Atividades/Técnicas/Instrumentos utilizados em cada uma das 12 sessões de intervenção comportamental grupal para mulheres portadoras de dependência afetiva realizadas na Clínica de Psicologia da UFPA.

Sessão	Objetivos	Temas	Atividades, Técnicas e Instrumentos
1	Ler e discutir com as participantes o Termo de Consentimento Livre e Esclarecido (TCLE) e obter sua assinatura; Estabelecer vínculo com as participantes; Apresentar o tema Dependência Afetiva (DA)	Contrato terapêutico; Dependência Afetiva	TCLE; Dinâmica de grupo: apresentação das participantes com o uso de um rolo de barbante que, ao ser arremessado para cada uma delas, formava uma teia Exposição do tema
2	Apresentar o tema Autoconhecimento, autorresponsabilidade e autocuidado; Estimular a auto-observação e discriminação de características pessoais e comportamentos de autorresponsabilidade e autocuidado; Estimular comportamentos de autorresponsabilidade e autocuidado.	Autoconhecimento Autorresponsabilidade; Autocuidado.	Dinâmica de grupo: apresentação das participantes com o uso de um rolo de barbante que, ao ser arremessado para cada uma delas, formava uma teia
3	Apresentar o tema: Autoconhecimento e Autoestima Ler e discutir o texto Encerrando Ciclos com base na ideia de que concluir ciclos é um aspecto importante de uma vida saudável e que às vezes há relacionamentos que precisamos encerrar. Favorecer a discriminação das qualidades/possibilidades das participantes; Estimular a ocorrência de comportamentos indicadores de autoestima saudável.	Autoconhecimento; Autoestima; Vida saudável: Conclusão dos ciclos da vida.	Dinâmica de grupo: uso de uma Folha de Autoavaliação contendo 173 adjetivos (positivos e negativos) Exposição do tema Autoconhecimento e Autoestima Leitura e discussão do texto "'Encerrando Ciclos" (PESSOA,s.d) Audição e discussão da música "A vida te espera" (JUST GIRLS) Relatos de experiências.

continua...

continuação

4	Apresentar o tema Impulsividade; Favorecer a ocorrência de comportamentos indicadores de autocontrole; Estimular a discriminação de consequências prejudiciais relacionadas à emissão de comportamentos impulsivos.	Impulsividade ou Déficit em autocontrole.	Dinâmica de grupo: Tabela contendo duas colunas: "O que faço para me sentir bem agora?" e "O que faço para me sentir bem depois?" Exposição do tema Leitura e discussão do texto "ÁRVORE DOS PROBLEMAS"(autor desconhecido) Relatos de experiência
5	Apresentar o tema Autocontrole; Favorecer a discriminação de consequências a longo prazo para comportamentos de autocontrole; Promover a emissão de comportamentos de autocontrole;	Autocontrole	Exposição do tema Dinâmica de grupo: Descrever situações em que agi impulsivamente e pensar: Por que fiquei insatisfeita? O que fiz quando agi impulsivamente? O que pensei e senti depois que agi impulsivamente? Relatos de experiência.
6	Apresentar o tema Ansiedade e estresse; Estimular a discriminação de sintomas de ansiedade e estresse; Estimular a ocorrência de comportamentos de administração da ansiedade e do estresse. Criar contingências para que as participantes entrem em contato com seus sentimentos	Ansiedade; estresse.	Exposição do tema Leitura e discussão do texto "Sentimentos" Leitura e discussão do texto "Reverencie-se com a Aceitação" (VANZANT, 2000) Relatos de experiências.
7	Estimular a construção de novos repertórios comportamentais	Variabilidade comportamental	Dinâmica de grupo Leitura e discussão do texto "Viver é arriscar sempre" (autor desconhecido) Relatos de experiências
8	Apresentar tema Relaxamento e Conservação de recursos (tempo, dinheiro, energia) Ensinar técnicas básicas de relaxamento.	Conservação; Relaxamento.	Dinâmica de grupo Relatos de Experiências Leitura e discussão do texto "Reverencie-se com a Conservação" (VANZANT, 2000) Técnica de Relaxamento

continua...

continuação

9	Apresentar o tema Variabilidade comportamental; Estimular a exposição a novas contingências que possam ser potencialmente reforçadoras para as participantes	Variabilidade comportamental	Relatos de Experiência; Leitura e discussão do Texto: "A morte devagar" (MEDEIROS, s.d)
10	Apresentar o tema Relacionamento afetivo Real X Ideal Estimular a discriminação e a emissão de comportamentos autorresponsáveis; Favorecer a discriminação de eventos aversivos na relação com o parceiro;	Relacionamento Afetivo Real X Ideal	Dinâmica de Grupo: descrição das características que gostariam que o parceiro(a) possuísse Relatos de Experiência Leitura e discussão do texto "Felicidade Realista" (QUINTANA, s.d)
11	Apresentar o tema do relacionamento saudável fornecendo elementos para as participantes discriminarem os aspectos presentes em um relacionamento deste tipo	Relacionamento saudável	Relatos de experiências
12	Prover contingências para que as participantes discriminem que as recaídas fazem parte do processo de recuperação da DA; Avaliar os progressos obtidos ao longo das sessões;	Prevenção da Recaída; Avaliação dos Progressos Obtidos.	Dinâmica de grupo Relatos de Experiências Leitura e discussão do texto "Entre Vales e Montanhas" (autor desconhecidos)

Convém ressaltar que a intervenção analítico-comportamental de grupo para mulheres adultas em situação de dependência afetiva nesta pesquisa foi embasado em algumas diretrizes dos modelos terapêuticos da Psicoterapia Analítica Funcional- FAP (KOHLENBERG; TSAI, 1991), da Terapia de Aceitação e Compromisso - ACT (FUKAHORI, SILVEIRA; COSTA, 2005) e da Abordagem Construcional (GOLDIAMOND, 2002).

O principal objetivo terapêutico foi favorecer o autoconhecimento das clientes e a construção (aprendizagem) de repertórios, notadamente aqueles relacionados a alguns comportamentos-problemas identificados, tais como: a) autoestima, autoconfiança, autocuidados e autorresponsabilidade; b) discriminação e descrição de eventos privados; c) discriminação das reais contingências em operação na sua vida; d) habilidades sociais; e) aumento da variabilidade comportamental mediante exposição a diferentes contingências potencialmente reforçadoras.

As principais técnicas de intervenção usadas foram: o estabelecimento de uma audiência não punitiva (com acolhimento e aceitação) e construção de uma relação terapêutica empática, o reforçamento positivo de respostas de ampliação de repertório elencadas acima que ocorriam na própria sessão (CRB2) e de relatos sobre a emissão das mesmas no ambiente fora da sessão terapêutica, biblioterapia com o uso de textos (em estilo prosa e poesia) para discussão e reflexão de determinados temas relacionados às dificuldades das clientes, confrontações de interpretações imprecisas (não descreviam as reais contingências em operação na sua vida) formuladas pelas clientes e bloqueios de fugas/esquivas sob controle de alguns estímulos aversivos e que eram alvo do trabalho terapêutico por estarem relacionados aos repertórios acima listados que se desejava construir.

Etapa C: *Entrevistas de Coleta de dados do Pós-Teste* – Ao final da fase das Sessões de Psicoterapia Comportamental de Grupo foram reaplicados os seguintes instrumentos: Inventário de Sintomas de Stress para Adultos - ISSL (LIPP, 2000); Inventários Beck (CUNHA, 2001) de Ansiedade (BAI), de Depressão (BDI) e de Desesperança (BHS), Roteiro de Entrevista Final (CANAAN, 2009b).

Etapa D: *Entrevista de Encerramento.* Foi realizada pela coordenadora do projeto com o apoio da equipe de estagiários (Auxiliares de Pesquisa) uma entrevista individual com cada participante, com base no Roteiro de Entrevista Psicológica Final, a qual teve como objetivo avaliar a eficácia da intervenção grupal sobre o repertório comportamental das participantes, dar um *feedback* sobre seu estado psicológico ao final de sua participação neste processo de tratamento, verificar a possibilidade de cada uma delas receber alta ou de receber os encaminhamentos cabíveis.

3.5. ANÁLISE DOS DADOS

As informações quantitativas foram complementadas pela análise dos áudios de todas as entrevistas e todas as sessões de intervenção grupal analítico-comportamental realizadas com as participantes do presente estudo. Foram transcritos alguns trechos de interações verbais pertinentes à análise dos dados.

Foi conduzida uma análise empírica (documental) de uma amostra das transcrições das 12 sessões de intervenção comportamental grupal realizadas buscando-se as regularidades observadas nos dados quanto a: 1) A identificação de episódios de comportamento verbal relativos à dependência afetiva; 2) Construção de classes de comportamento dependente: categorização dos episódios verbais em classes de comportamento sugestivo de dependência afetiva e 3) Análise funcional da dependência afetiva: Identificação de possíveis contingências que participam do seu controle. Foram analisadas as transcrições das sessões 4, 8 e 12, as quais foram consideradas como representativas de sessões iniciais, intermediárias e finais, respectivamente. Além disse, também foram ouvidas as gravações da Entrevista Psicológica Inicial realizada individualmente com cada participante, a qual foi utilizada como base para seleção da amostra.

4. RESULTADOS E DISCUSSÃO

Duas (2) participantes obtiveram frequência menor ou igual a 50% nas 12 sessões de Psicoterapia Comportamental de Grupo. Desta maneira, apenas cinco (5) mulheres (as Participantes 1, 2, 3, 5 e 7) atenderam a todos os critérios de inclusão e, portanto, tiveram seus dados analisados.

A idade das participantes deste estudo variou de 30 a 58 anos e a média encontrada foi de 36,85 anos. A maioria das mulheres deste estudo (n=6, 85,71%) tinha entre 30 e 39 anos, com exceção da mais velha, de 58 anos. Quanto ao estado civil, 3 mulheres (42,85%) eram casadas ou mantinham uma relação estável, e as outras 4 mulheres (57,14%) eram solteiras. Entre as mulheres pesquisadas, 3 (42,85%) tinham filhos com idades variando de 5 a 21 anos. Quanto à religião, 2 mulheres (28,57%) afirmaram ser católicas; as demais participantes se distribuíram entre as religiões espírita, budista e evangélica; 2 participantes (28,57%) não fizeram declarações a esse respeito. Quanto ao nível de escolaridade, 1 participante (14,28%) possui Ensino Fundamental, 2 (28,57%) possuem Ensino Médio Completo, três (42,85%) têm Ensino Superior Completo e 1 (14,28%) é graduada com pós-graduação Stricto Sensu (Mestrado).

Quanto à origem da procura, apenas uma participante (14,28%) foi encaminhada por uma instituição para tratar especificamente de sua dependência afetiva em relação ao seu marido enquanto a maioria (n=6, 85,71%) procuraram espontaneamente o Programa de Tratamento da Dependência Afetiva da Clínica de Psicologia da UFPA, tendo tomado conhecimento a respeito do referido programa por meio de sua participação nos Grupos MADA situados na região metropolitana de Belém. Assim sendo, todas as participantes (100%) procuraram o Programa trazendo como queixas iniciais mais frequentes a sua dependência afetiva, estando, portanto, já conscientes deste problema.

Quanto aos diagnósticos psiquiátricos pode-se afirmar que apenas uma das participantes (14,28%) não apresentava nenhum quadro psiquiátrico no momento atual e que os diagnósticos mais frequentemente encontrados foram Depressão (Episódio Depressivo Maior Atual e Passado) e Ansiedade (Transtorno de Ansiedade Generalizada Atual).

Através da figura 1 é possível observar o desempenho das participantes (N=5) que compareceram a todas as sessões de pré e pós-teste, considerando apenas os escores obtidos nas seguintes escalas Beck: Inventário de Depressão (BDI), Inventário de Ansiedade (BAI) e Inventário de Desesperança (BHS). Estes inventários foram agrupados em um único gráfico, pois apresentam os mesmos níveis para os escores obtidos: nível mínimo, leve, moderado e grave.

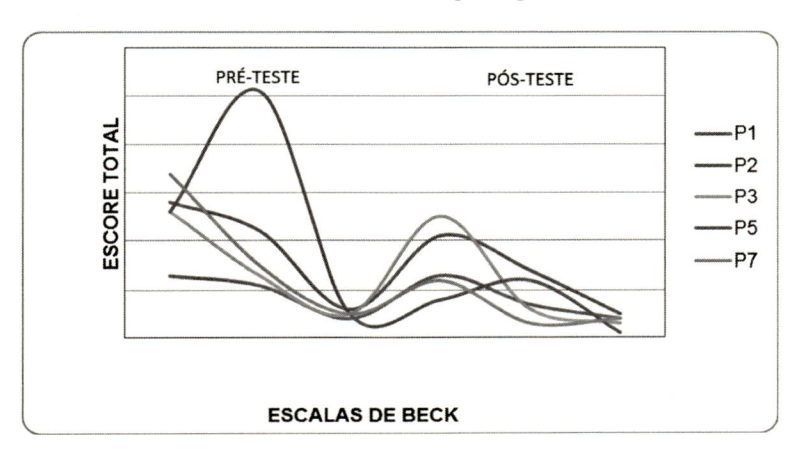

FIGURA 1: Desempenho das participantes P1, P2,
P3, P5 e P7 nas fases de pré e pós-teste.

Os resultados dos inventários (ISSL) e escalas (BDI, BDA, e BHS) que foram aplicados durante a fase de pré-teste e pós-teste serão analisados detalhadamente abaixo.

Inventário de Depressão (BDI)

Durante a fase de Pré-teste, considerando N=7 participantes, na aplicação do Inventário de Depressão (BDI), a participante 6 apresentou o nível MÍNIMO de depressão, enquanto a participante 1 obteve o NÍVEL LEVE e as participantes 2, 3, 4 e 5 e 7 situam-se no NÍVEL MODERADO da depressão. Na fase de Pós-teste, considerando apenas (N=5) participantes, os resultados da aplicação do BDI mostram que a participante 1 manteve-se no NÍVEL LEVE de depressão, a participante 2 permaneceu no NÍVEL MODERADO, a participante 5 decresceu do NÍVEL MODERADO para o NÍVEL MÍNIMO, e as participantes 3 e 7 apresentaram uma diminuição do NÍVEL MODERADO para o NÍVEL LEVE.

FIGURA 2: Escores obtidos pelas participantes no Inventário de Depressão (BDI) durante o pré e pós-teste.

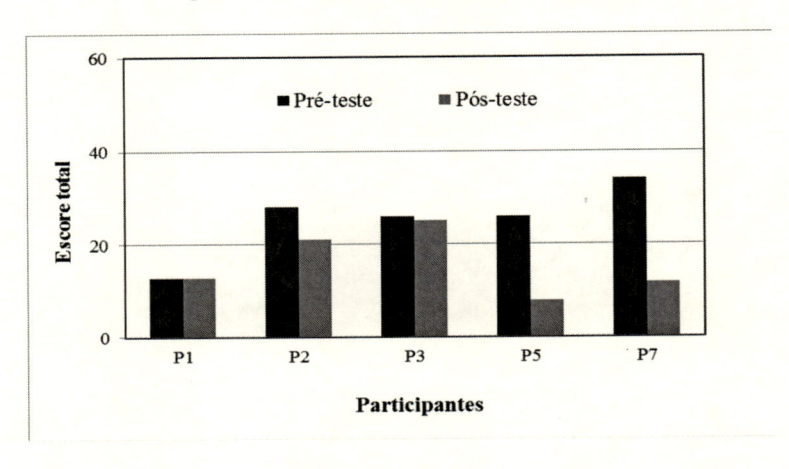

Inventário de Ansiedade (BAI)
Na fase de Pré-teste, os escores do Inventário de Ansiedade (BAI) mostram que a participante 6 também obteve o NÍVEL MÍNIMO, e as participantes 1, 3 e 7 apresentaram o NÍVEL LEVE de ansiedade, enquanto a participante 2 obteve o NÍVEL MODERADO e as participantes 4 e 5 o NÍVEL GRAVE de ansiedade. Na fase de Pós-teste, observou-se que a participante 1 decresceu do NÍVEL LEVE para o NÍVEL MÍNIMO, a participante 2 decresceu do NÍVEL MODERADO para o NÍVEL LEVE, e as participantes 3 e 5 decresceram do NÍVEL MODERADO para o NÍVEL MÍNIMO e LEVE, respectivamente. De outro modo, a participante 7 decresceu do NÍVEL GRAVE para o NÍVEL MÍNIMO

FIGURA 3: Escores obtidos pelas participantes no Inventário de Ansiedade (BAI) durante o pré e pós-teste.

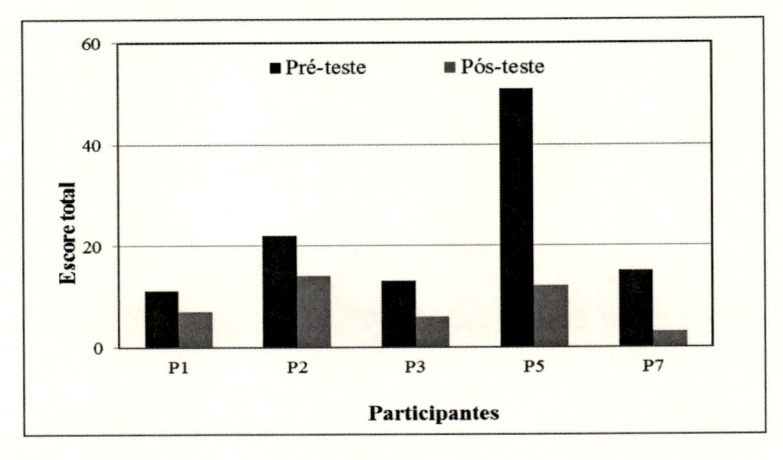

Inventário de Desesperança (BHS)

Durante a Fase de pré-teste, os resultados obtidos na Escala de Desesperança (BHS) mostram que as participantes 1 e 6 situam-se no NÍVEL MÍNIMO e as participantes 2, 3, 5, 7 e 8 no NÍVEL LEVE. No BHS, a participante 1 permaneceu no NÍVEL MÍNIMO de desesperança, comparando-se o pré e pós-teste. Entretanto, as participantes 2, 3, 5 e 7 decresceram do NÍVEL LEVE para o nível MÍNIMO.

FIGURA 4: Escores obtidos pelas participantes no Inventário de Desesperança (BHS) durante o pré e pós-teste.

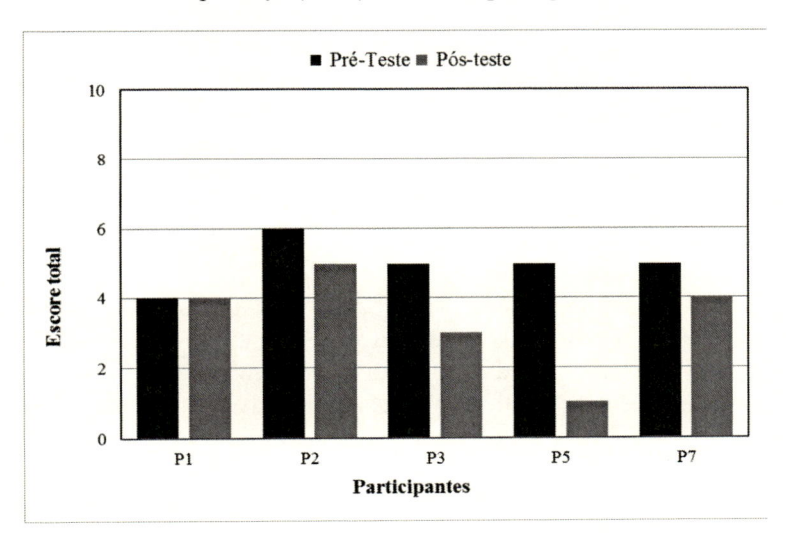

Inventário de Sintomas de Stress para adultos de Lipp (ISSL)

Na aplicação deste inventário durante a fase de pré-teste, observou-se que somente a participante 6 obteve um escore indicando ausência de stress. As demais participantes apresentaram escores positivos para a presença de stress. Observou-se também que as participantes (n=5) continuaram a apresentar sintomas associados ao stress, durante o pós-teste. Entretanto, as participantes 2, 5 e 7 apresentaram mudança da Fase 4 para a Fase 2, havendo inclusive predominância de sintomas físicos juntamente com psicológicos.

A análise dos áudios das entrevistas e das sessões de intervenção psicoterápica comportamental em grupo terapêutico bem como de uma amostra das transcrições das referidas sessões revelou que:

a) 100% (n=7) das mulheres pesquisadas apresentaram um quadro de dependência afetiva, podendo estar incluída em uma dentre três categorias; 1) mantinham um relacionamento afetivo com um parceiro(a) inadequado(a) e problemático(a) (pouco reforçador e aversivo/a) e que não correspondia ao seu amor, apresentando um elevado nível de insatisfação com tal relacionamento; no caso, três participantes (P1, P3, P4; 42,85%) encontravam-se nesta situação; 2) apesar de não estarem num relacionamento afetivo no momento atual, mantinham-se de alguma forma vinculadas ao homem inadequado e problemático com quem se relacionaram no passado recente, tendo uma enorme dificuldade de se libertar dele, de cortar o vínculo ou de colocar um ponto final na relação; no caso, três participantes (P2, P6, P7; 42,85%) estavam solteiras e se encontravam nesta situação e 3) apesar de não estarem num relacionamento afetivo no momento atual, apresentavam um histórico de ter se envolvido em pelo menos um relacionamento afetivo com um homem inadequado e problemático (pouco reforçador e aversivo) e que não correspondia ao seu amor; no caso, uma das participantes (P5; 14,28%) estava nesta condição.

b) 85,71% (P1, P2, P3, P4, P5 e P7) das mulheres deste estudo apresentaram déficits em repertórios de autocuidado (não se cuidavam e nem se protegiam); por outro lado, estas mulheres cuidavam excessivamente dos outros (incluindo seu parceiro/parceira amoroso/a);

c) 71,43% (P3, P4, P5, P6, P7) das participantes demonstraram ter déficits em habilidades sociais: empatia, assertividade e/ou resolução de problemas;

d) 71,43% (P3, P4, P5, P6, P7) das mulheres desta pesquisa relataram ter abandonado seus interesses e algumas atividades que antes eram consideradas reforçadoras para elas em função do seu relacionamento amoroso.

e) 57,14% (P3, P4, P6, P7) das participantes relataram situações correlacionadas a comportamentos de impulsividade, ou seja, déficits em autocontrole;

f) 57,14% (P2, P3, P4, P7) das mulheres deste estudo relataram situações sugestivas da ocorrência de déficits em autorresponsabilidade em seu repertório comportamental (não se organiza, não se disciplina, não cumpre suas tarefas ou obrigações); assim, elas disseram ter dificuldade de fazer o que precisavam fazer, de concluir o que haviam começado, de administrar a própria vida incluindo suas finanças;

g) 42,85% (P2, P4, P5) relataram ter dificuldades de relacionamento com membros de sua família de origem e/ou sua família construída;

h) 28,57% (P3, P4) das participantes referiram emitir comportamentos para controlar o outro (parceiro amoroso) baseadas na expectativa de que poderá mudá-lo e conquistar o seu amor;

No que tange à avaliação sintomatológica da depressão, ansiedade, desesperança e stress, os escores obtidos no Inventário de Depressão de Beck e os relatos das participantes ao longo das sessões terapêuticas evidenciaram a presença de sintomas depressivos. Na fase de pré-teste, pelo menos cinco participantes situaram-se no nível moderado da depressão. Estes resultados se coadunam aqueles previamente observados em outras pesquisas (BLASCO, 2001; 2004; CANAAN, 2009a; JIMENEZ; RUIZ, 2009; SOPHIA, TAVARES; ZILBERMAN, 2007; SOPHIA, 2008), nos quais a presença de sentimentos de tristeza são comumente observados em mulheres portadoras de dependência afetiva, além da falta de interesse em atividades antes reforçadoras. Em relação à avaliação da ansiedade, pelo menos duas participantes durante a fase de pré-teste situaram-se no nível grave de ansiedade. Apenas na avaliação da desesperança, verificou-se que a maioria das participantes durante a fase de pré-teste, situaram-se no nível leve. Entretanto, ressalta-se que de acordo com a literatura, um dos principais déficits observados em portadoras de dependência afetiva diz respeito à dificuldade para discriminar eventos privados (Canaan, 2009a), o que inclusive pode comprometer a percepção das participantes durante a auto aplicação do inventário de desesperança, uma vez que, ao longo das sessões terapêuticas, tais participantes verbalizaram eventos privados associados à desesperança em suas vidas. Em relação à avalição de stress, durante a fase de pré-teste, apenas uma participante indicou ausência de stress. Ressalta-se que todas as participantes durante a fase de pós-teste continuaram a apresentar sintomas associados ao stress, e houve a predominância de sintomas físicos juntamente com psicológicos em três participantes durante o pós-teste. É possível que o aparecimento de sintomas físicos e psicológicos conjugados se deva ao processo de tomada de consciência de eventos privados associados às contingências aversivas vivenciadas por estas clientes, além da estimulação/reforçamento do processo de aceitação das situações de sua vida durante as sessões terapêuticas, o que permitiu ampliar o repertório destas clientes para a aceitação, discriminação e experimentação de seus eventos privados negativos. Da mesma maneira, entende-se que a não remissão do stress durante a fase de pós-teste pode indicar a persistência de estimulação aversiva no contexto das participantes, o que por si só justificaria um acompanhamento terapêutico prolongado em quadros de dependência afetiva.

Os casos de dependência afetiva descritos neste projeto, submetidos às fases de pré e pós-teste, 71,43% (n=5) apresentaram ganhos significativos com o processo psicoterapêutico; tais ganhos envolveram tanto a aquisição de consciência quanto a modificação/construção de comportamento (GUILHARDI; QUEIROZ, 1997); ou seja, as clientes tanto passaram a discriminar e descrever melhor seus eventos privados quanto aprenderam e mantiveram novas formas de se comportar, produtoras de uma maior taxa de reforçamento positivo e, por conseguinte, maior grau de satisfação em suas vidas.

Em contrapartida, foi possível observar resistência à mudança comportamental, não aceitação de eventos privados negativos e déficit na tomada de consciência principalmente na participante 6, que não participou da fase de pós-teste. Atribui-se a estes déficits comportamentais a desistência observada no caso desta participante.

Portanto, os resultados da presente pesquisa mostraram os progressos obtidos pelas mulheres que participaram da intervenção comportamental grupal para dependência afetiva na Clínica de Psicologia da UFPA. Apesar dos progressos obtidos por todas as participantes do Grupo de Intervenção Comportamental para mulheres dependentes afetivas, não houve a remissão dos sintomas de dependência afetiva ao final das 12 sessões realizadas ao longo dos 3 meses do tratamento. Este resultado pode ser explicado pelo fato de que a Dependência Afetiva é um problema complexo e que, possivelmente requer um período de tratamento mais prolongado e que a intervenção comportamental grupal oferecida para as cinco participantes do estudo acima referido foi de curta duração.

Os resultados mostraram ainda que a dependência afetiva, de fato, se manifesta em pessoas cujo repertório em geral se encontra bastante comprometido e restrito, caracterizado por vários déficits comportamentais, o que confirma os resultados do estudo conduzido por Canaan (2009a). A dependência afetiva é produto da dificuldade das pessoas de enfrentarem seus reais problemas pessoais. O déficit comportamental é tamanho que as pessoas não conseguem lidar com ele; ao contrário, fogem e/ou se esquivam de suas dificuldades se envolvendo em relacionamentos afetivos pouco prazerosos e muito aversivos. Esse resultado sugere que o tratamento da dependência afetiva, para ser eficaz, deve envolver necessariamente o aumento da variabilidade comportamental e a consequente ampliação do repertório comportamental do indivíduo.

CONSIDERAÇÕES FINAIS

Este capítulo apresentou uma revisão de literatura não sistemática sobre o tema da dependência afetiva, e os dados empíricos de uma pesquisa enfocando o tratamento analítico comportamental de grupo para cinco mulheres portadoras de dependência afetiva. Os resultados do presente estudo demonstraram que é difícil romper o vínculo com o parceiro amoroso inadequado e problemático para se recuperar completamente do problema e que recaídas parecem fazer parte do processo de recuperação. Portanto, as propostas de tratamento da dependência afetiva precisam prever tais recaídas e incluir estratégias de autocontrole e prevenção da recaída.

A Terapia de Grupo é uma estratégia de tratamento possível de ser utilizada com os casos de dependência afetiva, principalmente considerando que ela permite uma ampliação do número de casos a serem atendidos, reduzindo o número de profissionais necessários para o serviço.

Sugere-se que pesquisas futuras explorem, por exemplo, através de estudo documental, a incidência de sintomas típicos de dependência afetiva em contextos marcados pela violência doméstica, de forma a verificar a real correlação entre tais fenômenos. Necessário também é a ampliação de pesquisas longitudinais a fim de avaliar a remissão dos sintomas de DA em grupos que receberam o procedimento de intervenção psicológica. Sugere-se também a investigação sobre DA em amostras de participantes outros que não apenas mulheres heterossexuais, mas também mulheres/homens homossexuais. De outra forma, é iminente a necessidade de inserir a temática da DA em políticas públicas voltadas para a prevenção primária da violência doméstica/psicológica, com o desenvolvimento de campanhas de prevenção entre o público adolescente, objetivando ampliar a conscientização destes indivíduos, e evitando assim a aquisição de repertórios comportamentais disfuncionais que possam originar um quadro de dependência afetiva na idade adulta. No que diz respeito à prevenção secundária, sugere-se que as instituições de serviços e garantias de direitos às mulheres insiram em suas práticas de atendimento a possibilidade de utilizar o Tratamento de Grupo para Mulheres com Dependência Afetiva, considerando sempre as peculiaridades socioeconômicas, estruturais e culturais do contexto amazônico.

REFERÊNCIAS

ADEODATO, V. G.; CARVALHO, R. R.; SIQUEIRA, V. R.; SOUZA, F. G. M. (2005). Qualidade de vida e depressão em mulheres vítimas de seus parceiros. **Revista de Saúde Pública.** v. 39, n. 1, p. 108-113.

AMORIM, P. (2000). Mini International NeuroPsychiatric Interview (MINI):validação de entrevista breve para diagnóstico de transtornos mentais. **Revista Brasileira de Psiquiatria,** v.22, p.106-15

APA - American Psychiatric Association. (2000). **Diagnostic and Statistical Manual of Mental Disorders,** Fourth Edition, Text Revision. Washington, DC: American Psychiatric Association.

ÁRVORES dos problemas. [s.d][s.n]. Autor desconhecido.

BANDURA, A.; WALTERS, R. H. (1963).**Social learning and personality development.** New York: Holt, Rinehart ; Winston.

BANDURA, A.; WALTERS, R. H. (1979). Aprendizagem Social de Comportamento dependente. Em T. Millon, **Teorias da psicopatologia e personalidade** (2ª. Ed.). Rio de Janeiro: Interamericana. (Trabalho original publicado em 1973)

BATISTA, F. (2003). Violência doméstica: um problema de saúde pública entre quatro paredes. In: A. P. SERAFIN e E. L. DE BARROS (orgs.), **Temas em Psiquiatria Forense e Psicologia Jurídica.** São Paulo: Vetor.

BATISTA, J. R. (2007). Efeitos de um histórico familiar aversivo em um caso de dependência afetiva. **Trabalho de Conclusão do Curso de Formação em Psicologia da Universidade Federal do Pará.** Belém, Pará. Orientadora: Prof. Dra. Silvia Canaan.

BLASCO, J. C. (2001). Análisis Del Concepto "Dependencia emocional". **I Congresso Virtual de Psiquiatria.** Acesso em 15 de Novembro de 2012, em http: <www. psiquiatria.com/congresso/mesas/mesa6/conferencias/6_ci_a.htm>

BLASCO, J. C. (2004). Dependencia emocional y violencia doméstica. **Portal del mundo de la Psicologia Psicocentro.** Acesso em 15 de Novembro de 2012, em <http://www.psicocentro.com>

BOWLBY, J. (1990). **Apego, a natureza do vínculo,** Vol. 1 da trilogia *Apego e perda* (2ª. Ed.). São Paulo: Martins Fontes. (Trabalho original publicado em 1969)

BRASIL. (2006). **Lei 11.340 de 07 de agosto de 2006:** Dispõe sobre mecanismos para coibir a violência doméstica e familiar contra a mulher. Acessado em 01 de maio de 2013. Disponível em: <http://www.planalto.gov.br>

BRASIL. (2012). Balanço semestral Janeiro a Junho de 2012 da Central de Atendimento à Mulher - Ligue 180. **Secretaria de Políticas para as Mulheres da Presidência da República**. Acessado em 01 de maio de 2013. Disponível em: <http://www.spm.gov.br>

BRASIL. (2013). Violência doméstica e familiar contra a mulher. Secretaria de Transparência do Senado Federal. Março de 2013. Acessado em 27 de março de 2014. Disponível em |<www.senado.leg.br/noticias/datasenado>

BRASILIENSE, I., CHAGAS NETO, R.; CANAAN-STEIN, S. (2012). **Habilidades sociais deficitárias e dependência afetiva:** o que a entrevista de triagem pode nos informar? Trabalho apresentado como Comunicação Oral para apresentação na 1ª Jornada de Estudos em Psicologia da UFPA (JEPSI/UFPA): Desafios presentes à formação do Psicólogo, realizada de 20 a 22 de Novembro, Belém, Pará.

BRASILIENSE, I., CHAGAS NETO, R. ; CANAAN-STEIN, S. (2013). Habilidades sociais deficitárias, dependência afetiva e alienação parental: estudo de caso. **Trabalho apresentado como Comunicação Oral no XXII Encontro Nacional de Psicologia e Medicina Comportamental realizado em Setembro.** Fortaleza, Ceará.

BYSTRONSKI, B. (1995). Teorias e processos psicossociais da intimidade interpessoal. In A. Rodrigues (Org.), **Psicologia Social para principiantes:** estudo da interação humana (p. 59-90). Petrópolis: Vozes.

CANAAN, S. (2004). A dependência afetiva (Amar Demais) sob a ótica da Terapia Analítico-Comportamental. **Coordenação de Grupo de Trabalho no XIII Encontro Brasileiro de Psicoterapia e Medicina Comportamental e do II Congresso Internacional da Association for Behavior Analysis.** Campinas, SP.

CANAAN, S. (2006). Contribuições da Terapia Comportamental na Avaliação e Tratamento de Mulheres com Dependência Afetiva atendidas por Terapeutas em Treinamento na Clínica-Escola de Psicologia da UFPA. Projeto de Pesquisa aprovado pela Portaria No. 057/2006 do Instituto de Filosofia e Ciências Humanas e Resolução No. 3.043/2003 do CONSEP . Universidade Federal do Pará. Belém, Pará.

CANAAN, S. (2007). Contribuições da Terapia Analítico-Comportamental na avaliação e tratamento de mulheres consideradas dependentes afetivas. **Palestra proferida no XVI Encontro Brasileiro de Psicoterapia e Medicina Comportamental (ABPMC).** Brasília, DF.

CANAAN, S. (2009a). Contribuições da Terapia Comportamental na Avaliação e Tratamento de Mulheres com Dependência Afetiva atendidas por Terapeutas em

Treinamento na Clínica-Escola de Psicologia da UFPA. **Relatório de Projeto de Pesquisa**, Universidade Federal do Pará. Belém, Pará.

CANAAN, S. (2009b). **Tratamento de Mulheres portadoras de Dependência Afetiva.** Projeto de Pesquisa, Universidade Federal do Pará. Belém, Pará.

CANAAN, S. (2009c). **Quando amar é sofrer:** a dependência afetiva em mulheres. Conferência proferida durante Amostra de Psicologia em Comemoração pelo Dia do Psicólogo promovida pela Fundação Hospital de Clínicas Gaspar Vianna (FHCGV) em 27/08/2009. Belém, Pará.

CANAAN, S. (2009d). **Quando Amar é Sofrer:** considerações sobre dependência afetiva. MiniCurso ministrado durante 8ª. Semana Científica de Psicologia da Universidade da Amazônia (UNAMA). Belém, Pará.

CANAAN, S.; MARTINS, P. S.; GONÇALVES, A. S. (2004). **A dependência afetiva ("amar demais") sob a ótica da terapia analítico-comportamental.** Trabalho apresentado em Grupo de Trabalho no Congresso Conjunto da Associação Brasileira de Psicoterapia e Medicina Comportamental (ABPMC) e da American Psychological Association (APA) realizado em Campinas, SP.

CANAAN, S.; TADAIESKY, L.; BATISTA, J. R.; SOUSA, D. (2007). Dependência afetiva e outros comportamentos dependentes: relatos de intervenções analítico--comportamentais. **Sessão Coordenada apresentada no XVI Encontro Brasileiro de Psicoterapia e Medicina Comportamental (ABPMC).** Brasília, DF.

CANAAN-CARVALHO, M.; CANAAN-STEIN, S. (2012). Dependência Afetiva em relacionamento homoafetivo: estudo de caso com mulher adulta em Terapia de Grupo. **Trabalho (Painel) apresentado no XXI Encontro de Psicologia e Medicina Comportamental realizado de 15 a 18 de agosto**, Curitiba, Paraná.

CANAAN-STEIN, S. (2011). Tratamento de Mulheres Portadoras de Dependência Afetiva. **Relatório de Projeto de Pesquisa**, Universidade Federal do Pará. Belém, Pará.

CANAAN-STEIN, S. (2012a). Quando amar é sofrer: a dependência afetiva em mulheres adultas. **Trabalho publicado nos Anais do XXI Encontro de Psicologia e Medicina Comportamental**, realizado de 15 a 18 de agosto, Curitiba, Paraná.

CANAAN-STEIN, S. (2012b). Tratamento Psicológico de Mulheres portadoras de Dependência Afetiva. **Projeto de Extensão**, Universidade Federal do Pará.

CANAAN-STEIN, S. (2013). Psicoterapia comportamental de grupo para mulheres em situação de dependência afetiva e de violência conjugal. **Trabalho apresentado na I Jornada de Dependência Afetiva e Violência Doméstica e Familiar contra a Mulher,** realizada em 10 de Dezembro no Auditório na UFPA.

CANAAN-STEIN, S.; SILVA, M. L.; LEMOS, R. (2013). Superando o sofrimento na relação amorosa: intervenções analítico-comportamentais em grupo em casos de violência intrafamiliar. **Trabalho apresentado como Mesa Redonda no XXII Encontro Nacional de Psicologia e Medicina Comportamental realizado em Setembro.** Fortaleza, Ceará.

CANAAN-STEIN, S., BAÍA, P., CHAGAS, T., NOVAES, V., CANAAN, M., ARAÚJO, L. ; KAUFFMANN, K. (2012). Intervenção Analítico-Comportamental Grupal para mulheres adultas com dependência afetiva. **Trabalho publicado nos Anais do XXII Encontro de Psicologia e Medicina Comportamental realizado de 15 a 18 de agosto,** Curitiba, Paraná.

CANAAN-STEIN, S.; BASTOS, P.A.; SANTOS, M.M. (2013). Intervenção comportamental para mulheres em situação de dependência afetiva e violência nas relações amorosas. **Trabalho apresentado como Mesa Redonda no XXII Encontro de Psicologia e Medicina Comportamental realizado em Setembro,** Fortaleza, Ceará.

CANAAN-STEIN, S.; SILVA, M. L.; LEMOS, R. (2013). Superando o sofrimento na relação amorosa: intervenções analítico-comportamentais em grupo em casos de violência intrafamiliar. **Trabalho apresentado como Mesa Redonda no XXII Encontro Nacional de Psicologia e Medicina Comportamental realizado em Setembro.** Fortaleza, Ceará.

COELHO, N. L.; CANAAN, S. (2004). Uma avaliação comportamental da dependência afetiva ("amar demais") no homem: um estudo de caso clínico. **Trabalho apresentado como Comunicação Oral no Congresso Conjunto da Associação Brasileira de Psicoterapia e Medicina Comportamental (ABPMC) e da American Psychological Association (APA) realizado em Campinas,** SP.

COSTA, A. C. O.; CANAAN, S. (2006). Dependência afetiva como função de exposição a contingências aversivas. **Trabalho apresentado no XV Encontro Brasileiro de Psicoterapia e Medicina Comportamental (ABPMC).** Brasília, DF.

CUNHA, J. A. (2001). **Manual da versão em português das ESCALAS BECK.** São Paulo: Casa do Psicólogo.

DAY, V. P.; TELLES, L.; E. B., ZORATTO, P. H.; AZAMBUJA, M. R. F.; DENISE ARLETE MACHADO, SILVEIRA, M. B.; DEBIAGGI, M.; REIS, M. G.; CARDOSO, R. G.; BLANK, P. (2003). Violência doméstica e suas diferentes Manifestações. **Revista de Psiquiatria do Rio Grande do Sul,** 25 (suplemento 1), 9-21.

ENTRE montanhas. [s.d][s.n]. Autor desconhecido.

FUKAHORI, L.; SILVEIRA, J. M.; COSTA, C. E. (2005). Exibicionismo e procedimentos baseados na Terapia de Aceitação e Compromisso (ACT): um relato de caso. [Versão Eletrônica]. **Revista Brasileira de Terapia Comportamental e Cognitiva,** 7(1), 67-76.

GIMENES, L. S.; ANDRONIS, P. T.; LAYNG, T. V. (2005). O questionário construcional de Goldiamond: uma análise não linear de contingências. Em H. J. Guilhardi; N. C. Aguirre (Orgs.), **Sobre comportamento e Cognição** (Vol. 15, p. 308-322). Santo André: ESETec.

GUILHARDI, H. J.; QUEIROZ, P. B. P. S. (1997). A análise funcional no contexto terapêutico: o comportamento do terapeuta como foco de análise. Em M. Delitti (Org.), **Sobre Comportamento e Cognição,** Vol. 2. Santo André, SP: ARBytes.

GOLDIAMOND, I. (1974). Toward a constructional approach to social problems. Behaviorism, 2 (1) 1-84.

HAYES, S. C.; WILSON, K. G. (1994). Acceptance and Commitment Therapy: **Altering the verbal support for experiential avoidance.** The Behavior Analyst, 17, 289-303.

IBOPE/INSTITUTO AVON (2011). **Percepções sobre a violência doméstica contra a mulher no Brasil.** Acessado em 27 de março de 2014. Disponível em <www.spm.gov.br/subsecretaria-de-enfrentamento-a-violencia-contra-as-mulheres/lei-maria-da-penha/pesquisa-avon-2011.pdf>

JIMENEZ, M. V. M.; RUIZ, C. S. (2009). Dependencia afectiva y gênero: Perfil Sintomatico diferencial em dependientes afectivos españoles. [Versão Eletrônica]. **Revista Interamericana de Psicologia,** 43(2), 230-240.

JUST GIRLS. **A Vida te espera,** A. Portugal. Farol Música, 2007. 1 CD. 47min.

KOHLEMBERG, R.; TSAI, M. (2001). FAP - Psicoterapia Analítico Funcional. **Criando relações terapêuticas intensas e curativas.** Santo André, SP: ESETec. (Trabalho original publicado em 1991)

LIPP, M. E. N. (2000). **Manual do Inventário de Sintomas de Stress para adultos de Lipp (ISSL).** São Paulo: Casa do Psicólogo.

LORENA, A.; SOPHIA, E. C.; MELLO, C.; TAVARES, H.; ZILBERMAN, M. L. (2008). Group therapy for pathological love. **Revista Brasileira de Psiquiatria,** *30* (3), 292-3.

MAUÉS, A.; ALMEIDA, F.; CANAAN-STEIN, S. (2014). Dependência Afetiva e o autocuidado: déficits de responsabilização e de autonomia em uma mulher em situação de violência doméstica. **Trabalho apresentado no I Encontro de Dependência Afetiva e Violência Doméstica e Familiar contra a Mulher na Defensoria Pública,** realizado de 20 a 21 de Março na Defensoria Pública do Estado do Pará.

MEDEIROS, M. **A morte devagar.** [s.d][s.n]

NORWOOD, R. (2003). **Mulheres que amam demais,** 24º edição, São Paulo, SP: Editora Arx (Obra originalmente publicada em 1985).

PESSOA, F. **Encerrando ciclos**. [s.d] [s.n]

QUINTANA, M. **Felicidade Realista**. [s.d][s.n]

RAMOS, E. M. L. S.; PAMPLONA, V. M. S.; REIS, C. P.; ALMEIDA, S. S.; ARAÚJO, A. R. (2011). **Perfil das vítimas de crimes contra a mulher na Região Metropolitana de Belém**. Revista Brasileira de Segurança Pública, 5(8), 172-192.

REDE FEMINISTA DE SAÚDE. (1979). **Uma articulação nacional em defesa da saúde, dos direitos sexuais e dos direitos reprodutivos**. Acessado em 27 de março de 2014. Disponível em <http://actbr.org.br/uploads/conteudo/79_Rede-Feminista--de-Saude.pdf>

SANT'ANA, C.; CANAAN-STEIN, S. (2013). Atenção psicológica a mulheres em situação de dependência afetiva e/ou violência doméstica e familiar: psicoterapia comportamental individual. **Trabalho apresentado na I Jornada de Dependência Afetiva e Violência Doméstica e Familiar contra a Mulher, realizada em 10 de Dezembro de 2013 no Auditório na UFPA.**

SILVA, M. L. (2013). O efeito da intervenção em grupo sobre o repertório comportamental de mulheres em situação de violência nas relações amorosas. **Trabalho apresentado na I Jornada de Dependência Afetiva e Violência Doméstica e Familiar contra a Mulher, realizada em 10 de Dezembro na UFPA.**

SILVA, M. L.(2012). Serviço de Atendimento Especializado a Mulheres em Situação de Violência Doméstica no Pará: Relatando Experiências. **Trabalho apresentado como Mesa Redonda no XXI Encontro de Psicologia e Medicina Comportamental realizado de 15 a 18 de agosto**, Curitiba, Paraná.

SKINNER, F. B. (1984). Selection by consequences. **The Behavioral and Brain Sciences,** 7, 477-481. (Obra original publicada em 1981).

SOPHIA, E. C.; TAVARES, H.; ZILBERMAN, M. L. (2007). Amor patológico: um novo tratamento psiquiátrico? Revista Brasileira de Psiquiatria, v. 29, p. 55-62. Sophia, E.C. (2008). **Amor patológico:** aspectos clínicos e DE personalidade. Dissertação de Mestrado, Faculdade de Medicina, Universidade de São Paulo, São Paulo, 2008.

SOPHIA, E.C. (2008). **Amor patológico:** aspectos clínicos e de personalidade. Dissertação de Mestrado, Faculdade de Medicina, Universidade de São Paulo, São Paulo.

SOUSA, A. P. M. (2013). A influência de grupos psicossociais sobre os níveis de ansiedade, depressão, desesperança e estresse de mulheres adultas em situação de dependência afetiva e violência conjugal. **Trabalho de Conclusão de Formação em Psicologia da Universidade Federal do Pará.** Belém, Pará. Orientadora: Prof. Dra. Silvia Canaan.

SOUSA, A. P.; CANAAN-STEIN, S.; SILVA, M. (2012). Atendimento Psicossociopedagógico grupal de uma mulher vítima de violência doméstica e familiar: um estudo de caso. **Trabalho apresentado como Comunicação Oral para apresentação na 15ª Jornada de Extensão:** inovação e Tecnologia da UFPA, realizada em Novembro, Belém, Pará.

SOUSA, A.P.M.; CANAAN-STEIN, S.; SILVA, M.L. (2013). O efeito de um grupo temático sobre o repertório comportamental de uma mulher em situação de dependência afetiva e de violência intrafamiliar. **Trabalho apresentado como Comunicação Oral no XXII Encontro Nacional de Psicologia e Medicina Comportamental realizado em Setembro.** Fortaleza, Ceará.

TAVARES, K. A.; CANAAN, S. (2008). **Dependência afetiva sob enfoque analítico comportamental:** um estudo de caso. Comunicação Oral apresentada no XVII Encontro Brasileiro de Psicoterapia e Medicina Comportamental (ABPMC). Campinas, SP.

TEIXEIRA, I.; LOPES, B. B.; CANAAN-STEIN, S.(2014). Da vitimização à autonomia: uma mulher em situação de alienação parental, violência moral e psicológica. Relato de Caso Clínico atendido por terapeutas comportamentais em treinamento na CPUFPA sob a supervisão da Profa. Dra. Silvia Canaan Stein. **Trabalho apresentado no I Encontro de Dependência Afetiva e Violência Doméstica e Familiar contra a Mulher na Defensoria Pública**, realizado de 20 a 21 de Março na Defensoria Pública do Estado do Pará.

VANZANT, I. **Um dia minha alma se abriu por inteiro.** Edição: 5ª. Brasil: Sextante, 2000, 304 p.

Viver é arriscar sempre. [s.d][s.n]. Autor desconhecido.

VIDA DOMÉSTICA E PRÁTICAS DE VIOLÊNCIA CONTRA AS MULHERES

Maria Luzia Miranda Álvares[24]

INTRODUÇÃO

Secularmente as mulheres foram marcadas por modelos de representação social que mantêm o *status quo* determinante de um comportamento "para o lar". No século XXI, verificam-se mudanças nesse modelo, mas as largas dimensões estratégicas de um sistema patriarcal subliminar tem se posicionado desfavoravelmente a isso. Na maioria das vezes, cumprem-se situações de morte anunciada às mulheres que iniciam um período de emprego fora de casa, haja vista que os cônjuges preferem vê-las sob as lides do fogão e do cuidado com a casa e os filhos a que exerçam atividades externas, mesmo que haja desemprego na família.

Neste sentido, o artigo Vida Doméstica e Práticas de Violência Contra as Mulheres examina em que medida a educação feminina (família, escola, igreja) tem sido o grande fator de preservação da cultura da violência contra as mulheres, considerando que ainda circula na sociedade contemporânea uma forte tendência a demonstrar que os papéis femininos permanecem "feminizados", ou seja, ainda às mulheres é exigida a conduta passiva das tarefas domésticas que as submetem à dupla ou tripla jornada de trabalho. Em complementação a esta abordagem, e considerando as instâncias formais cuidadoras da atenção das políticas de aplicação da Lei Maria da Penha, foi avaliado se o atendimento às mulheres vítimas da violência doméstica se mantém nas mãos de pessoas que privilegiam as marcas da ideologia sexista, manifestando descaso em relação ao registro das denúncias e/ou ao bom acolhimento a essas mulheres.

1. A VIOLÊNCIA DOMÉSTICA, A QUESTÃO DE GÊNERO E OS ESPAÇOS "MASCULINOS" E "FEMININOS"

A violência é um termo polissêmico e seu uso, entre outros, inclui formas diferenciadas de constrangimentos morais, coativos ou por meio da força física explícita, aplicados por uma pessoa contra outra, num ambiente que pode ser tanto público, como no contexto social e político, quanto privado, como o familiar.

---

24 Professora Associada 3 (IFCH/UFPA); graduada em Ciências Sociais pela Universidade Federal do Pará, Mestre em Planejamento do Desenvolvimento/NAEA e Doutorado em Ciência Política/IUPERJ. Tem experiência na área de Ciência Política, com ênfase em estudos eleitorais e partidos políticos, participação política das mulheres e relações de gênero. É jornalista de "O Liberal"/PA; coordenadora do GEPEM/UFPA e Coordenadora Regional do OBSERVE. E-mail: luziamiranda@gmail.com

Alguns autores consideram o ato violento não apenas em situações episódicas agudas como a violência física, mas incluem também aquelas formas evidentes de distribuição desigual de recursos em todos os seus matizes, a exemplo, o ato de violência estrutural do Estado e o das instituições, cujos vetores criam um sistema coordenado de medidas que geram e reproduzem a desigualdade. Tal discernimento provocou o reconhecimento de que certos comportamentos nas relações sociais, embora vistos como "naturais", tramavam contra a dignidade humana. Nesta acepção, inclui-se a denúncia dos movimentos de mulheres ao tratamento recebido por suas congêneres, no trabalho e em outros locais onde convivem/conviviam, seja pelo impedimento a determinada atividade; seja em casa, quando agredidas pelo marido, pelos filhos ou pelos pais. Essas atitudes passaram a ser percebidas pela sociedade como atos de violência e, atualmente, recebem o tratamento devido de entidades governamentais e não governamentais que consideram essas condutas destrutivas da condição humana.

A abrangência do termo violência inclui formas diferenciadas de agressão à integridade física, moral e psicológica da mulher, implicando ainda em atos mais graves como assassinatos de mulheres pelos maridos, crime que até bem pouco tempo era acobertado pela lei com a justificativa de que esses episódios fatais representavam "lavagem da honra".

Assim, de forma íntima, "a violência masculina contra a mulher integra, a organização social de gênero vigente na sociedade brasileira", diz Heleieth Saffioti (1994, p. 44). Trata-se de uma cultura da hierarquia de poder que domina a estrutura social, sendo legitimada pela ideologia que criou papéis sociais com base nas diferenciações de sexo. As mulheres tendiam a ser tomadas apenas pelo útero errante no corpo, visto ser sua figura colada à maternidade. "Talvez uma das maiores violências sofridas pelas mulheres tenha sido a própria construção de sua suposta "essência" como algo situado no útero", diz Margareth Rago (1991, p. 2). Essa organização clássica ainda hoje se encontra instituída e é instituinte também, num contexto de dominação, visto que o lar e a maternidade tornaram-se o lugar "natural" da mulher, enquanto que a rua e a política configuram o lugar do homem. Esta dicotomia polarizou a história da humanidade a cada formação social que emergiu no processo produtivo, embrenhando-se num emaranhado de usos e costumes que têm sido responsáveis por tecer cotidianos hierarquizados na estruturação social como um todo.

Lar e maternidade constituíram-se em funções "naturais" da mulher compondo modelos que inseriam fatores biopsíquicos para garantir toda estratégia de poder subjacente a cada ordem e determinação de papéis, condutas, ou seja, funções que garantiam uma divisão política de atribuições diferenciadas entre homens e mulheres, conformando-se em pactos hierarquizados de sobrevivência. Estes pactos foram aproveitados pelas instituições sociais, políticas e econômicas visto que definiram posições estratégicas para uns, enquanto para outros sobraram as determinantes de sujeição.

A organização do lar reproduziu o confinamento da mulher e reforçou condições especificas para a esfera do privado. Nesse espaço, a mulher reduziu-se a instrumento de reprodução da sociedade (por via biológica), sendo o trabalho caseiro, na ordem da hierarquia social e econômica, considerado a atividade menos qualificada. Nessa condição, a mulher foi despojada de atributos para a participação na vida pública e política, e a sociedade contribuiu com apoios coercitivos para sua baixa motivação ao ativismo político, estimulando concepções ideológicas atreladas a uma natureza que a configurava como frágil, sensível, pura, emotiva – qualificativos que a afastavam da racionalidade exigida na prática política. Esta imagem contrapunha-se à natureza masculina vista como racional, fria, inteligente e forte. Dessa incursão ideológica fortalecida pela literatura, pelo saber médico e pela cultura, criou-se um modelo distinto de homem e outro de mulher. A "rainha do lar" se transformou num papel a cumprir, tanto na reprodução biológica quanto na ideológica, na medida em que, nos 'ensinamentos' que proporciona aos filhos, no atendimento às suas necessidades afetivas, na formação de caráter, pelo exemplo vivido de qualidades compatíveis com as suas 'características', configura-se um padrão de comportamento que compatibiliza as demandas de um tipo fixo diferenciado do masculino.

Quanto ao homem, sua condição de hierarquia dentro do lar fortaleceu-se pela atribuição de racionalidade e, "no sentido mais coercitivo da expressão, perderá o contato com sua prole (...). Perderá o contato consigo mesmo: com seu corpo, com sua sensibilidade, com sua inteligência no que ela tem de mais ligado à imaginação (faculdade de mulheres). Perderá o contato, se jamais o teve com a própria mulher, que vê como 'criadeira' e não como companheira" (LUZ, 1982, p.15).

Os modelos que se constroem, então, tanto do homem quanto da mulher, deverão corresponder às funções esperadas desses sujeitos aos quais foram atribuídos papéis específicos. Enquanto o homem aparece através de uma figura forte, disciplinadora, isento de instintos, emoções e sensibilidade, a mulher vai surgir por meio de uma imagem sensível, fiel, honesta, instintiva, generosa, perspicaz, garantindo-se essa ambivalência mediante um pacto de dominação, na medida em que tanto um quanto o outro incorpora, em suas práticas, o discurso enunciado desse domínio expresso nos valores contrários fragilidade-força.

A mulher será moldada sob a condição de mãe e de esposa, seguindo-se daí atividades de gestão da casa, do filho e do marido; enquanto o homem será visto como o pai e o marido, provedor das necessidades da família, daí ser considerado o chefe. Esse par mantém idealizada uma relação que determina o comando e a subordinação, distanciando-se, primeiro, através dos costumes, em seguida, formalizando-se e institucionalizando-se em práticas que podem ou não ser realizadas por um ou por outro. Por exemplo, diz-se geralmente que são próprias da mulher: as tarefas domésticas e o cuidar das crianças, dos doentes e dos velhos; enquanto ao homem se atribui: a racionalidade, o autocontrole, a tomada de decisões, a autoridade de chefe no lar - embora, às vezes, ele não esteja no comando material e nem nas decisões da casa, e sim a mulher. Por outro lado, a divisão sexual tende a garantir a desvalorização do trabalho doméstico da mulher e seu afastamento do processo produtivo social, conferindo ao homem o monopólio do mercado de mão de obra, excluindo as mulheres de áreas qualificadas - sintoma da deterioração da formação profissional desse gênero.

Observe-se que a configuração desses modelos vai determinar uma relação distinta entre eles. Os códigos de poder do paterfamílias exploram, em essência, a existência de uma "natureza masculina" e outra "feminina", sendo essa assimetria sexual legitimada, no âmbito das relações concretas, como elemento universal e "natural".

Como o essencialismo da natureza biológica escorrega em ações de homens que às vezes fazem trabalhos de mulheres e vice-versa, usa-se a cultura para garantir os papéis masculinos e femininos através da reprodução de comportamentos, de procedimentos, de ditos e não ditos, que serão responsáveis pelo controle da tradição. A perda da "feminilidade" ou da "masculinidade" (com um padrão existente e clássico) pode se tornar uma ameaça permanente, daí porque essa "natureza" é submetida a regras que são geralmente obedecidas desde a infância, não só pelas brincadeiras (de meninos, de meninas), como por brinquedos (bonecas, bolas) permeando as fases da adolescência (quando está em definição a carreira escolar dos/as jovens) e até na idade adulta, quando se determinam as profissões e são condicionadas as áreas de atuação para homens e mulheres, conforme se pode ver em estatísticas que mostram, por exemplo, o maior percentual de mulheres entre as professoras e o de homens como "políticos".

O processo de construção social das identidades de gênero, como se pode ver, se determina como um destino biológico que se define através de uma caracterização biológica com papéis próprios e por representações e expectativas comportamentais. Os conceitos de masculino e feminino, masculinidade e feminilidade enroscam-se numa "retradução cultural do biológico (...) situando-se fundamentalmente no campo do simbólico, definindo-se por qualidades opostas atribuídas ao homem e à mulher" (PITANGUY, p. 65). Nesse campo, observa-se uma "polarização de qualidades 'passivas' como agressividade, força, dinamismo que caracterizariam, em termos de tipologia, o feminino e o masculino"[25].

Foi a partir dos estudos de gênero que ficou exposta a questão da diferença sexual enquanto construção cultural e social nas relações sociais entre homens e mulheres. "A categoria do gênero vem, portanto, neutralizar a ideia de que existe uma dominação de mão única, exercida apenas do homem para a mulher ao longo da História, e que se fundaria numa diferença natural. Entendendo que as relações entre os sexos são constituídas por relações de poder, aponta para a dinâmica dos jogos que se estabelecem entre uns e outros. (...) O gênero apresenta-se como um instrumento de análise relacional e não identitário, já que não se trata mais de trabalhar a questão da mulher, como se esta existisse fora das relações sociais e não se relacionasse com o sexo oposto, e sim de recuperar este campo de heterogeneidade social" (RAGO, 1991, p. 7-8).

Ao considerar que o "gênero é constitutivo das relações sociais", adota-se a perspectiva de que a "violência é constitutiva da ordem falocrática. Consequentemente, o gênero informado pela desigualdade social, pela hierarquização e até pela lógica da complementaridade traz embutida a violência" (SAFFIOTI; ALMEIDA, 1995, p. 29). As formas dessa violência são inúmeras, indo "desde a ironia ao homicídio, passando por espancamento, reprodução forçada, estupro etc. Via de regra, a violação

---

25 -Idem, ibidem.

sexual só é considerada um ato violento quando praticada por estranhos ao contrato matrimonial, sendo aceita como normal quando ocorre no seio do casamento" (SAFFIOTI, s/d, p. 1). Diz Saffioti que na França, desde a década de 1980, o ato sexual praticado pelo casal sem o consentimento da mulher é considerado crime de estupro, ao passo que no Brasil essa prática é considerada "dever conjugal". Isso configura que "a mulher, uma vez casada, de direito ou de fato, se constitui propriedade do cônjuge devendo estar sexualmente disponível para servi-lo sempre que for solicitada. E a não disponibilidade cotidiana para a satisfação dos desejos do parceiro, frequentemente resulta em causa imediata da violência doméstica" (SILVA, 1997, p. 3). Vale ressaltar que o uso extremo do poder nas relações homem-mulher é caracterizado pelo estupro, o qual se traduz pela relação sexual forçada e pelo constrangimento de submeter a outra parte ao seu desejo, negando à mulher o direito à escolha.

Sendo "útero" a mulher é vista com uma parcela da sexualidade definida para dois ângulos: "objeto de desejo" e "procriadora". No primeiro caso, ela é considerada, a maioria das vezes, responsável por ser violentada sexualmente; como "procriadora", é a "santa". Nesses dois eixos se coloca a ideologia de gênero para impor as identidades do masculino e do feminino, hierarquizando-as. É na desconstrução dessas estereotipias que se pode interferir para a erradicação da violência doméstica e sexual.

2. A VIOLÊNCIA CONTRA A MULHER NO BRASIL: O CENÁRIO INTERNACIONAL E AS NORMAS DA JUSTIÇA NO ATENDIMENTO ÀS VÍTIMAS DA VIOLÊNCIA

O desenvolvimento da problemática da violência contra as mulheres, no Brasil, se deu a partir da pesquisa-ação de feministas e acadêmicas no final da década de 1970. Fortaleceu-se quando a ONU adotou parâmetros estratégicos contra os abusos discriminatórios, apoiando os reclamos desses movimentos e fazendo vigorar medidas protetivas em favor das mulheres vítimas de violência doméstica.

A minissérie da TV-Globo "Quem ama não mata" (1982) reproduziu este *slogan* criado pelas feministas que foram às ruas para protestar contra os assassinatos de mulheres pelos seus companheiros, namorados, amantes – considerada a primeira manifestação pública contra a impunidade nesses casos. Uma das evidências nesse instante foi a situação do play-boy Doca Street julgado em outubro de 1979 pelo assassinato de sua companheira Ângela Diniz. Os argumentos que a defesa utilizou contra a vítima foi a de ser culpada por "denegrir os bons costumes", ter vida "desregrada", ser "mulher de vida fácil". O acusado foi condenado a 15 anos de cadeia, cumpriu um terço da pena em penitenciárias no Rio de Janeiro, depois, ganhou liberdade condicional e desde 1997 nada deve à Justiça (GROSSI, 1994, p.474; PORTO, 2002).

Criou-se nesse ano a "Comissão Violência Contra a Mulher" cuja primeira atividade foi sair em defesa de cinco recepcionistas do "Jornal do Brasil", que haviam sido demitidas por terem denunciado o assédio sexual de um editor. Essa Comissão, entretanto, direcionou suas atividades contra a impunidade de maridos que matavam suas companheiras sendo isso considerado "crimes contra a honra" e passíveis de serem acobertados legalmente pela justiça devido aos parâmetros do Código Civil vigente.

Os crimes cometidos contra a vida das mulheres nas condições em que estavam sendo denunciados sempre foram vistos com o beneplácito da justiça. Carecia, portanto, denunciar o que já não havia como esconder. A questão passou a ser também um eixo de estudos das acadêmicas feministas aliadas aos movimentos de mulheres que procuravam não só denunciar, mas também identificar as práticas variadas de violência a que as mulheres eram submetidas no ambiente doméstico e que só eram visíveis com a morte.

O aspecto exacerbado da violência doméstica ensejou estudos e pesquisas nas décadas de 1980 e 1990, ampliando-se as discussões e ações dos movimentos de mulheres que desde os anos 1970 vinham denunciando o problema. Foi possível, desta forma, localizar os diferentes tipos de violência que acometiam as mulheres[26]:

Das diversas Conferências da Mulher[27] e resoluções votadas pelos órgãos internacionais, evidencia-se a preocupação com "a igualdade plena de gênero e a eliminação da discriminação por motivos de gênero"[28], insurgindo-se como um ponto de discussão sobre os direitos humanos das mulheres. O marco histórico desse reconhecimento se realizou na Convenção de Viena (1993) quando, no Fórum Paralelo à Conferência Mundial de Direitos Humanos, instalou-se um Tribunal de Crimes contra as Mulheres, promovido por uma articulação internacional feminista, estimulando dezenas de mulheres a denunciar os crimes de violência doméstica dos quais tinham sido vítimas[29]. Assim, pela primeira vez ecoou a frase: "os direitos das mulheres também são direitos humanos", passando a ser considerado crime contra a humanidade, qualquer tipo de violência praticado contra a mulher.

Várias ações têm sido deflagradas desde então em âmbito mundial propiciando a promoção dos direitos das mulheres e, em termos de Brasil, medidas protetivas têm resultado do esforço do movimento feminista em parceria com o Estado brasileiro para o tratamento da violência doméstica como problema social e de saúde pública. Historicamente, a partir dos anos 1980, criaram-se grupos de denúncia aos crimes e de amparo às vítimas, a exemplo: o SOS Mulher, os Conselhos da Condição Feminina, as Delegacias de Defesa da Mulher, e as casas-abrigo, nos anos 90 (GROSSI, 1998, p. 296; BRANDÃO, 1996, p. 20)[30]. Nos vários âmbitos das áreas acadêmicas, esse assunto tem sido favorecido por reflexões que estimulam ampla

---

26 Cf. Barsted, 2006, p. 261-62.
27 As conferências do México (1975), Copenhague (1980), Nairobi (1985), Beijing (1995). Mais detalhes sobre essas conferências e demais convenções, cf. Barsted, 2006, sites da United Nations - <http://www.un.org/>; e demais sites dos movimentos de mulheres e feministas.
28 As quatro conferências Mundiais: Desenvolvimento e objetivos.<http://www.escueladefeminismo.org/> . Acessado em dezembro, 2009.
29 Cf. Barsted, idem, p.251.
30 Sobre essas políticas há hoje uma série de estudos. Cf. também: Taube, 2002; Bandeira & Suarez , 1999; Pasinato & Santos, 2008.

conscientização social acerca de que essa situação não se dá, ou não se justifica, por episódios de embriaguez ou doença mental, mas pela cultura da submissão aos papéis domésticos ainda forte nas relações de gênero.

Em 2006, o enfrentamento à violência doméstica no Brasil contabilizou uma nova Lei nº 11.340/06, conhecida como Lei Maria da Penha, a qual, além do impacto nestes primeiros anos de vigência, representa uma das mais importantes conquistas dos movimentos feministas brasileiros. Contudo, não é possível dizer que há consenso na aplicação da lei que veio reformular, de forma mais efetiva, medidas legais e procedimentos da área jurídica. O fenômeno hoje é tipificado como crime e as reações são vistas de vários aspectos. Há críticas dos que atendem à promoção dos direitos humanos, dos estudiosos das questões sociais e dos representantes do sistema judiciário. No primeiro caso, há reação à previsão da pena de prisão para os agressores. No segundo, evidencia-se a "crescente invasão do direito na organização da vida social" (DEBERT, 2006, p.16). E a reação de membros do sistema judiciário considera a inconstitucionalidade da Lei ao colocar "em risco o princípio da Supremacia da Constituição e ferindo de morte o art 5º, Inc I (Principio da Isonomia) artigo 226, parágrafo 8º da Carta Constitucional"[31].

Com a aplicação da LMP, houve mudanças do tratamento legal da situação de violência doméstica devido a uma série de exigências procedimentais na sua instauração com renovação do papel do Judiciário, a fim de se adequar à criação dos Juizados Especializados, de Núcleos de Defensoria Pública, de serviços de atendimento por equipe multidisciplinar implantada nas Varas de Juizado de Violência Doméstica e Familiar contra a Mulher. Foram revistos os procedimentos dos Centros de Referência já existentes, das Casas-Abrigo e das DEAMS.

Nessa perspectiva, e considerando a fase de aplicação da lei com o novo aparato pretendido pela Convenção de Belém do Pará (1994), foi criado o projeto nacional de observatório para o monitoramento de aplicação da Lei Maria da Penha, pelo NEIM/UFBA, e um consórcio de associadas de núcleos de estudos sobre a mulher das universidades e de ONGs feministas.Entre as ações desse monitoramento, algumas questões foram levantadas avaliando o modo como o corpo jurídico e demais afluentes especializados estão aplicando a criminalização da violência doméstica contra as mulheres.

Neste sentido, há depoimentos de operadores da lei sobre a ainda baixa receptividade do corpo jurídico para manter com presteza os serviços de atendimento às vitimas da violência doméstica. Isto tem causado impacto em muitas situações que deveriam/poderiam ser resolvidas de imediato[32], tais como: processos mantidos em circulação demorada, ausência de sensibilização de recursos humanos para o trato da situação, falta de pessoal técnico com maior prática na operacionalidade procedimental; carência de capacitação de pessoal para atendimento iminente às mulheres vítimas de violência[33].

---

31   Cf. Dr. Arthur Luiz Pádua Marques, A inconstitucionalidade da Lei 'Maria da Penha, 2010, <http://www.r2learning.com.br/_site/artigos/curso_oab_concurso_artigo> . Acessado em 29/06/2010.
32   Cf. caso atual de Eliza Samudio, namorada de Bruno, goleiro do Flamengo.
33   - Item considerado o mais conflituoso.

Diz a Ministra Eleonora Meniccuci (2012: 9-10): "Na prevenção à violência, a Lei nº 11.340/2006 prevê políticas públicas integradas entre os órgãos responsáveis A primeira articulação citada na lei é a integração operacional do Poder Judiciário, do Ministério Público e Defensoria Pública com as áreas de segurança pública, assistência social, saúde, educação, trabalho e habitação".

Presentemente, a Lei Maria da Penha (Lei 11.340/2006) é reconhecida pela ONU como uma das três melhores legislações do mundo no enfrentamento à violência contra as mulheres representando também uma nova ordem na história da impunidade. Por meio dela, há uma constante avaliação, pelos movimentos de mulheres e pelas instituições estatais como a Secretaria de Política para as Mulheres (SEPM), de como andam as pautas tanto do pessoal técnico envolvido nas escutas de vítimas que procuram as DEAMS, quanto na tramitação de processos que muitas vezes permaneciam nas gavetas das varas e juizados esperando a boa vontade dos magistrados, e, com isso, colocando em risco as vidas das mulheres que denunciavam seus agressores. Estas, em situação de violência ganharam direito e proteção; fortalecendo-se sua autoestima e buscando de alguma forma sua própria autonomia.

REFERÊNCIAS

ALVARES, Maria Luzia M. **As mulheres, os espaços "masculino e feminino" e a relação entre os gêneros**. PMB, 1997.

BARSTED, L. "A violência contra as mulheres no Brasil e a Convenção de Belém do Pará, dez anos depois". In: **O progresso das mulheres no Brasil**. Brasília: UNIFEM, 2006.

BRANDÃO, E.R. **Nos corredores de uma delegacia de mulher**: um estudo etnográfico sobre as mulheres e a violência conjugal. Dissertação de mestrado, Instituto de Medicina Social, UERJ, 1996.

DEBERT, Guita. "Conflitos éticos nas delegacias de defesa da mulher". In: DEBERT, G.; GREGORI, M. F.; PISCITELLI, Adriana (Org.). **Gênero e distribuição da Justiça: as delegacias de defesa da mulher e a construção das diferenças.** Unicamp: Campinas, 2006 (Coleção Encontros Pagu).

GROSSI, M. P. "Rimando amor e dor: reflexões sobre a violência no vínculo afetivo-conjugal". In: PEDRO, J.M. e GROSSI, M.P. (orgs). **Masculino, feminino, plural:** o gênero na interdisciplinaridade. Florianópolis: Editora Mulheres, 1998.

LUZ, Madel T. (org.) **O lugar da mulher:** estudos sobre a condição feminina na sociedade atual. Rio de Janeiro: Graal, 1982 (Coleção Tendências, v. 1).

PITANGUY, J. "Mulher: natureza e sociedade". In: LUZ, Madel T. (org.) **O lugar da mulher:** estudos sobre a condição feminina na sociedade atual. Rio de Janeiro: Graal, 1982 (Coleção Tendências, v. 1).

RAGO, L.M. **Gênero e violência:** uma abordagem histórica. Departamento de História/IFCH/UNICAMP, s/d, mimeo.

SAFFIOTI, H. I. B. "Violência de gênero no Brasil contemporâneo". In: SAFFIOTI, H. I. B.; VARGAS, M. M. (org.). **Mulher brasileira é assim.** Rio de Janeiro: Rosa dos Tempos, 1994.

PARTE 4
VIOLÊNCIA SEXUAL

O FORMAÇÃO DO EDUCADOR PARA O ENFRENTAMENTO DA EXPLORAÇÃO SEXUAL DE CRIANÇAS E ADOLESCENTES:
uma reflexão a partir da política nacional de enfrentamento da violência sexual contra crianças e adolescentes

Leonildo Nazareno do Amaral Guedes
Genylton Odilon Rêgo da Rocha

Introdução

As redes de enfrentamento da violência sexual no Brasil, por meio das ações que desenvolvem, tem detectado a necessidade de investir no potencial técnico e científico dos profissionais que atuam nesta área. Nesse sentido, é necessária e urgente a formação permanente dos profissionais das instituições sociais que atendem crianças e adolescentes, capaz de possibilitar a construção de uma prática emancipatória no âmbito das intervenções sociais.

Dessa maneira, além de políticas de enfrentamento à exploração sexual de crianças e adolescentes no âmbito dos eixos "defesa e responsabilização", merece especial atenção a implementação de políticas públicas voltadas para uma cultura de prevenção, objetivando o favorecimento do exercício dos direitos sexuais e reprodutivos de crianças e adolescentes, de forma consciente, responsável e protegida.

Neste contexto, a educação figura como um importante veículo de promoção de direitos humanos, dada a sua capacidade de fornecer informações numa perspectiva didático-pedagógica, de modo a contribuir na formação pessoal, social e humana dos educandos.

Contudo, muitas escolas têm dificuldades para participar do enfrentamento da violência sexual infanto-juvenil na atualidade. Há falta de domínio de conteúdos e metodologias por parte da maioria dos professores em relação ao tratamento da violência sexual com a comunidade escolar (alunos, professores, funcionários e pais); há limitações pessoais de alguns professores para o tratamento do tema sexualidade, ainda considerado um tabu; e também há professores cautelosos ou mesmo resistentes a tal ideia.

Santos (2007) alerta que, se esse tema fosse incluído no currículo escolar para ser ministrado por professores sem capacitação específica, o possível salto de qualidade desejado no enfrentamento da violência sexual contra crianças e adolescentes a partir da escola poderia, em realidade, não acontecer. Vale lembrar que a questão sexual é um campo muito vulnerável a valores e julgamentos morais, os quais poderiam dificultar a abordagem de forma espontânea e segura por parte de muitos professores.

Para Leal&Leal (2005), o processo de formação continuada deve estar fundamentado na implementação dos eixos "análise de situação, mobilização e capacitação", os quais são propostos pelo Plano Nacional de Enfrentamento da Violência Sexual Infanto-Juvenil, e na "necessidade das políticas sociais investirem na construção de uma visão crítica da violência sexual e do contexto social para respaldar práticas sociais e comportamentais emancipatórias" (p. 124).

Por isso, primordialmente deve-se investir na formação de educadores capazes de fomentar discussões e subsidiar espaços de escuta e mediação de ações junto a pais e alunos. Esses profissionais devem ser capacitados para abordar a sexualidade em suas diferentes dimensões.

Os resultados dessa capacitação devem favorecer o protagonismo infanto-juvenil, promovendo a formação de cidadãos capazes de estabelecer relações de respeito com seu próprio corpo e com o de seus semelhantes.

Para Santos (2007), o tema da violência sexual infanto-juvenil deve estar presente em todos os espaços e momentos educativos, inseridos de forma ativa no projeto político-pedagógico da unidade educacional. Com efeito, é preciso encontrar mecanismos que façam o tema ser incorporado pela cultura escolar. Na gênese da construção desses mecanismos está a necessidade de empoderamento dos sujeitos do ambiente escolar através de formação continuada e em serviço, ressignificando a concepção e a própria organização curricular da escola. É justamente sobre a formação do educador para o enfrentamento da exploração sexual que este artigo se debruçará.

As proposições e as ações da Política Nacional de Enfrentamento da Violência Sexual Contra Crianças e Adolescentes voltadas à qualificação do educador

Os documentos elaborados pelo movimento e política nacionais de enfrentamento da violência sexual contra crianças e adolescentes são unânimes em considerar o papel estratégico da formação dos sujeitos sociais envolvidos. Para eles, a formação dos profissionais das diversas instituições sociais que atendem crianças e adolescentes se constitui em condição *sine qua non* para o efetivo enfrentamento das situações de violência sexual no que se refere ao atendimento e defesa de crianças e adolescentes, responsabilização dos agressores, bem como a prevenção dessas situações.

Nesse sentido, interessa-nos especificamente a análise das proposições da política nacional de enfrentamento da violência sexual contra crianças e adolescentes relativas à formação do educador. Para tanto, iniciaremos esse percurso analítico pela legislação nacional concernente à formação do professor, qual seja, Lei nº 9.394/1996 (Lei de Diretrizes e Bases da Educação Nacional), Parecer CNE/CP n.º 009/2001 (Diretrizes Curriculares Nacionais para a Formação de Professores da Educação Básica, em nível superior), e Decreto nº 6.755/2009 (Política Nacional de Formação de Profissionais do Magistério da Educação Básica). Essa análise objetiva evidenciar como as orientações oficiais atuais dão especial relevo a uma formação do professor que se conecte com as necessidades da prática social.

Posteriormente, analisaremos os documentos oficiais voltados ao paradigma da proteção integral da criança e do adolescente, a saber, Plano Nacional de Educação em Direitos Humanos (2007), Resolução nº 112/2006 – CONANDA (Parâmetros para a Formação Continuada dos Operadores do Sistema de Garantia dos Direitos da Criança e do Adolescente) e Projeto Escola que Protege (2004). O intuito desta análise é focalizar os parâmetros estabelecidos para uma formação do professor que privilegie a prevenção e o enfretamento das situações de violência sexual a que possam estar submetidas a infância e a adolescência brasileira.

Em suma, serão aqui discutidas as proposições oficiais, que apontam para uma formação docente comprometida com a qualidade da educação nacional e com a valorização da profissionalização docente. Entrementes, pelos limites das análises da presente pesquisa, não será possível discorrer sobre a efetividade das medidas estabelecidas no plano da legislação.

De acordo com a Lei nº 9.394/1996 (Lei de Diretrizes e Bases da Educação Nacional), a formação de professores (inicial, continuada e em serviço) será promovida pela articulação entre a União, o Distrito Federal, os Estados e os Municípios (Art. 62, § 1º). É responsabilidade, portanto, de todos os entes federados, desde que haja colaboração dos mesmos.

A referida lei especifica que a formação inicial em nível de graduação – licenciatura dará preferência ao ensino presencial (Art. 62, § 3º), e a formação continuada e em serviço poderão utilizar recursos e tecnologias de educação à distância (§ 2º). Explicita que a formação dos profissionais da educação deve atender às especificidades do exercício das atividades docentes e os objetivos das diferentes etapas e modalidades da educação básica (Art. 61), devendo se fundamentar em conhecimentos científicos e sociais acerca das competências do trabalho docente (inciso I), na associação entre teorias e práticas, mediante estágios e capacitação em serviço (inciso II), aproveitando a formação e as experiências anteriores em instituições de ensino (inciso III).

Note-se que a formação proposta atribui grande relevância às experiências dos professores, bem como aos conhecimentos próprios das ciências em interação com o conhecimento sobre o contexto social. Pelo caráter abrangente da LDB, não ficam explícitos maiores detalhamentos sobre a consideração do contexto social nos contextos de formação. Somente as regulamentações posteriores irão precisar os fundamentos da formação docente. Contudo, como é de se esperar, a lei atribui grande peso aos processos formativos dos professores.

Nesse sentido, é interessante notar que a Lei 9394/1996, no Artigo 67, ao se referir à valorização dos profissionais da educação, destaca a necessidade de aperfeiçoamento profissional continuado, com licenciamento periódico remunerado (inciso II), e a importância de um período da carga horária de trabalho reservado a estudos, planejamento e avaliação (inciso V), atividades essas consideradas como inerentes ao âmbito da formação docente permanente, mediante realização coletiva e interativa no contexto escolar.

Em 2001, o Conselho Nacional de Educação estabeleceu as Diretrizes Curriculares Nacionais para a Formação de Professores da Educação Básica em Nível Superior. Temos pela primeira vez na história da educação um documento oficial que define diretrizes curriculares necessárias para a formação de professores no intuito de colaborar com o projeto social de construção da cidadania ativo-crítica[34]. Contudo, a grande legião de docentes da educação básica, com formação a nível médio, na modalidade Normal ou na versão anterior que foi o Magistério em nível de 2º grau, continua excluída da educação superior. Por isso, como forma de atender aos dispositivos legais da LDB que versa sobre a inadiável formação de professores a serem "habilitados em nível superior" (Art. 87, § 4º), apenas em 2009 o governo brasileiro instituiu a Política Nacional de Formação de Profissionais do Magistério da Educação Básica, surgindo dessa política o Plano Nacional de Formação de Professores da Educação Básica (PARFOR).

Para as Diretrizes Curriculares Nacionais para a Formação de Professores da Educação Básica em Nível Superior (BRASIL, 2001), a sociedade contemporânea exige da escola novos compromissos e atribuições. Como principal fator destaca-se o papel do conhecimento, que passa a ser um dos fatores decisivos da produção no mundo do trabalho, possibilitando a criação de novas dinâmicas sociais, econômicas, e também políticas. Essa situação tem exigido da sociedade a necessidade de formação continuada.

> Nesse contexto, reforça-se a concepção de escola voltada para a construção de uma cidadania consciente e ativa, que ofereça aos alunos as bases culturais que lhes permitam identificar e posicionar-se frente às transformações em curso e incorporar-se na vida produtiva e sociopolítica. Reforça-se, também, a concepção de professor como profissional do ensino que tem como principal tarefa cuidar da aprendizagem dos alunos, respeitada a sua diversidade pessoal, social e cultural. Novas tarefas passam a se colocar à escola, não porque seja a única instância responsável pela educação, mas por ser a instituição que desenvolve uma prática educativa planejada e sistemática durante um período contínuo e extenso de tempo na vida das pessoas (BRASIL, 2001, p. 9, grifos nossos).

---

34   Esta concepção não se refere apenas à possibilidade de se ter direitos, mas se fundamenta, sobretudo, na certeza de que o ser humano tem direito de ter direitos, cabendo a ele a luta permanente em prol de sua humanização (PADILHA, 2007, p. 62).

Observando-se o contexto social construído no início do século XXI, bem como as demandas cruciais outorgadas à escola, impõem-se a revisão da formação docente em vigor, tendo em vista aprofundar a compreensão da complexidade do ato educativo em sua relação com a sociedade. Nesse sentido, para se fortalecer ou instaurar processos de mudança no interior das instituições formadoras, respondendo às novas tarefas e aos desafios apontados, não bastam mudanças superficiais.

> **Faz-se necessária uma revisão profunda de aspectos essenciais da formação de professores**, tais como: a organização institucional, **a definição e estruturação dos conteúdos para que respondam às necessidades da atuação do professor**, os processos formativos que envolvem aprendizagem e desenvolvimento das competências do professor, a vinculação entre as escolas de formação e os sistemas de ensino, de modo a assegurar-lhes a indispensável preparação profissional (BRASIL, 2001, p. 10-11, grifos nossos).

Em relação aos desafios elencados pelo documento, destaco a necessidade de re-estruturação dos conteúdos dos cursos de formação de professores, como forma de adequá-los à dinâmica atual que sua atuação exige. Preparar hoje para a cidadania ativa e consciente extrapola os parâmetros de ação de um currículo nos moldes de teorias tradicionais, de caráter intelectualista, privilegiando-se apenas as disciplinas "clássicas" como língua portuguesa, matemática, ciências naturais e etc., como forma de preparar para o mercado de trabalho. Ao contrário, somente os conteúdos e as práticas pedagógicas de um currículo crítico são capazes de responder satisfatoriamente às exigências sociais. Daí a importância de se contemplar no trabalho pedagógico da escola atual os direitos humanos, os direitos das crianças e adolescentes, o combate a todas as formas de discriminação, preconceito e violência.

As mudanças apontadas pelo documento nos remetem a considerar sob novo prisma dois aspectos constantes no Art. 61 da LDB, quais sejam, a relação entre teoria e prática, e o aproveitamento da experiência anterior. O artigo citado ressalta as diretrizes que devem presidir os currículos de formação inicial e continuada de professores, a saber, as aprendizagens significativas remetem sempre ao conhecimento da realidade prática do aluno e de suas experiências. Com efeito, "para construir junto com os seus futuros alunos experiências significativas e ensiná-los a relacionar teoria e prática, é preciso que a formação de professores seja orientada por situações equivalentes de ensino e de aprendizagem" (BRASIL, 2001, p. 14), ou seja, no próprio curso de formação, o ponto de partida deve ser sempre a prática social e a experiência dos futuros professores. Entretanto, não se faz nenhuma menção à necessária aproximação do próprio contexto escolar.

Partir do contexto da prática social na qual os alunos estão imersos implica em conhecer a realidade para além das aparências, tendo em vista uma intervenção eficaz nela. Como afirmamos anteriormente, a ação educativa crítica não redundará na formação de pessoas como se fossem minúsculas bibliotecas ambulantes, mas em cidadãos capazes de entender os condicionantes da realidade social como forma de intervir nela.

Por consequência, o documento em análise finaliza ressaltando a importância dos procedimentos de pesquisa para a análise dos contextos em que se inserem as situações cotidianas da escola, sendo considerada como instrumento de ensino e de aprendizagem. Recomenda também que o futuro professor não esqueça de que uma de suas funções é desenvolver junto a seus futuros alunos uma postura investigativa, somente possível através da pesquisa.

Pautando-se o trabalho pedagógico a partir dos princípios da pesquisa, o curso de formação de professores se constitui fundamentalmente como um espaço de construção coletiva de conhecimento sobre o ensino e a aprendizagem, desde que se leve em conta os contextos reais da escola pública. Somente assim é possível a formação de um professor como produtor de conhecimento pedagógico. "O professor produz conhecimento pedagógico quando investiga, reflete, seleciona, planeja, organiza, integra, avalia, articula experiências, recria e cria formas de intervenção didática junto aos seus alunos para que estes avancem em suas aprendizagens" (BRASIL, 2001, p. 36).

Oito anos após a elaboração das Diretrizes Curriculares Nacionais para a Formação de Professores da Educação Básica em Nível Superior, o governo federal institui a Política Nacional de Formação de Profissionais do Magistério da Educação Básica (2009). A respeito desta Política Nacional, destacamos para análise seus princípios, objetivos e o que estabelece a respeito de formação continuada.

Para a Política Nacional de Formação de Profissionais do Magistério da Educação Básica (BRASIL, 2009), a formação dos profissionais do magistério é um compromisso com um projeto social, político e ético que contribua para a consolidação de uma nação soberana, democrática, justa, inclusiva e que promova a emancipação dos indivíduos e grupos sociais (Art. 2º, inciso II). Nesse princípio, está subjacente a crença de que a atuação docente é depositária das esperanças de construção de uma nação sob os auspícios da ética, da justiça e da inclusão, não de forma determinante, mas decisivamente colaborativa.

Para esta Política Nacional, os profissionais do magistério são concebidos como agentes formativos de cultura (Art. 2º, inciso XII), pilar para a ocorrência do processo educativo na escola. Como tal, devem ser valorizados profissionalmente através de acesso permanente a informações, vivência e atualização culturais, através também de políticas permanentes de estímulo à profissionalização, à jornada única, à progressão na carreira, à formação continuada, à dedicação exclusiva ao magistério, à melhoria das condições de remuneração e à garantia de condições dignas de trabalho (Art. 2º, inciso VIII).

Dentre essas diversas possibilidades de valorização, o documento considera que a formação continuada é o componente essencial da profissionalização docente, sendo essa necessidade atendida através da participação em atividades formativas e cursos de atualização, aperfeiçoamento, especialização, mestrado ou doutorado (Art. 8º, § 2º).

Com efeito, a formação docente, seja ela inicial ou continuada, deve integrar-se ao cotidiano da escola e considerar os diferentes saberes e a experiência docente(Art. 2º, inciso XI). Ao afirmar a necessidade de uma formação docente integrada ao cotidiano da escola e às experiências do aluno, por um lado deixa implícito que nenhum processo pedagógico que se pretenda eficaz jamais poderá desconsiderar a realidade escolar e experiências pessoais dos educandos, sempre únicas e resultado de condicionantes peculiares. Por outro lado, deixa explícito que deve haver interação sistemática entre instituição formadora (de ensino superior) e instituições de educação básica no processo formativo, na medida em que o projeto pedagógico de uma instituição dialoga com o projeto pedagógico de outra. Somente dessa forma é possível a efetivação do princípio que propõe a articulação entre a teoria e a prática no processo de formação docente (Art. 2°, inciso VII).

Dentre os objetivos da Política Nacional de Formação de Profissionais do Magistério da Educação Básica, destacamos três:

> (...)
> VII - ampliar as oportunidades de **formação para o atendimento das políticas de** educação especial, alfabetização e educação de jovens e adultos, educação indígena, educação do campo e de **populações em situação de risco e vulnerabilidade social**;
> VIII - **promover a formação de professores na perspectiva da educação integral, dos direitos humanos, da sustentabilidade ambiental e das relações étnico-raciais, com vistas à construção de ambiente escolar inclusivo e cooperativo;** (...)
> X - promover a integração da educação básica com a formação inicial docente, assim como reforçar a **formação continuada como prática escolar regular que responda às características culturais e sociais regionais** (BRASIL, 2009, Art. 3°, grifos nossos).

Os três objetivos selecionados comprovam, pelo menos no âmbito da legislação, que a formação docente na conjuntura atual não deve se pautar no vácuo social, mas deve estar estritamente conectada com a realidade das comunidades das escolas públicas nos âmbitos social, cultural, ambiental, político e econômico, de modo a implementar necessárias e possíveis transformações. Com efeito, quando as comunidades escolares começarem a tomar consciência de seus problemas, será sinal de que as soluções já existem, cabendo à ação coletiva construí-las e efetivá-las.

Feitas tais considerações analíticas sobre as proposições oficiais a respeito da imprescindibilidade da formação docente, nos damos por satisfeitos ao concluir que essa formação proposta deve estar atrelada à prática social na qual está inserida a escola e não meramente fundada em currículos e programas de caráter disciplinar a-políticos e a-históricos. Podemos agora passar para a análise das proposições e ações oficiais que tratam da formação de professores voltada à defesa da criança e adolescentes brasileiros contra a violência sexual.

O Plano Nacional de Educação em Direitos Humanos (2007) concebe a educação como um meio privilegiado na promoção dos direitos humanos, cabendo priorizar a formação de agentes públicos e sociais para atuar no campo formal e não formal, abrangendo os sistemas de educação, saúde, comunicação e informação, justiça e segurança, mídia, entre outros (BRASIL, 2007c).

Em relação à educação básica, considera que a educação em direitos humanos deve ser um dos seus eixos fundamentais, devendo "permear o currículo, a formação inicial e continuada dos profissionais da educação, o projeto político-pedagógico da escola, os materiais didático-pedagógicos, o modelo de gestão e a avaliação" (BRASIL, 2007c, p. 32).

É oportuno notar que a LDB, no Art. 26, que traça em linhas gerais os parâmetros do currículo nacional, não faz nenhuma referência à educação em direitos humanos. Verificamos assim que entre a lei e o plano nacional há uma distância preocupante. Entretanto, o texto da LDB parcialmente se redime ao incluir, usando um "obrigatoriamente" no Art. 32, § 5º, conteúdo que trate dos direitos das crianças e dos adolescentes (Lei nº 11.525/2007).

O Plano propõe na seção "linhas gerais de ação", no tocante à formação e capacitação de profissionais,

> a) Promover a formação inicial e continuada dos profissionais, especialmente aqueles da área de educação e de educadores(as) sociais em direitos humanos, contemplando as áreas do PNEDH;
> b) oportunizar ações de ensino, pesquisa e extensão com foco na educação em direitos humanos, na formação inicial dos profissionais de educação e de outras áreas;
> c) estabelecer diretrizes curriculares para a formação inicial e continuada de profissionais em educação em direitos humanos, nos vários níveis e modalidades de ensino;
> d) incentivar a interdisciplinaridade e a transdisciplinaridade na educação em direitos humanos;
> e) inserir o tema dos direitos humanos como conteúdo curricular na formação de agentes sociais públicos e privados (BRASIL, 2007c, p. 29).

De modo geral, o Plano propõe a inserção do tema "direitos humanos" nos currículos dos cursos de formação inicial e continuada dos professores, privilegiando as perspectivas de interdisciplinaridade e transdisciplinaridade na mediação pedagógica dos cursos, oportunizando ações de ensino, pesquisa e extensão. De modo específico, o Plano visa assegurar a formação inicial e continuada dos(as) trabalhadores(as) da educação para lidar criticamente com as temáticas relativas a gênero, identidade de gênero, raça e etnia, religião, orientação sexual, pessoas com deficiências, entre outros, bem como todas as formas de discriminação e violações de direitos, tendo em vista promover a inclusão desses temas no currículo escolar das redes de ensino incluindo, dentre outros(as), docentes, não docentes, gestores (as) e membros da comunidade local (BRASIL, 2007c, p. 33 e 40).

O Plano recomenda que, para a efetivação dessa linha de ação, é necessário fomentar a articulação entre as IES, as redes de educação básica e seus órgãos gestores, a saber, secretarias estaduais e municipais de educação e secretarias municipais de cultura e esporte (BRASIL, 2007c, p. 40).

O Conselho Nacional dos Direitos da Criança e do Adolescente, através da Resolução nº 112/2006 estabeleceu os Parâmetros para a formação continuada dos operadores do sistema de garantia dos direitos da criança e do adolescente, tais como conselheiros tutelares e de direito, profissionais de educação, saúde, assistência, comunicação, segurança e justiça. Assim, esses parâmetros se constituem em base e matriz orientadoras dos processos de formação continuada dos diversos atores que compõem o Sistema de Garantia de Direitos nos níveis municipais, distritais, estaduais e nacionais, sublinhando a importância do respeito às diversidades e especificidades culturais e regionais (BRASIL, 2006a). Com efeito, a resolução reafirma o processo de formação como permanente, como oportunidade ininterrupta de conhecer, de rever e ampliar conteúdos, olhares e atitudes (*idem*, p. 15).

De acordo com a Resolução nº 112/2006, a sociedade brasileira avançou na construção da Lei 8069/1990 (Estatuto da Criança e do Adolescente). Entretanto, ainda é um desafio para Estado, família e sociedade a implementação de políticas que garantam a concretização dos direitos enunciados nesta lei.

> Ainda que **políticas para crianças e adolescentes** estejam presentes na agenda política e social dos vários níveis de gestão governamental, **elas ainda são insuficientes para as mais de sessenta e um milhões de pessoas que compõem as infâncias e adolescências brasileiras**, com disparidades nacionais enormes, com crianças e adolescentes vivendo em situações de alta e altíssima vulnerabilidade, expostos pela sociedade de classes a vários tipos de violências decorrentes de posições econômicas precárias, desigualdades regionais, negação de direitos educacionais e de saúde física e mental entre outros, situações agravadas por condições de gênero, raça/etnia, orientação sexual, deficiência, situação geográfica e de moradia (BRASIL, 2006a, p. 6, grifos nossos).

Em relação à atuação dos operadores do sistema de garantia dos direitos da criança e do adolescente, faltam informações e integração das diversas políticas públicas referentes a crianças e adolescentes, inexistem redes horizontais que respondam às necessidades e garantam direitos, há heranças históricas, políticas, administrativas e de mentalidade, e superposições e competições de instâncias do Sistema, há concepções equivocadas de infância e adolescência, sobre cultura de violências, bem como há incompreensões, dificuldades e inadequações quanto a papéis e funções dos atores, redundando em fraca mobilização e articulação.

Nesse contexto, frente à necessidade de concretizar e fortalecer o Sistema de Garantias de Direitos tendo em vista a implementação da Convenção sobre os Direitos da Criança (ratificada pelo Brasil em 1990), foi imperioso a elaboração e implementação de um plano sistemático para formação e conscientização de profissionais que trabalham com e para crianças, bem como é urgente a difusão de informações sobre a Convenção e a realização de campanhas de combate às várias formas de violências (BRASIL, 2006a).

Os Parâmetros definiram os princípios, os objetivos, a metodologia e os conteúdos dos processos de formação continuada dos operadores do sistema de garantia dos direitos da criança e do adolescente. Com relação aos princípios norteadores do processo de formação continuada, o documento registra os seguintes:

> O processo de formação deve estar ancorado à discussão de um projeto de sociedade onde as relações sejam pautadas pela ética, como possibilidade de escolhas e livre realização de todas as pessoas e onde sejam garantidos os direitos das crianças e adolescentes. (...) Deve estar direcionada ao pleno desenvolvimento humano e às potencialidades e elevação da autoestima dos grupos socialmente excluídos, efetivando a cidadania plena na construção de conhecimentos, no desenvolvimento de valores, crenças e atitudes em favor dos direitos humanos, como sugere o Plano Nacional de Educação em Direitos Humanos (BRASIL, 2006a, p. 8).

Além desses dois princípios, as formações devem respeitar e incorporar as realidades, especificidades e diversidades regionais; fortalecer as experiências locais; articular os atores e os conselhos horizontal e verticalmente nas esferas municipal, estadual e federal; conscientizar as áreas da saúde, educação, assistência, justiça e as demais sobre a responsabilidade da família, sociedade e governo para com crianças e adolescentes; incluir as questões geracionais, de gênero, étnico/raciais e de diversidade sexual; ser continuadas, progressivas e em rede; considerar a variedade de metodologias, materiais e tecnologias sociais.

No que tange a seus objetivos, os processos de formação continuada devem promover ampla formação articulada e conjunta, para membros de organizações da sociedade civil e do governo, priorizando os atores do Sistema de Garantias dos Direitos das Crianças e dos Adolescentes na viabilização de um trabalho em rede pautado por relações democráticas, éticas e horizontais; possibilitar a visão crítica da realidade, do contexto político-socioeconômico ao desempenho profissional, a fim de qualificar as intervenções dos atores; consolidar e disseminar o paradigma e a cultura do marco legal, sensibilizando para o interesse da criança e do adolescente, como prioridade absoluta nas políticas públicas, orçamentos e atendimentos, estimulando o controle social e o monitoramento dessas políticas (BRASIL, 2006a, p. 9).

Os processos de formação se fundamentam nas seguintes possibilidades metodológicas:

> • Garantir que a formação seja um processo vivo e impactante, com metodologias criativas, problematizadoras e participativas. Da escolha dos conteúdos e materiais, às dinâmicas de grupos, **considerar as experiências dos atores, criar condições de participação**, vivências democráticas e trabalhos em rede. Construir, transmitir e articular saberes dos vários níveis de atores envolvidos.
> • **Promover formações ora em rede**, pela oportunidade de aprimorar contatos e fluxos, trabalhar relações e integrações horizontais e verticais, **ora em grupos**, moduladas para os vários níveis, do inicial ao contínuo.
> • Oferecer formações continuadas em exercício, disponibilizando tempo e espaço no ambiente de trabalho, para que a prática profissional possa ser ampliada e aprimorada.
> • Assegurar mecanismos de participação e escuta de crianças e adolescentes nas formações, fortalecendo o protagonismo infanto-juvenil (BRASIL, 2006a, p. 9-10, grifos nossos).

Para o envolvimento das escolas, dos serviços de saúde e de assistência e o respectivo fortalecimento das ações, é indispensável a inserção de ética, direitos humanos, o paradigma do marco legal e a legislação de proteção da criança e do adolescente no currículo dos cursos superiores, de educação básica e na formação dos diversos profissionais (BRASIL, 2006a). Desse modo, a Resolução nº 112/2006 do CONANDA propõe os seguintes conteúdos para as formações: recuperação histórica e contexto atual brasileiro; direitos e legislações; o Estatuto da Criança e do Adolescente (que deverá ser o conteúdo básico presente em todas as capacitações); políticas públicas; direitos humanos.

Um conteúdo das formações que merece destaque é o tema "Infâncias e adolescências – cenários e especificidades", apresentando as seguintes abordagens: história social e concepções de infância e adolescência; diagnósticos e avaliações sobre a atual situação das crianças e adolescentes brasileiros, com destaque para as desigualdades de classe social, localização geográfica, raça e gênero; a sexualidade como direito da criança e do adolescente em suas várias dimensões: saúde reprodutiva, orientação e diversidade sexual, proteção e desenvolvimento da sexualidade, DST/AIDS, drogas; violências estrutural, sexual, intrafamiliar, institucional, moral, negligência, trabalho infantil, negação de direitos (BRASIL, 2006a, p. 12-13).

Finalmente, passamos à análise do Projeto Escola que Protege, promovido desde 2004 pelo Ministério da Educação através da Secretaria de Educação Continuada, Alfabetização e Diversidade (MEC/SECAD), com um raio de ação nacional, evidenciando a preocupação governamental com relação a todas as formas de violência que tem afligido a infância e a adolescência no Brasil. É necessário registrar como ponto importante da presente discussão que, em suma, é um projeto que privilegia a formação do professor, tendo em vista seu protagonismo na defesa de crianças e adolescentes, com realce para as atividades concernentes à prevenção, através da formação possibilitada aos discentes.

Dessa maneira, o Projeto Escola que protege/pretende qualificar profissionais de educação por meio de formação nas modalidades à distância e presencial, para uma atuação adequada, eficaz e responsável, no âmbito escolar, diante das situações de evidências ou constatações de violências sofridas pelos educandos. Com efeito, objetiva prevenir e romper o ciclo da violência contra crianças e adolescentes no Brasil.

> A formação na temática da violência física, psicológica, negligência, abandono, abuso sexual, exploração do trabalho infantil, exploração sexual comercial e tráfico para esses fins, em uma perspectiva preventiva, faz-se imprescindível mediante a necessidade de oportunizar à comunidade escolar a sensibilização e compreensão sobre o prejuízo dessas diversas formas de violência para o desenvolvimento integral de crianças e adolescentes, bem como assegurar adequado encaminhamento e fluxo, no que concerne à Educação, de modo a garantir sigilo da identidade do educador e da escola e preservar a privacidade da vítima (BRASIL, 2005, p. 6).

Portanto, seu objetivo geral é promover em uma perspectiva preventiva, no âmbito escolar, a defesa dos direitos de crianças e adolescentes em situações de violência, por intermédio da formação de profissionais de educação para a identificação de evidências de situações de violência (física, psicológica, sexual, negligência, abandono, exploração do trabalho infantil) e construção de uma prática pedagógica orientada pelos direitos humanos.

As principais linhas de ação do projeto abrangem a formação do professor, a inclusão de temas como promoção e defesa dos direitos de crianças e adolescentes, e prevenção e enfrentamento de violências no currículo escolar, bem como a integração e articulação dos sistemas de ensino à Rede de Proteção Integral dos Direitos de Crianças e Adolescentes.

As formações visam a capacitar os profissionais para uma atuação qualificada em situações de violência identificadas ou vivenciadas no ambiente escolar. Por sua vez, a articulação da escola com a rede de proteção visa definir um fluxo de notificação e encaminhamento das situações de violência.

Infelizmente, o projeto não consegue abarcar todas as escolas do Brasil, nem mesmo abranger as escolas das regiões em que há maior vulnerabilidade das populações infantis e juvenis. Nesse sentido, para que as escolas de um município sejam contempladas, os municípios precisam se enquadrar em um perfil peculiar com critérios específicos: o tema da promoção e a defesa dos direitos de crianças e adolescentes e enfrentamento e prevenção das violências deve estar incluído no seu Programa de Ações Articuladas (PAR); apresentem baixo Índice de Desenvolvimento da Educação Básica (IDEB), fazem parte da Matriz Intersetorial de Enfrentamento da Exploração Sexual de Crianças e Adolescentes; participam do Programa Mais Educação, do Programa de Ações Integradas e Referenciais de Enfrentamento à Violência Sexual Infanto-Juvenil no Território Brasileiro (PAIR) e Programa Nacional de Segurança Pública com Cidadania (PRONASCI).

Além de o município ter uma dessas características, para que chegue à escola, ainda necessitar-se-á da mediação de uma Instituição de Ensino Superior (IES) que atuará como formadora. Considerando que o Projeto Escola que Protege tem um orçamento reduzido, como são os orçamentos voltados à qualificação do educador no Brasil, os projetos de formação apresentados pelas IES ainda precisarão passar pela peneira da seleção, tendo em vista o financiamento dos projetos que efetivamente tenham um perfil que possa garantir a efetividade da formação na prevenção e combate das diversas formas de violência no contexto escolar. Somente a partir desse processo o MEC se prontificará em financiar alguns projetos.

Com efeito, o projeto tem chegado apenas a algumas escolas brasileiras. Porém, a filosofia do projeto afirma que é preciso proteger as crianças brasileiras, que é preciso formar os professores para efetivar essa proteção, e por outro lado declaram que não é possível atender a todos os professores, senão apenas uma amostra irrisória destes. Que incoerência!

Destacamos a seguir alguns critérios para seleção de projetos formativos que fazem alusão a um perfil de educador, que a atuação para a prevenção exige e que a formação proposta deverá propiciar:

> As atividades deverão visar abordagens abrangentes e transversais. Deverão ensejar trocas de experiências, reflexões e realização de atividades acerca das temáticas relativas aos direitos humanos, à violência contra crianças e adolescentes, com a perspectiva de gênero e de raça ou etnia, devendo levar em consideração: (...)
> i) reflexão acerca do currículo e práticas escolares e de seus significados em termos do estudo do desenvolvimento cognitivo, psíquico e social de crianças e adolescentes, com ênfase no tema da violência;
> j) reflexão sobre a importância do projeto político pedagógico da escola e do material didático e paradidático na abordagem sobre a violência contra crianças e adolescentes;
> k) participação da comunidade escolar, em especial dos(as) educandos(as), no enfrentamento da violência na escola;
> l) reflexão acerca das interfaces entre a violência doméstica contra mulheres e a violência contra crianças e adolescentes (BRASIL, 2007, p. 6).

Os cursos propostos devem prever a qualificação de profissionais da educação e das áreas envolvidas na Rede de Proteção, e demais participantes da comunidade escolar em cursos de formação continuada sobre a temática da violência e da proteção aos direitos humanos de crianças e adolescentes.

Os profissionais a serem formados devem ser capazes de aprimorar o Projeto Político-Pedagógico, incluindo ações e temas voltados para a disseminação dos valores éticos de irrestrito respeito à dignidade da pessoa humana com a perspectiva de gênero e de raça ou etnia; incluir nos currículos escolares de todos os níveis de ensino, conteúdos relativos aos direitos humanos, à equidade de gênero e de raça ou etnia e ao problema da violência contra crianças e adolescentes e a violência doméstica; assegurar a participação da comunidade escolar, em especial dos Conselhos Escolares e dos(as) educandos(as), no enfrentamento da violência na escola, por meio do envolvimento de comitês juvenis ou agremiações já existentes ou do incentivo à sua organização; identificar e encaminhar para as Redes os casos de violência contra crianças e adolescentes (BRASIL, 2007, p. 6-7).

Ao final dos cursos, os profissionais formados deverão construir e implementar em suas escolas projetos de intervenção educacional, focalizando o enfrentamento de violências contra crianças e adolescentes.

Conclusão

As políticas de enfrentamento da violência sexual contra crianças e adolescentes tem delegado um papel estratégico para a instituição escolar na perspectiva da prevenção e da notificação de casos ou suspeitas de caso de violência sexual.

Através de análises acerca da formação dos professores, os elaboradores das políticas para proteção de crianças e adolescentes perceberam a falta de qualificação do educador para a realização do trabalho necessário à defesa da criança e do adolescente. O próprio objetivo de defesa da infância e da adolescência é recente no plano legal brasileiro, tendo início em 1990 com a promulgação do Estatuto da Criança e do Adolescente.

Por conseguinte, as políticas de enfrentamento da violência sexual contra crianças e adolescentes tem demandado a realização de cursos para os professores nessa área, e até a própria inserção da temática dos direitos da criança e do adolescente nos currículos das instituições formadoras de ensino superior.

Enfim, os ensaios de defesa e proteção de crianças e adolescentes estão acontecendo. A escola começa a participar do movimento da realidade como forma de alterar seus rumos. Mas quem sofre na pele as violências tem pressa. Que a escola urbana e rural possam encampar a luta de forma mais pedagógica e ferrenha. Se nós, educadores/as, não fizermos isso por nossas crianças, estaremos negando nosso mister de educador/a, estaremos nos anulando, alienando-nos e deixando alienar, porque o que adianta trabalhar com o conhecimento e não fazer dele pela motriz de transformação da realidade.

REFERÊNCIAS

BRASIL. **Constituição da República Federativa do Brasil de 1988**. Presidência da República, Casa Civil, 1988. Disponível em <http://www.planalto.gov.br/ccivil_03/constituicao/Constituicao Compilado.htm> Acesso em 20 abr. 2011.

_____. **Lei nº 8.069, de 13 de julho de 1990**. Estatuto da Criança e do Adolescente. Presidência da República, Casa Civil, 1990. Disponível em <http://www.planalto.gov.br/ccivil_03/Leis/L8069 Compilado.htm> Acesso em 20 abr. 2011.

_____. **Lei Nº 9.394/1996**. Estabelece as diretrizes e bases da educação Nacional. 1996. Disponível em <http://www.planalto.gov.br/ccivil_03/Leis/L9394.htm> Acesso em 20 abr. 2011.

_____. MINISTÉRIO DA EDUCAÇÃO. SECRETARIA DE EDUCAÇÃO FUNDAMENTAL. **Parâmetros Curriculares Nacionais: pluralidade cultural, orientação sexual – primeiro e segundo ciclos.** Brasília: MEC/SEF, 1997a.

_____. MINISTÉRIO DA EDUCAÇÃO. SECRETARIA DE EDUCAÇÃO FUNDAMENTAL. **Parâmetros Curriculares Nacionais: pluralidade cultural, orientação sexual – terceiro e quarto ciclos.** Brasília: MEC/SEF, 1997b.

_____. CONSELHO NACIONAL DE EDUCAÇÃO. CÂMARA DE EDUCAÇÃO BÁSICA. **Resolução CNE/CEB Nº 2, de 7 de abril de 1998.** Institui as Diretrizes Curriculares Nacionais para o Ensino Fundamental. 1998.

_____. MINISTÉRIO DA EDUCAÇÃO. CONSELHO NACIONAL DE EDUCAÇÃO. **Parecer CNE/CP n.º 009/2001.** Diretrizes Curriculares Nacionais para a Formação de Professores da Educação Básica, em nível superior, curso de licenciatura, de graduação plena. Brasília, DF: MEC/CNE, 2001.

_____.**Plano Nacional de Enfrentamento da Violência Sexual Infanto-Juvenil**. Ministério da Justiça. Secretaria de Estado dos Direitos Humanos. Departamento da Criança e do Adolescente. 3. ed. SEDH/DCA, 2002.

BRASIL. CONGRESSO NACIONAL. **Relatório Final da Comissão Parlamentar Mista de Inquérito.** Criada por meio do Requerimento nº 02, de 2003-CN, "com a finalidade investigar as situações de violência e redes de exploração sexual de crianças e adolescentes no Brasil". Brasília, Julho de 2004.

_____. MINISTÉRIO DA EDUCAÇÃO. SECRETARIA DE EDUCAÇÃO CONTINUADA, ALFABETIZAÇÃO E DIVERSIDADE. DEPARTAMENTO DE EDUCAÇÃO PARA DIVERSIDADE E CIDADANIA. COORDENAÇÃO-GERAL DE AÇÕES COMPLEMENTARES. **Sumário Executivo: Escola Que Protege**. Brasília, DF: MEC/SECAD, 2005.

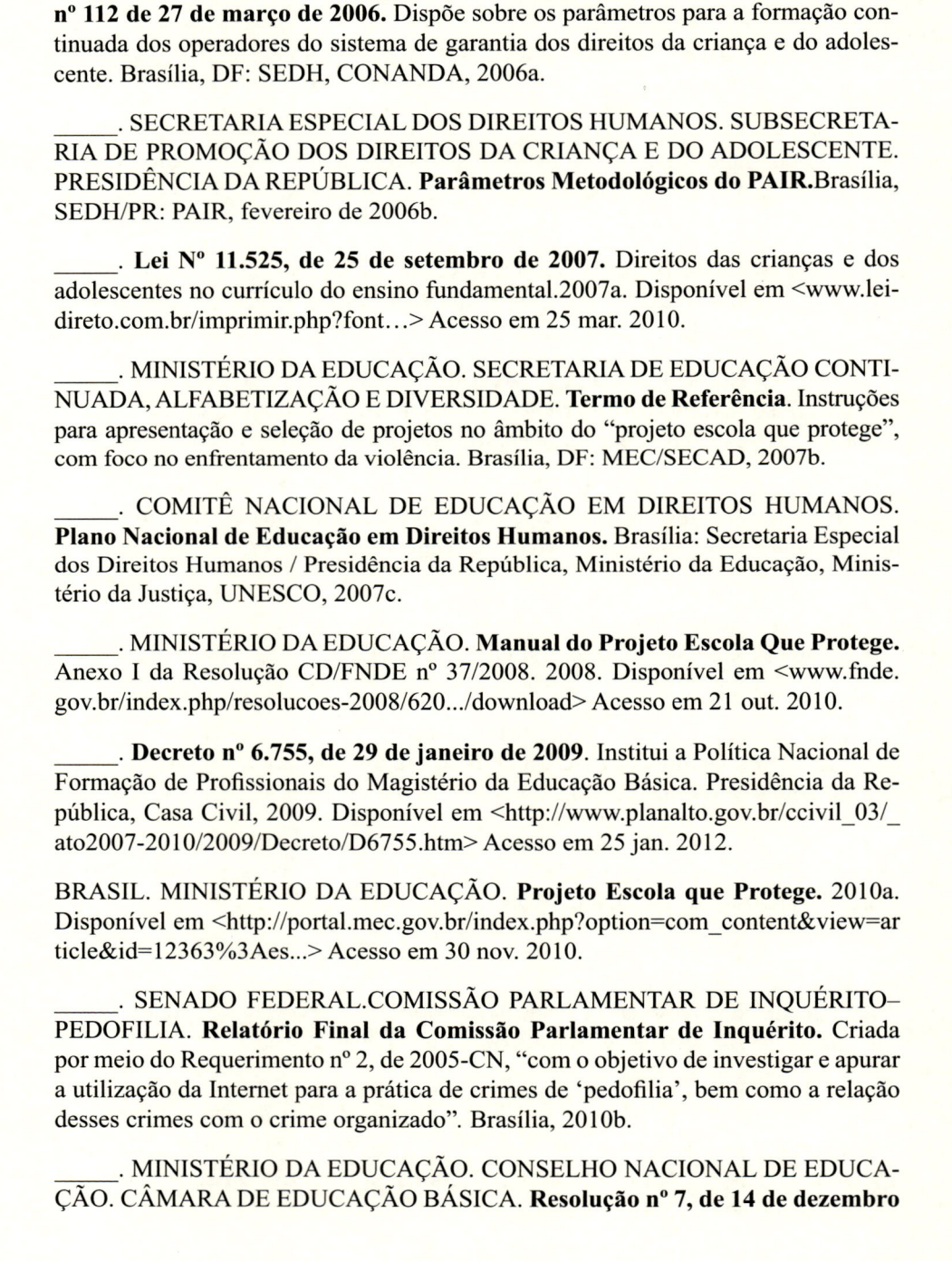

_____. SECRETARIA ESPECIAL DOS DIREITOS HUMANOS. CONSELHO NACIONAL DOS DIREITOS DA CRIANÇA E DO ADOLESCENTE. **Resolução nº 112 de 27 de março de 2006**. Dispõe sobre os parâmetros para a formação continuada dos operadores do sistema de garantia dos direitos da criança e do adolescente. Brasília, DF: SEDH, CONANDA, 2006a.

_____. SECRETARIA ESPECIAL DOS DIREITOS HUMANOS. SUBSECRETARIA DE PROMOÇÃO DOS DIREITOS DA CRIANÇA E DO ADOLESCENTE. PRESIDÊNCIA DA REPÚBLICA. **Parâmetros Metodológicos do PAIR.**Brasília, SEDH/PR: PAIR, fevereiro de 2006b.

_____. **Lei Nº 11.525, de 25 de setembro de 2007.** Direitos das crianças e dos adolescentes no currículo do ensino fundamental.2007a. Disponível em <www.leidireto.com.br/imprimir.php?font…> Acesso em 25 mar. 2010.

_____. MINISTÉRIO DA EDUCAÇÃO. SECRETARIA DE EDUCAÇÃO CONTINUADA, ALFABETIZAÇÃO E DIVERSIDADE. **Termo de Referência**. Instruções para apresentação e seleção de projetos no âmbito do "projeto escola que protege", com foco no enfrentamento da violência. Brasília, DF: MEC/SECAD, 2007b.

_____. COMITÊ NACIONAL DE EDUCAÇÃO EM DIREITOS HUMANOS. **Plano Nacional de Educação em Direitos Humanos.** Brasília: Secretaria Especial dos Direitos Humanos / Presidência da República, Ministério da Educação, Ministério da Justiça, UNESCO, 2007c.

_____. MINISTÉRIO DA EDUCAÇÃO. **Manual do Projeto Escola Que Protege.** Anexo I da Resolução CD/FNDE nº 37/2008. 2008. Disponível em <www.fnde.gov.br/index.php/resolucoes-2008/620.../download> Acesso em 21 out. 2010.

_____. **Decreto nº 6.755, de 29 de janeiro de 2009**. Institui a Política Nacional de Formação de Profissionais do Magistério da Educação Básica. Presidência da República, Casa Civil, 2009. Disponível em <http://www.planalto.gov.br/ccivil_03/_ato2007-2010/2009/Decreto/D6755.htm> Acesso em 25 jan. 2012.

BRASIL. MINISTÉRIO DA EDUCAÇÃO. **Projeto Escola que Protege.** 2010a. Disponível em <http://portal.mec.gov.br/index.php?option=com_content&view=article&id=12363%3Aes...> Acesso em 30 nov. 2010.

_____. SENADO FEDERAL.COMISSÃO PARLAMENTAR DE INQUÉRITO–PEDOFILIA. **Relatório Final da Comissão Parlamentar de Inquérito.** Criada por meio do Requerimento nº 2, de 2005-CN, "com o objetivo de investigar e apurar a utilização da Internet para a prática de crimes de 'pedofilia', bem como a relação desses crimes com o crime organizado". Brasília, 2010b.

_____. MINISTÉRIO DA EDUCAÇÃO. CONSELHO NACIONAL DE EDUCAÇÃO. CÂMARA DE EDUCAÇÃO BÁSICA. **Resolução nº 7, de 14 de dezembro** de 2010. Fixa Diretrizes Curriculares Nacionais para o Ensino Fundamental de 9 (nove) anos. Diário Oficial da União, Seção 1, p. 34, Brasília, 15 de dezembro de 2010c.

_____.**Decreto nº 7.083, de 27 de janeiro de 2010.** Programa Mais Educação. 2010d. Disponível em <http://www.planalto.gov.br/ccivil_03/_ato2007-2010/2010/decreto/d7083.htm> Acesso em 30 ago. 2011.

COSTA, Maria Conceição Oliveira *et al*. **Avaliação do Programa Nacional de Ações Integradas e Referenciais (PAIR) para o enfrentamento da violência sexual contra crianças e adolescentes, em Feira de Santana, Bahia.** Ciência & Saúde Coletiva, vol. 15, nº 2, Rio de Janeiro, mar. 2010. Disponível <http://www.scielo.br/scielo.php?script=sci_arttext&pid=S1413-81232010000200033&lng...> Acesso em 13 set. 2010.

FALEIROS, Vicente de Paula & FALEIROS, Eva Teresinha Silveira. **Escola que Protege: Enfrentando a violência contra crianças e adolescentes.** Brasília: Ministério da Educação, Secretaria de Educação Continuada, Alfabetização e Diversidade, 2007.

LEAL, Maria Lúcia Pinto & LEAL, Maria de Fátima Pinto. **Matriz intersetorial de enfrentamento da exploração sexual comercial de crianças e adolescentes. Relatório Final. Tomo I.** Brasília, UNICEF, SEDH, VIOLES, dez. 2004.

LEAL, Maria Lúcia Pinto & LEAL, Maria de Fátima Pinto. **Estudo analítico do enfrentamento da exploração sexual comercial de crianças e adolescentes no Brasil – ESCCA (Período 1996-2004).** Brasília: VIOLES/SER/UnB, Save the Children Suecia, 2005.

SANTOS, Benedito R. dos; NEUMANN, Marcelo; IPPOLITO, Rita. **Guia escolar: métodos para identificação de sinais de abuso e exploração sexual de crianças e adolescentes.** Brasília: Secretaria Especial de Direitos Humanos: Ministério da Educação, 2004.

SANTOS, Benedito Rodrigues dos. **O enfrentamento da exploração sexual infanto-juvenil: uma análise de situação.** Goiânia: Cânone Editorial, 2007.

SANTOS, Benedito Rodrigues dos & IPPOLITO, Rita. **Guia de referência : construindo uma cultura de prevenção à violência sexual.** São Paulo: Childhood - Instituto WCF-Brasil: Prefeitura da Cidade de São Paulo, Secretaria de Educação, 2009.

ASPECTOS CULTURAIS E ESTRUTURAIS ASSOCIADOS À REVELAÇÃO DA VIOLÊNCIA SEXUAL DE CRIANÇAS E ADOLESCENTES:
reflexão sobre o contexto amazônico[1]

Pedro Augusto Dias Baía[35]
Celina Maria Colino Magalhães[36]
Silvia Canaan-Stein[37]

1. INTRODUÇÃO

A violência sexual perpetrada contra crianças e adolescente é conceituada como o contato ou a interação sexual entre uma criança/adolescente e alguém em estágio psicossexual mais avançado de desenvolvimento, sendo que a vítima é usada para estimulação sexual do perpetrador. Estas interações sexuais são impostas às vítimas através da violência física, ameaças ou indução da vontade, incluindo um amplo espectro de comportamentos, com ou sem contatos físicos (WHO, 1999, 2006). O Estatuto da Criança e do Adolescente (ECA) (1990), em seu Art. 5º, preconiza claramente: *"Nenhuma criança ou adolescente será objeto de qualquer tipo de negligência, discriminação, exploração, violência, crueldade e opressão, punido na forma da lei qualquer atentado, por ação ou omissão, aos direitos fundamentais"*.

A incidência elevada deste fenômeno em diversas culturas, somado às consequências físicas e psicológicas levaram à Organização Mundial de Saúde (OMS) a considerar a violência sexual um problema de saúde pública. A inexistência ou inconclusividade de evidências físicas que fundamentem o abuso, além da existência de múltiplos indicadores comportamentais e emocionais identificados nas vítimas, tem repercussão direta na identificação dos casos, denúncia, responsabilização do agressor e intervenção (Lyon ;; Ahern, 2010; Paine ;; Hansen, 2002; Rieser, 1991).

Assim, a revelação da violência pela própria vítima se configura, em muitos casos, como uma evidência primordial para promover a prevenção primária, ao impedir que outras crianças/adolescentes sejam futuramente abusadas pelo mesmo agressor. E também possibilita a prevenção secundária, ao cessar o abuso, e garantir o suporte terapêutico às vítimas (McElvaney, 2008).

---

35 Psicólogo - Analista Judiciário (Tribunal de Justiça do Estado do Pará), Mestre em Teoria e Pesquisa do Comportamento (Universidade Federal do Pará).
36 Professora Associada IV na Universidade Federal do Pará (UFPA) e docente no Programa de Pós-Graduação em Teoria e Pesquisa do Comportamento. Bolsista de Produtividade do CNPq (D1).
37 Psicóloga, Doutora em Psicologia pela Universidade de Brasília (UnB), Docente da Faculdade de Psicologia do Instituto de Filosofia e Ciências Humanas da Universidade Federal do Pará. Coordenadora do Programa de Atenção Interdisciplinar à Dependência Afetiva e à Violência Baseada no Gênero (PRODAVIG). Belém (PA) Brasil. Membro do Núcleo de Estudos Interdisciplinar da Volência na Amazônia (NEIVA) e do Grupo de Estudos sobre Mulher e Relações de Gênero Eneida de Moraes (GEPEM). E-mail: silviacanaan@gmail.com.

Entretanto, a maioria dos indivíduos com histórico de abuso sexual demora a revelar por períodos longos de tempo, e alguns não revelam. Collings, Griffiths e Kumalo (2005) afirmam que a revelação do abuso sexual se apresenta mais como uma exceção do que como uma regra, estimando-se que as taxas de não revelação variam de 33% a 92% para garotas e de 42% a 100% para garotos. Enquanto este ciclo de silêncio e violência não é interrompido, as vítimas que vivenciam o abuso por extensos períodos de tempo acabam apresentando maiores riscos de desenvolver consequências negativas a curto, médio e longo prazo (Kendall-Tackett, Williams; Finkelhor, 1993)

Neste sentido, mais precisamente desde a década de oitenta, tem aumentado o número de publicações sobre o fenômeno da revelação do abuso sexual e a influência de fatores de ordem individual [idade e sexo dos(as) agressores(as) e vítimas], relacional [relação entre as vítimas e os(as) agressores(a)] e psicológica (medo das consequências negativas, autorresponsabilização) sobre este fenômeno, os quais podem funcionar como barreiras ao mesmo (Paine ; Hansen, 2002; Goodman-Brown, Edelstein, Goodman, ; Gordon, 2003; Hershkowitz, Horowitz, ; Lamb, 2005; Hershkowitz, Lanes, ; Lamb, 2007; Sepúlveda, 2010; Baía, Veloso, Magalhães, ; Dell'Aglio, 2013). Um pouco mais recentemente, eclodiu também no cenário científico o interesse de alguns pesquisadores (Boakye, 2009; Fontes, 1993; Fontes ; Plummer, 2010; Kenny ; McEachern, 2000, por exemplo) em torno dos aspectos culturais e estruturais subjacentes à revelação da violência sexual, sendo este, portanto, o tema específico que será abordado neste capítulo.

1.1. ASPECTOS CULTURAIS ASSOCIADOS À REVELAÇÃO DO ABUSO SEXUAL

De acordo com Fontes e Plummer (2010), as normas culturais afetam a possibilidade de que a violência sexual seja descoberta por um adulto ou revelado pela própria vítima, assim também como afetam a maneira pela qual o meio familiar das vítimas denunciará este tipo de violência para as autoridades.

A consideração de tais fatores é de suma importância, tanto no aspecto científico, quanto da prevenção e entendimento do fenômeno, uma vez que a vítima, o agressor, os familiares e as instituições ligadas à garantia dos direitos das crianças e adolescentes, estão inseridas dentro de um contexto com características próprias. Da mesma forma, o cenário amazônico possui aspectos culturais e estruturais que necessitam ser considerados. Destacam-se a imensidão geográfica do território amazônico, com populações que se situam em regiões distantes dos órgãos de denúncia e atenção psicossocial à violência sexual; a presença marcante do folclore, com diversas lendas; e a realidade sócio econômica diversificada.

1.1.1. A vergonha

Em uma pesquisa realizada no ano de 2013 em um município paraense (Baía, Veloso; Magalhães, 2015), por meio das entrevistas semi estruturadas realizadas com dez mães de meninas vítimas de violência sexual, observou-se a queixa associada ao sentimento de vergonha em torno da descoberta do abuso sexual de suas filhas. Tais dados se coadunam às observações de Fontes e Plummer (2010) pois, segundo estas autoras, muitos aspectos do abuso sexual (envolvimento das autoridades, o assunto em si, a percepção da vizinhança e amigos, *tabus* religiosos em torno do sexo) podem contribuir para o sentimento de vergonha existente nas cuidadoras e na própria vítima. Fontes (2007) apontou também que em muitos casos, os agressores obtêm vantagens dos sentimentos de vergonha experimentados pelas crianças, coagindo-as ao silêncio.

O conceito de vergonha pode ser entendido a partir de duas dimensões principais: a) para proteger o *interesse da criança* e b) para proteger ou preservar o *melhor interesse da família*. A primeira dimensão é quase sempre reforçada pelos valores, leis ou tradições da coletividade, baseando-se nos efeitos imediatos ou a longo prazo do abuso sobre a criança; estas situações também poderão se estender para os casos de gravidez na adolescência ou aborto. A segunda dimensão ocorre principalmente em contextos de abuso intrafamiliar; nestes contextos, costuma haver tentativas de se evitar o sentimento de vergonha e a possível estigmatização que poderá surgir após a descoberta do abuso sexual, não apenas para o agressor, mas para todo o sistema familiar (Boakye, 2009).

Boakye (2009) denomina esta segunda dimensão como o "problema da vergonha coletiva" (*collective shame problem*-CSP). Define-a como uma tendência apresentada por indivíduos de um grupo particular (família, clã ou linhagem) para se sentirem ou expressarem um forte sentimento de embaraço após uma atitude ou comportamento indesejado emitido por um membro do grupo. Tais atitudes ou comportamentos são considerados pelos indivíduos com potencial para ferir ou ameaçar a reputação do grupo como um todo.

A sensação de vergonha coletiva vivenciada por um membro familiar poderá variar dependendo dos seguintes aspectos: a) o que constitui uma família em uma sociedade específica; 2) a importância que os membros atribuem à família, e 3) os valores compartilhados na sociedade. Assim, Boakye (2009) propõe que em um ambiente cultural aonde o senso de identidade e honra do indivíduo são fortemente ligadas à família, a tendência para apresentar uma proteção indiscriminada aos interesses coletivos será maior, em detrimento ao interesse individual (vítimas de abuso sexual intrafamiliar, por exemplo). Com isto, Boakye (2009) argumenta que a revelação do abuso sexual e a posterior denúncia aos órgãos competentes poderão ser mais difíceis nas sociedades com características coletivistas do que naquelas predominantemente individualistas (Boakye, 2009).

No trabalho desenvolvido por López (2009), a autora cita Vasquez (1998), o qual afirma que a família é descrita por grupos latinos como a instituição mais importante, independente das diferenças de aculturação, status, ou variáveis socioeconômicas. Neste sentido, a família é considerada um valor cultural que enfatiza a interdependência em detrimento da independência, afiliação em detrimento da confrontação, e a cooperação em detrimento da competição (Comas-Diaz, 1995, citado em López, 2009). Nestes cenários, também há uma tendência para estender o parentesco para além do núcleo familiar, e assim compartilhar funções familiares (suporte emocional, assistência financeira, resolução de problemas, e criação dos filhos) com outros membros estendidos (Comas-Diaz, 1995). As implicações negativas desta postura sobre a violência sexual dizem respeito ao fato de que, nestes contextos, as necessidades individuais tornam-se subordinadas as necessidades da unidade familiar. Por exemplo, o(a) agressor(a) poderá se utilizar de ameaças tais como dizer para as vítimas que a revelação poderá prejudicar o bem-estar familiar (López, 2009).

A literatura internacional e nacional evidencia que em sua grande maioria, a violência sexual é perpetrada por um membro familiar, podendo ser este o(a) genitor(a), padrasto (madrasta), tio(a), avô(avó), irmão(ã). E como indivíduo receptor principal da revelação, situa-se a genitora destas vítimas. Assim, verifica-se que a triangulação vítima-agressor-receptor da revelação se insere em um contexto familiar, o que pode ter implicações graves para o processo de notificação e denúncia da violência sexual.

1.1.2. Patriarcado e papéis de gênero

Da mesma maneira, o conceito de Patriarcado e sua relação com os papéis de gênero têm sido tratado na literatura sobre a revelação da violência sexual. De acordo com Boakye (2009), por exemplo, a proposição central dentro das teorias feministas é a de que o sistema patriarcal de gênero é o elemento fundamental da dominação sexual das mulheres, estimulando formas de violência sexual contra estas. No bojo deste sistema, estão as falsas crenças, concepções inadequadas ou ideologias sobre o abuso sexual, e que podem influenciar negativamente a revelação. Este autor explica ainda que algumas destas falsas crenças têm sido observadas em muitas culturas, destacando-se as seguintes: (1) homens são vistos como naturalmente incapazes de controlar seus desejos sexuais; (2) o (a) agressor(a) sexual pode estar sofrendo de alguma alteração mental ou sexual.

No trabalho de Comas-Diaz (1995, citado em Kenny; McEachern, 2000), a autora discute os valores culturais de famílias de Porto Rico, e de que maneira isto tem um impacto sobre as experiências de abuso sexual. No que diz respeito ao papel do comportamento sexual de acordo com o gênero das vítimas, a autora observou que os homens são vistos como autoritários, bravos, e em busca de conquistas sexuais, enquanto das mulheres é esperado a manutenção da virgindade até o casamento. Como consequência, as mulheres que são abusadas sexualmente sofrem os efeitos da revitimização, em decorrência da experiência sexual fora do casamento. Da mesma maneira, as mães das vítimas são percebidas como sendo responsáveis pelo ocorrido, e com isto, acabam vivenciando a vergonha. A autora considera ainda que as estratégias utilizadas como enfrentamento à situação de abuso sexual nestes contextos podem variar, incluindo as seguintes possibilidades: *não pensar sobre isto* (evitação e escapismo), *acreditar que isto é um fardo a ser carregado* (auto sacrifício), ou *fatalismo cultural* (a crença de que algumas coisas estão destinadas a acontecer, independentemente do que se faça).

O possível impacto destas crenças sobre as atitudes e comportamentos das pessoas pode ser testemunhado em três níveis principais: negação, banalização, e/ou extrema condenação, quer da vítima ou do(a) agressor(a). No caso de abuso sexual infantil, a negação pode ser refletida em comentários como "isso nunca vai acontecer na minha comunidade ou família", por exemplo; ou banalização, como "com o tempo a criança vai naturalmente superar os efeitos de tais abusos", por exemplo; ou em situações em que os indivíduos são confrontados com fortes evidências que desafia as crenças anteriores, a comunidade pode ser mais inclinada a atribuir o problema às características disposicionais, quer do agressor ou da vítima, em vez de vê-lo como um amplo e profundo problema social (Kenny; McEachern, 2000).

Em pesquisas internacionais (Stoltenborgh et al., 2011) e nacionais (Habigzang, et al., 2005; Pelisoli et al., 2010, Baía, Veloso, Magalhães; Dell'Aglio, 2013), verificou-se uma prevalência de vítimas do sexo feminino. É importante explicitar que estes dados referem-se aos casos registrados ou denunciados. Há, em contrapartida, uma grande soma de casos que não são encaminhados aos serviços especializados. E como tal, não aparecem nos estudos de prevalência ou incidência do abuso sexual.

Alaggia e Millington (2008) explicam que é raro encontrar estudos fazendo referências ao abuso sexual de meninos. Na literatura, os profissionais e clínicos que trabalham com esta demanda tem caracterizado este fenômeno como sendo exclusivamente associado às vítimas femininas e agressores masculinos. De acordo com estes autores, os meninos e homens têm dificuldade em revelar o abuso sexual ou buscar tratamento para isto quando a violência ocorre, porque as regras de gênero definidas socialmente estabelecem que os homens devem ser fortes, duros, e não precisam de proteção. Estes autores sugerem também que a fraqueza masculina é associada aos traços femininos, o que é desvalorizado em uma cultura sexista.

1.1.3. Aspectos estruturais associados à revelação da violência sexual

Fatores estruturais tais como a discriminação, migração e a pobreza são apontados na literatura como barreiras à revelação do abuso sexual (Fontes, 1993). As vítimas que são marginalizadas em decorrência da discriminação associada à raça, etnia ou pobreza, poderão sentir-se menos empoderadas a revelar o abuso sexual (Alaggia, 2005).

De fato, a pobreza é um fator de risco para muitos problemas sociais, dentre os quais destacam-se a violência sexual (Derezotes; Snowden, 1990, citado em Kenny; McEachern, 2000). De acordo com Fontes (1993), as crianças que estão inseridas em uma situação socioeconômica desfavorável serão mais suscetíveis às ofertas de comida, doces, ou brinquedos realizadas pelos agressores. Desta maneira, a vulnerabilidade econômica destas crianças poderá ser usada pelos agressores(as) para uma aproximação e também como forma de manter o abuso em segredo.

Além disso, a questão da migração parece ser um fator que influencia a revelação e denúncia da violência sexual. O efeito desta variável sobre a revelação do abuso foi observada em pesquisas realizadas durante os anos de 2010 e 2013 (Baía, 2013; Baía, Veloso, Magalhães; Dell'Aglio, 2013; Baía, Veloso; Magalhães, 2015). Os resultados destas pesquisas mostraram que grande parte das vítimas de violência sexual residiam em áreas distantes geograficamente dos serviços especializados de atendimento a estes casos. Tratava-se de famílias que frequentemente moravam em ilhas e zonas rurais, por exemplo. Tais locais exigiam um deslocamento com necessidades de transporte fluvial ou terrestre, ocasionando em muitas famílias a postergação das denúncias às delegacias, conselhos tutelares e também a desistência aos acompanhamentos psicossociais. A área geográfica residencial das famílias é vista como um importante aspecto a ser considerado em sua relação com a incidência e reações à violência sexual (Kenny; McEachern, 2000).

Convém também examinar brevemente a questão do "ribeirinho". De acordo com Furtado e Mello (1993, citado em Rodrigues, 2008), o termo ribeirinho é utilizado para designar as populações humanas que moram à margem dos rios, os quais praticam a extração e manejo de recursos florestal-aquáticos e da agricultura familiar. Cabral (2002) afirma também que, na realidade do ribeirinho, há incidência dos mitos, considerados pelo autor como códigos da lei mediadora de convivência entre o ser humano e a natureza.

No bojo dos mitos que permeiam o imaginário amazônico, está a lenda do boto. De acordo com a lenda, atribui-se ao boto a capacidade de transformar-se em um homem elegante ou em uma mulher atraente, com características irresistíveis ao sexo oposto. Desta maneira, a lenda informa que as mulheres encantadas pelo boto poderão engravidar e dar à luz aos filhos normais, fazendo com que se atribua ao boto muitos filhos sem paternidade reconhecida (Rodrigues, 2008). Entretanto, de acordo com Cabral (2002), a linguagem mítica pode simplificar o entendimento de algumas mensagens, mascarar ou re-explicar verdades sociais que para o ribeirinho, seriam inconcebíveis. Desta maneira, o isolamento geográfico que o ribeirinho enfrenta proporciona-lhe liberdade para a criação das normas de convivência, ainda que inconscientemente.

No que se refere aos fatores de ordem estrutural, a literatura aponta ainda a falta de competências linguísticas do pesquisador durante as investigações e intervenções, ausência de documentos na linguagem das famílias nativas, leis de imigração injustas, racismo e outras formas de discriminação, barreiras econômicas que interferem com as pesquisas e intervenções, falta de um sistema básico de saúde adequado, escolas superlotadas onde os professores não conhecem os seus alunos bem o suficiente para detectar a violência sexual (Fontes; Plummer, 2010).

CONSIDERAÇÕES FINAIS

Este capítulo objetivou apresentar, a partir de uma revisão não sistemática da literatura, os aspectos culturais e estruturais associados à revelação da violência sexual de crianças e adolescentes, como subsídio para uma reflexão interdisciplinar sobre a realidade do contexto amazônico. Não se constitui em uma discussão exaustiva ou definitiva sobre o tema. Configura-se em uma apresentação preliminar de aspectos encontrados na literatura e que podem ser considerados para pesquisas futuras.

É de suma importância a realização de investigações acerca dos aspectos culturais e/ou estruturais que possam agir como facilitadores ou bloqueadores à revelação da violência sexual. Em contextos nos quais há a incidência de atitudes negativas e *tabus* acerca da sexualidade, a revelação da vitimização sexual será menos propensa a ocorrer (Alaggia, 2005). Complementarmente, quando o abuso sexual é perpetrado por um membro familiar, a revelação poderá resultar na desestabilização deste sistema, tornando ainda mais instável a situação de vítimas que vivem em contextos que reforçam a preservação familiar (Alaggia, 2001; Paine; Hansen, 2002). Além disso, fatores estruturais tais como a discriminação, migração e a pobreza são apontados como barreiras à revelação (Fontes, 1993), pois as vítimas que são marginalizadas em decorrência da discriminação associada à raça, etnia ou pobreza, poderão sentir-se menos empoderadas a revelar o abuso sexual (Alaggia, 2005).

REFERÊNCIAS

Alaggia, R.; Millington, G. (2008). Male child sexual abuse: A phenomenology of betrayal. **Clinical Journal of Social Work**, *36* (3), 265-27. doi: 10.1007/s10615-007-0144-y

Baía, P. A. D., Veloso, M. M. X., Magalhães, C. M., ;; Dell'Aglio, D.D. (2013). Caracterização da revelação do abuso sexual de crianças e adolescentes: negação, retratação e fatores associados. **Revista Temas em Psicologia**, 21 (1), 193 – 202. doi: 10.9788/TP2013.1-14.

Baía, P.A.D. (2013). **O Processo de Descoberta e Revelação do Abuso Sexual de Crianças e Adolescentes**. Dissertação de mestrado, Programa de Pós-Graduação em Teoria e Pesquisa do Comportamento, Universidade Federal do Pará, Belém, Brasil.

Baía, P.A.D., Veloso, M. M. X. ;; Magalhães, C. M. (2015). Caracterização do suporte materno na descoberta e revelação do abuso sexual. **Revista Temas em Psicologia,** (no prelo)

Boakye, K.E. (2009). Culture and Nondisclosure of Child Sexual Abuse in Ghana: A Theoretical and Empirical Exploration. **Law & Social Inquiry**, 34 (4), 951–979. doi: 10.1111/j.1747-4469.2009.01170.x

Brasil (1990). **Estatuto da Criança e do Adolescente**. Conselho Municipal de Direitos da Criança e do Adolescente. Lei nº 8060, de 13 de Julho de 1990, Brasília-DF.

Cabral, J.F.B. (2002). Olhares sobre a realidade do ribeirinho: uma contribuição ao tema. **Presença revista de educação, cultura e meio ambiente**, 24 (6).

Collings S. J., Griffiths, S., ;; Kumalo, M. (2005). Patterns of disclosure in child sexual abuse. **South African Journal of Psychology**, *35* (2), 270-285. doi: 10.1177/008124630503500207

Finkelhor, D. (1994). The international epidemiology of child sexual abuse. **Child Abuse & Neglect,** *18* (5), 409-417. doi: 0.1016/0145-2134(94)90026-4

Fontes, L.A., ; Plummer, C. (2010). Cultural issues in disclosures of child sexual abuse. **Journal of Child Sexual Abuse,** *19* (5), 491-518. doi:10.1080/10538712.2010.512520

Fontes, L. A. (1993). Disclosures of sexual abuse by Puerto Rican children: Oppression and cultural barriers. **Journal of Child Sexual Abuse,** *2* (1), 21–35. doi: 10.1300/J070v02n01_02

Fontes, L. A. (2007). Sin vergüenza: Addressing shame with Latino victims of childsexual abuse and their families. **Journal of Child Sexual Abuse**, *16*, 61–82.

Goodman-Brown, T. B., Edelstein, R. S., Goodman, G. S., Jones, D. P. H., & Gordon, D. S. (2003). Why children tell: A model of children's disclosure of sexual abuse. **Child Abuse & Neglect,** *27* (5), 525-540. doi: 10.1016/S0145-2134(03)00037-1

Habigzang, L. F., Koller, S. H., Azevedo, G. A., & Machado, P.X. (2005). Abuso sexual infantil e dinâmica familiar: aspectos observados em processos jurídicos. **Psicologia: Teoria e Pesquisa.** *21* (3), 341-348. doi: 10.1590/S0102-37722005000300011

Hershkowitz, I., Horowitz, D., & Lamb, M. E. (2005). Trends in children's disclosure of abuse in Israel: A national study. **Child Abuse & Neglect,** *29* (11), 1203-1214. doi:10.1016/j.chiabu.2005.04.008.

Hershkowitz, I., Lanes, O., ; Lamb, M. E. (2007). Exploring the disclosure of child sexual abuse with alleged victims and their parents. **Child Abuse and Neglect,31** (2), 111-123. doi: 10.1016/j.chiabu.2006.09.004.

Kenny, M.C., & McEachern, A.G. (2000). **Racial, ethnic, and cultural factors of childhood sexual abuse:** a selected review of the literature. Clinical Psychology Review, 20 (7), p. 905–922, 2000.

Kendall-Tackett, K. A., Williams, L. M., ; Finkelhor, D. (1993). Impact of sexual abuse on children: a review and synthesis of recent empirical studies. **Psychological Bulletin, 113** (1), 164–180. doi: 10.1037/0033-2909.113.1.164

Lippert, T., Cross, T.P., Jones, L., & Walsh, W. (2009). Telling interviewers about sexual abuse: Predictors of child disclosure at forensic interviews. **Child Maltreatment,14** (1), 100-113. doi: 10.1177/1077559508318398

Lopez, A. (2009). Latina survivors of child sexual abuse: aspects of familism and gender roles which impact disclosure and support. **Tese de doutorado.** Department of Social Work California State University, Long Beach.

Lyon, T.D., ; Ahern, E.C. (2010). Disclosure of child sexual abuse. Em J.E.B. Myers. **The APSAC handbook on child maltreatment** (p.233-252). Newbury Park, CA: Sage.

McElvaney, R. A. (2008). How children tell: Containing the secret of child sexual abuse. Tese de Doutorado. School of Psychology - Trinity College Dublin, Ireland.

Paine, M.L., ; Hansen, D.J. (2002). Factors influencing children to self-disclose sexual abuse. **Clinical Psychology Review***,22*, 271-295. doi: S0272-7358(01)00091-5

Pelisoli, C. L., Pires, J. P. M., Almeida, M. E., ; Dell'Aglio, D. D. (2010). Caracterização da violência sexual no sul do Brasil a partir de um serviço de atendimento a crianças e adolescentes vítimas. **Temas em Psicologia,***18*, 85-97.

Rieser, M. (1991). Recantation in child sexual abuse cases. **Child Welfare,** *70* (6), 612–613.

Rodrigues, A.L.F. (2008). O boto na verbalização de estudantes ribeirinhos: uma visão etnobiológica. Dissertação (Mestrado) - Universidade Federal do Pará, Instituto de Filosofia e Ciências Humanas, **Programa de Pós-Graduação em Teoria de Pesquisa do Comportamento**, Belém, 2008.

Sepúlveda, C.C. (2010). Develación del abuso sexual en niños y adolescentes: un articulo de revisión. **Revista Chilena de Psiquiatría y Neurología de la infancia y adolescencia**, *21*(1), 44-56. Recuperado de <http://www.sopnia.com/boletines/Revista%20SOPNIA%202010-1.pdf>

Stoltenborgh, M., van IJzendoorn, M.H., Euser, E.M., ; Bakermans-Kranenburg, M. J. (2011). A global perspective on child sexual abuse: Meta-analysis of prevalence around the world. **Child Maltreatment**, *16* (2), 79-101. doi: 10.1177/1077559511403920

World Health Organization. (1999). **Report of the consultation on child abuse prevention.** Geneva: World Health Organization.

World Health Organization. (2006). **Preventing child maltreatment: a guide to taking action and generating evidence**. Geneva: World Health Organization.

PARTE 5
VIOLÊNCIA DE GÊNERO

VIOLÊNCIA CONTRA A MULHER NA REGIÃO AMAZÔNICA NARRADA PELA MÍDIA IMPRESSA DO ESTADO DO PARÁ

Vera Lúcia de Azevedo Lima[38]
Lidiane Xavier de Sena[39]
Andrey Ferreira da Silva[40]
Valquíria Rodrigues Gomes[41]
Danielle Leal Sampaio[42]
Alessandra Carla Baia Dos Santos[43]
André Ozela Augusto [44]

INTRODUÇÃO

A Organização Mundial de Saúde considera violência todo e qualquer ato intencional que use a força física ou poder, seja esta real ou em forma de ameaça contra si próprio, contra outra pessoa, ou contra um grupo ou comunidade que possa resultar como consequência em lesão, morte, dano psicológico, deficiência de desenvolvimento ou privação. Esse fenômeno faz relação direta a abusos de drogas e álcool, distúrbios psíquicos e traumas psicológicos que podem levar a tentativa de suicídio além de por em risco outras pessoas com ações diretas[(1)].

A violência é um fenômeno com marcos histórico social que atinge todas as populações seja no espaço público e/ou privado. Atualmente, está cada vez mais frequente no cotidiano das grandes cidades, o que representa uma ameaça à estrutura da sociedade, e em particular, alguns grupos sociais e étnicos estão mais vulneráveis dependendo da cultura em que estão inseridos.

---

38   Enfermeira, Doutora em Enfermagem, Docente da Faculdade de Enfermagem e do Programa de Pós- graduação em Enfermagem do Instituto de Ciências da Saúde da Universidade Federal do Pará. Componente do Grupo de Pesquisa Educação, Políticas e Tecnologia em Enfermagem da Amazônia (EPOTENA) e do Neiva. Belém (PA) Brasil. E-mail: veraluci@ufpa.br.

39   Enfermeira, mestranda do Programa de Pós-Graduação em Enfermagem do Instituto de Ciências da Saúde da Universidade Federal do Pará. Componente do Grupo de Pesquisa Educação, Políticas e Tecnologia em Enfermagem da Amazônia (EPOTENA).

40   Enfermeiro, mestrando do Programa de Pós-Graduação em Enfermagem do Instituto de Ciências da Saúde da Universidade Federal do Pará. Componente do Grupo de Pesquisa Educação, Políticas e Tecnologia em Enfermagem da Amazônia (EPOTENA).

41   Enfermeira pela Faculdade de Enfermagem do Instituto de Ciências da Saúde da Universidade Federal do Pará.

42   Enfermeira, Mestre em Enfermagem, Docente da Universidade Federal do Sul e Sudeste do Pará. Componente do Grupo de Pesquisa Educação, Políticas e Tecnologia em Enfermagem da Amazônia (EPOTENA).

43   Enfermeira, Mestre em Enfermagem, Componente do Grupo de Pesquisa Educação, Políticas e Tecnologia em Enfermagem da Amazônia (EPOTENA).

44   Discente da Faculdade de Medicina do Instituto de Ciências da Saúde da Universidade Federal do Pará.

A violência contra as mulheres, apresentada na mídia, ressalta a desigualdade social e de gênero, faz denúncias sobre crimes, desvela "personagens" da sociedade, além de ressaltar a magnitude do problema, ao traduzir as ocorrências policiais e as controvérsias sociais que incidem nas comunidades.

Atualmente, mídia tem veiculado o assunto, principalmente nas páginas policiais, embora o revele também como uma questão de saúde, de direitos e de políticas públicas. A violência é de interesse público e social porque tem aumentado a frequência com que ocorre e a gravidade de como incide na sociedade. São diferentes os tipos de violência contra a mulher no contexto doméstico e social: a física, a psicológica, a sexual, sendo que todos esses tipos de violência vêm crescendo de maneira desordenada.

É importante que os serviços de saúde realizem discussões com as equipes multiprofissionais, a fim de ampliar essa problemática na sociedade. Fazendo com que esta se indigne, dando apoio à pessoa agredida. É necessário que os serviços de atenção em saúde criem espaços acolhedores para ouvir e compreender esta mulher, uma vez que, em situação de violência se sentiriam mais a vontade para procurar os serviços ofertados e falarem das agressões que sofrem[2].

Devido o fato de gerar inúmeras consequências e das mais variadas à saúde da mulher, as instituições devem se organizar para oferecer atendimento sistematizado, tanto quanto realizar um atendimento humano e de qualidade. É de obrigatoriedade a colaboração juntamente com todos os demais setores para a prevenção deste crime, e dessa forma, suas consequências.

O enfrentamento da violência passou a ser um fenômeno destrutivo da vida e saúde da mulher, uma vez que, deve considerar as dimensões estrutural, particular e singular da realidade. É fundamental que estes serviços que muitas vezes são eleitos pelas mulheres como forma de ajuda, passem a se preocupar mais com tais dimensões, procurando identificar e compreender o fenômeno da violência em profundidade[3].

O fenômeno da violência não é em si mesmo objeto da área da saúde, mas seu contexto multifacetado causa impactos nas pessoas e exige maior cuidados dos profissionais dessa área. Dessa forma, neste trabalho buscou-se por objetivo analisar a violência contra a mulher na Região Amazônica narrada pela mídia impressa do Estado do Pará.

METODOLOGIA

O estudo foi do tipo exploratório, de natureza quantitativa. A coleta de dados foi realizada na Fundação Cultural do Pará Tancredo Neves (CENTUR) localizado em Belém-Pa. Foram consultados 1.612 exemplares de um jornal regional nos cadernos Atualidades, Cidades, Mundo, Poder, Polícia e Última Hora, publicadas no período de agosto de 2006 a dezembro de 2010. Destes foram selecionadas 974 notas sobre a violência contra a mulher ocorrida neste período. Incluídas no estudo, 657 notas sobre a violência contra a mulher residente em Estados que compõem a região Amazônica, independente do local de nascimento e faixa etária, considerando eles os Estados do Acre, Amapá, Amazonas, Pará, Rondônia, Roraima e Tocantins.

Foram excluídas 317 notas por abordarem a violência fora da Região Amazônica do Brasil e em outros países, violência à saúde, assaltados e acidentes por causas externas. Os dados foram analisados por meio da estatística descritiva com apresentação de tabelas e figuras. Por ser o jornal de domínio público não houve necessidade de submissão ao comitê de ética, os dados foram agrupados e preservando a identidade das participantes.

RESULTADOS E DISCUSSÃO

Foram estudadas 657 notas narradas pela mídia impressa Paraense sobre a violência contra a mulher na Região Amazônica no período de 2006 a 2010.

A Tabela 1 mostra os dados referentes ao perfil das mulheres vítimas de violência. Segundo a faixa etária de 29,2% (192) entre 11 a 20 anos, 18,7% (123) para 21 a 30 anos, 14,8% para 0 a 10 anos, 10,5% para 31 a 40 anos, sendo que as demais idades classificaram-se em faixas etárias em porcentagens inferiores a 5%. 17,5% (115) das notas não souberam informar idade das vítimas.

Observou-se que existe uma maior frequência de violência contra a mulher nas idades compreendidas entre 11 a 30 anos. Por questões culturais, nessas idades a aparência feminina é jovial e sua composição física é bonita, o que desperta atenção e instiga no homem sentimento de insegurança, podendo levá-lo a cometer atos agressivos[4].

Quanto ao estado civil, 3,7% (24) das notas narraram mulheres casadas, 2,3% (15) solteiras, 0,2% (1) divorciadas, e, 0,6% (4) não se enquadravam nesse critério pela idade, e, 93,3% (613) das notas não souberam informar o estado civil das vítimas.

Tabela 1. Perfil da mulher vítima de violência na Região Amazônica narrado pela mídia impressa paraense no período de 2006-2010.

Variável	n	%
Faixa etária		
0-10 anos	97	14,8
11-20 anos	192	29,2
21-30 anos	123	18,7
31-40 anos	69	10,5
41-50 anos	29	4,4
51-60 anos	14	2,1
61-70 anos	9	1,4
71-80 anos	6	0,9
81-90 anos	3	0,5
Não Informa	115	17,5
Escolaridade		
Ensino Superior Completo	1	0,2
Ensino Superior Incompleto	3	0,5
Não Informa	653	99,4
Estado Civil		
Casada	24	3,7
Solteira	15	2,3
Divorciada	1	0,2
Não se aplica	4	0,6
Não Informa	613	93,3
Ocupação		
Trabalho Formal	31	4,7
Trabalho Informal	23	3,5
Aposentada	5	0,8
Do lar	42	6,4
Serviços Domésticos	27	4,1
Estudante	23	3,5
Não se aplica	2	0,3
Não Informa	503	76,6

Fonte: Jornal O Liberal 2006 a 2010.

Quanto à escolaridade, 0,5% (3) das notas versaram vítimas com nível superior incompleto, 0,2% (1) superior completo. Vale ressaltar que embora 99,4% (653) das notas não souberam informar o nível de escolaridade e as que deixaram explícito o nível escolar das vítimas deram destaque para as que aquelas com mais de 12 anos de estudo regular. Significar dizer que, embora as agressões possam ocorrer com mulheres de todos os níveis educacionais, o presente estudo evidenciou discordância em relação a esta variável, umas vez que pesquisas mostram que a violência contra a mulher é um fenômeno que está mais próximo daquelas que possuem baixos níveis de escolaridade, com poucos anos de estudo e/ou com instruções básicas de como ler e escrever, por exemplo[5,6].

Quanto à ocupação das vítimas, 6,4% (42) delas relataram mulheres que tinham suas atividades voltadas para os afazeres domésticos, 4,1% (27) prestavam serviços domésticos, 3,5% (23) eram estudantes, 1,2% (8) eram vendedoras, 0,9% (6) eram autônomas, 0,8% (5) eram manicures, 0,8% (5) eram comerciantes, 0,8% (5) eram aposentadas, 0,5% (3) eram ambulantes, 0,5% (3) eram funcionárias públicas sem mencionarem ocupações específicas, 0,3% (2) eram bancárias, 0,3% (2) eram cozinheira, 0,3% (2) cozinheira e 0,3% não se enquadravam pela idade. As notas que relataram vítimas com as profissões de agricultora, ambulante, atendente, costureira, enfermeira, faxineira, garçonete, lavadeira, lavadora, médica veterinária, prostituta, recepcionista, secretária, servente, serviços gerais, técnica de enfermagem, telefonista e vendedora representaram 0,2% (1) de cada ocupação.

Do total das notas, 76,6% (503) não souberam informar a ocupação das vítimas.

Esses dados mostram que a mulher que sofre violência na Região Amazônica parece não ser tão diferentes daquela que moram em outros lugares do Brasil, visto que a vítima geralmente tem sua principal atividade voltada para o cuidado do lar e desenvolvem atividades com baixa ou nenhuma remuneração[5-7-8-9].

A violência contra a mulher ainda não é vista como problema pela mulher, visto que a mulher não a reconhece com tal magnitude[6].

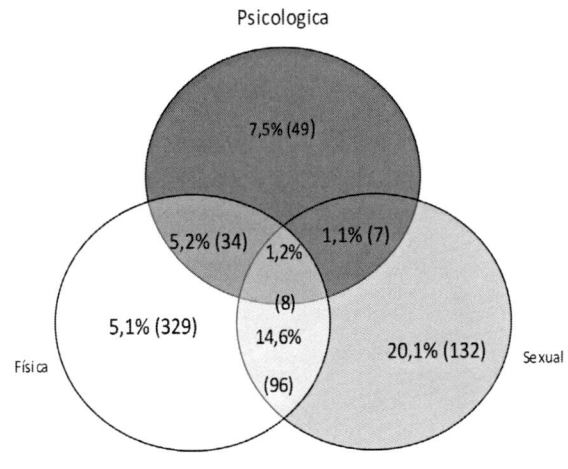

Fonte: Jornal O Liberal 2006 a

Figura 1 - Tipo de violência mais frenquente à mulher na Região Amazônica narrado pela mídia impressa paraense no período de 2006-2010.

De modo geral, o perfil da mulher vítima de violência não apresenta dados cristalizados que padronizem caracterísitcas sociodemográficas das mesmas, visto que se trata de um fenômeno que atinge todos os segmentos sociais, independente de faixa etária, classe, religião, estado civil, entre outros, podendo ser perpretada por uma pessoa conhecida ou não e que pode tembém ocorrer em ambientes públicos ou privados. Isso mostra que a mulher está frequentemente susceptível a sofrer agressões em qualquer espaço e por qualquer pessoa.

Em relação às formas de manifestação da violência relatadas das notas dos jornais do Estado do Pará 5,1% (329) delas foram agressões físicas, seguida de 7,5% (49) psicológicas e 20,1% (132) sexual, ilustrado pela Figura 1. Ao associar os tipos de violência que ocorrem concomitantemnte, as violências física e sexual atingiram maiores incidências representadas por 14,6% (96) dos casos, seguido de 5,2% (34) agressões física e psicológica, 1,2% (8) associando as agressões física, psicológica e sexual e, por fim, 1,1% (7) dos casos representou somentes as violências psicológica e sexual, restando 0,3% (2) que não souberam relatar o tipo de violência contra a mulher ocorrido.

Observou-se que o intrumento mais utilizado para a perpetrar a violência contra a mulher foi a força física representada pelo estupro com 29,8% (196) e seguido de espancamento com 24,2% (159), arma branca 22,2% (146), arma de fogo 9,6% (63), tentativa de estupro 6,5% (43), ameça com 2,9% (22), 1,1% (7) por substâncias e/ou objeto quente, asfixia 0,6% (4) e assédio 0,3% (2). Do total das notas, 2,1% (14) delas não souberam informar o instrumento utilizado e 0,6% (4) não se enquadravam nas demais opções.

Os locais mais atingidos foram genitália, múltiplos órgãos (ao considerar acima de duas regiões anatômicas) e cabeça com o valores repectivos de 35,2% (231), 28,8% (189), 13,1% (86). As demais locais do corpo citados pela mídia foram pescoço com 3,3% (22), tórax com 2,6% (17), dorso 1,5% (10), membros superiores com 1,4% (9), abdome com 1,2% (8), membros inferiores com 0,3% (2), pelve com ,02% (1) e 6,1% (40) das notas não souberam relatar o local do corpo atingido pela violência.

Nota-se que o agressor busca cometer a violência atingindo órgãos vitais como cabeça, tórax e abdome e, dependendo da gravidade pode resultar em homicídio[10]. Isso representa um problema de saúde púlica, visto que quando a violência não resulta em morte, acaba por prejudicar a saúde da mulher podendo deixá-la com graves sequelas o que pode comprometer o desenvolvimento de suas atividades diárias pesssoais e sociais.

Os jornais paraenses mostraram que os casos de violência contra a mulher na região Amazônica ocorreram em maior frequência em residência 67,7% (444), 21,2% (139) em ambientes públicos, 7,9% (52) em locais que desenvolvem comércio e serviços e 3,3% (22) das notas não souberam relatar onde ocorreu a violência.

Em relação ao estupro, os dados desta pesquisa mostram estatísticas diferentes ao considerar o local onde ocorreram tais atos e grau de parentesco com a vítima, pois, tanto evidencia-se que a violência sexual acontece em vias públicas e por uma pessoa estranha[11] quanto é também é percebido que acontecem em residência e por pessoas próximas, como o parceiro ítnimo[10].

Entretanto, ao considerar a agressão sexual um viés de um problema maior que é a violência contra a mulher, sendo ela física e/ou psicológica, os mesmo dados concordam com resultados mencionados, uma vez que o lar parece ser um espaço privilegiado para a acontecer a violência visto que o agressor se aproveita de um local resguardado para perpetrar a ato, sendo em geral, acometido por pessoas que compartilham algum tipo de relação conugal com a vítima[7]. Isso prova que a violência contra a mulher se agrava na sociedade como um fenômeno complexo.

A mídia impressa paraense mostrou que os responsáveis pela violência contra a mulher amazônica corresponde 16% (105) ao companheiro, 9,1% (60) ao ex-companheiro, 5% (33) ao conjugue, 1,8% (12) ao ex-conjugue, 2,9% (19) ao namorado, 2,3% (15) ao ex-namorado, 6,2% (41) ao pai, 5,8% (38) ao padrasto, 3,7 (24) ao filho, 9,1% (60) ao parente- ao considerar avó, avô, bisavô, cunhado, enteado, genro, irmão, neto, primo, sobrinho e tio-, 10% (66) ao vizinho, 6,5% (43) ao conhecido, 8,4% (55) ao desconhecido. 3,8% (25) às outras pessoas- ao considerar amante, amiga, amigo, chefe, conhecida e madrasta-, 0,9% (6) não se aplicavam a situação, e, 8,4% (55) das notas não souberam informar a relação que o agressor tinha com a vítima (Tabela 2).

Pelo fato de muitas mulheres idealizarem a relação conjugal faz com que ela busque manter-se na relação e mesmo vivendo a situação da violência, ela acredita que seu companheiro irá melhorar e tão logo curar-se[12]. A subjulgação da mulher é um dos motivos que também a mantem no relacionamento, visto que muitas delas, por exemplo, tomam conhecimento de relações extra conjugais mas que submetem-se a permanecer no mesmo pelo fato da relação representar condições mínimas de vida[13].

Dessa forma, os resultados dessa pesquisa mostram similarieadades em relação à outras[14], uma vez que a maioria das vítimas de violência possuem ou já possuiram algum tipo de relação de conjugalidade com o agressor reconhecidos por companheiro, ex-companheiro, conjugue, ex-conjugue, namorado e ex-namorados o que representa 37,1% (244) de todos os casos.

Tabela 2. Responsáveis pela violência contra a mulher na Região Amazônica narrado pela mídia impressa paraense no período de 2006-2010.

	n	%
Responsável pela agressão		
Companheiro	105	16,0
Ex-companheiro	60	9,1
Conjugue	33	5,0
Ex-conjugue	12	1,8
Namorado	19	2,9
Ex-namorado	15	2,3

Continua...

Continuação

Pai	41	6,2
Padrasto	38	5,8
Filho	24	3,7
Parente	60	9,1
Vizinho	66	10,0
Conhecido	43	6,5
Desconhecido	55	8,4
Outro	25	3,8
Não se aplica	6	0,9
Não Informa	55	8,4

Fonte: Jornal O Liberal 2006 a 2010.

Quanto ao desfecho, 67,6% (444) das notas mencionaram denúncia por parte das vítimas, 22,8% (150) dos casos resultaram em morte, 7,3% (48) tiveram que ser internadas em instituições de saúde para reabilitação da saúde e 2,3% (15) das notas não souberam informar o desfecho dos casos.

A expressão máxima da violência contra a mulher é o óbito, sendo considerado o seu parceiro íntimo o principal assassino. Embora seja considerado que a Lei Maria da Penha ainda não causou impactos importantes na sociedade a ponto de reduzir significativamente as taxas anuais de mortalidade de mulheres[15], os dados apresentados por este trabalho mostraram que a denúncia realizada pela vítima obteve destaque visto que esta variável desvelou mais de a metade dos casos, superando inclusive o número de homicídios realizados contra mulheres.

As violências sofridas pelas mulheres podem desencadear em seu comportamento, hábitos e vícios que trazem prejuízos à sua saúde como o uso abusivo de álcool e cigarro. Tais comportamentos aumentam o risco de problemas de saúde no futuro desenvolvendo doenças e tardias como hipertensão e colesterol elevado[16].

O estudo de Violência Contra a Mulher que investiga os femicídios, ou seja a morte intencional de uma mulher, no Brasil desenvolvido pelo Instituto de Pesquisa Econômica Aplicada (Ipea) mostra que no período de 2009-2011 a Região Amazônica foi apontada como a região com terceira maior taxa de femicídios por causas violentas (6,4 óbitos por 100.000 mulheres), perdendo para a Região Nordeste (6,9 óbitos por 100.00 mulheres) e Centro-oeste (6,86 óbitos por 100.000 mulheres), e que tais causas são em sua maioria de origem em violências doméstica e familiar[15].

A política pública de saúde recomenda o uso de serviços de apoio como forma de enfrentar à violência, buscando reestruturação física, psíquica, moral e social[17]. Todos os profissionais que prestam atendimento a mulher vítima de violência precisam trabalhar com olhar multidisciplinar, respeitando cada área de saber, reconhecendo seus próprios limites para que dessa forma seja construído um cuidado coletivo.

O profissional da saúde, em especial, precisar estar bem informado a respeito dos fenômenos que acontecem na sociedade, bem como o modo como incidem, as sequelas associadas que resultam em atendimento nos serviços de saúde[10].

CONCLUSÃO

A mídia, de modo geral, desempenha um importante papel no cotidiano da população como veiculadora de informações, como construtora de opinião, e também como influenciadora de comportamentos.

A mídia impressa do Estado do Pará narra a violência contra a mulher na Região Amazônica de forma clara e de fácil compreensão para a população. Relata também que embora se perceba através das notas crimes bárbaros que resultem em mortes, as denúncias parecem cada vez mais ganhar destaque representando empoderamento da mulher frente a situação da violência.

As notas analisadas abordam de o perfil da mulher vítima de violência de forma satisfatória, pois foi possível caracterizar a mulher vítima de violência na Região Amazônica no período de 2006 a 2010 no aspecto socioeconômico e da violência.

Para a saúde, a mídia expressa informações que colaboraram à visibilidade para problemas da sociedade de forma a chamar a atenção dos profissionais da saúde a perceber os principais agravos causados pela violência que comprometam a integridade do ser humano. Dessa forma é possível pensar em assistências voltadas não somente para o ser humano de forma holística, ou seja, analisando-o em sua totalidade, como também elaborar cuidados para este sujeito em interação em social.

É possível reconhecer que já existem estudos que discutem a necessidade de políticas públicas que incluam a ações que reduzam os índices de violência praticada contra a mulher, e está cada vez mais ganhando espaço em estudos que pesquisem essa mulher em sua singularidade, como nos períodos gestacional e puerperal. Entretanto percebe-se a necessidade de desenvolver estudos que coloquem o homem como principal autor de violência contra a mulher e que mereça atenção especial.

REFERÊNCIAS

Oliveira EM, Barbosa R, Moura AAVMM, Kossel KV, Morelli K, Botelho LFF, Stoianov M. **Atendimento às mulheres vítimas de violência sexual: um estudo qualitativo.** Revista Saúde Pública. 2005;39(3):376-382.

Vieira LB, Padoin SMM, Souza IEO, Paula CC, Terra MG. **Típico da ação das mulheres que denunciam o vivido da violência:** contribuições para a enfermagem. Rev. enferm. UERJ. 2011;19(3):410-14.

Heise L. **Gender-based abuse:** the global epidemic. Cad. Saúde Públ. 1994; 10(supl. 1):135-45.

Guerra CC. **Descortinando o poder e a violência nas relações de gênero.** 1998. [dissertação]. São Paulo (SP): Faculdade de Filosofia, Letras e Ciências Humanas, Universidade de São Paulo;1998.

Audi CAF, Segall-Corrêa AM, Santiago SM, Andrade MGG, Pérez-Escamilla R. **Violência doméstica na gravidez:** prevalência e fatores associados. Rev Saúde Pública. 2008;42(5):877-85.

Kronbauer JFD, Meneghel SN. **Perfil da violência de gênero perpetrada por companheiro.** Rev Saúde Pública. 2005;39(5):695-701.

Santos AG, Nery IS, Rodrigues DC, Melo AS. **Violência contra gestantes em delegacias especializadas no atendimento à mulher de Teresina-PI.** Rev. Rene. 2010;11(Número Especial):109-116.

Santos SA, Lovisi GM, Valente CCB, Legay L, Abelha L. **Violência doméstica durante a gestação:** um estudo descritivo em uma unidade básica de saúde do Rio de Janeiro. Cad. Saúde Colet. 2010;18(4):483-93.

Menezes TC, Amorim MMR, Santos LC, Faúndes A. **Violência física doméstica e gestação:** resultados de um inquérito no puerpério. RBGO. 2003;25(5):309-316.

Lima VLA, Souza ML, Monticelli M, Oliveira MFV, Souza CBM, Costa CAL, Bruggemann OM. **Violência contra mulheres amazônicas.** Rev Latino-am Enfermagem. 2009;17(6):968-973.

Facuri CO, Fernandes AMS, Oliveira KD, Andrade TS, Azevedo RCS. **Violência sexual:** estudo descritivo sobre as vítimas e o atendimento em um serviço universitário de referência no estado de São Paulo, Brasil. Cad. Saúde Pública. 2013;29(5):889-898.

Dutra ML, Prates PL, Nakamura E, Villela WV. **A configuração de rede social de mulheres em situação de violência doméstica.** Ciênc. saúde coletiva. 2013;18(5):1293-1304.

Trindade RFC, Almeida AM, Rozendo CA. **Infidelidade Masculina e violência doméstica:** vivência de um grupo de mulheres. Cienc. enferm. 2008;14(2):39-46.

Diniz NM, Gesteira SMA, Lopes RLM, Mota RS, Pérez BAG, Gomes NP. **Aborto provocado e a violência doméstica.** Rev. bras. enferm. 2011;64(6):1010-5.

Garcia LP, Freitas LRS, Silva GDM, Hofelmann DA. **Violência contra a mulher:** femicídios no Brasil. Brasília: Instituto de Pesquisa Econômica Aplicada, atualizada em 2013, acesso em 28 de setembro de 2013. Disponível em: <http://www.bbc.co.uk/portuguese/noticias/2013/09/130924_ipea_mulheres_lk.shtml>.

Dahmer TS, Gabatz RIB, Vieira LB, Padoin SMM. **Violência no contexto das relações familiares:** implicações na saúde e vida das mulheres. Cienc Cuid Saude. 2012;11(3): 497-505.

Brasil. Ministério da Saúde. Secretaria de Atenção à Saúde, Departamento de Ações Programáticas Estratégias. Política Nacional de Atenção Integral à Saúde da Mulher: princípios e diretrizes – 2007. Brasília (DF).

VIOLÊNCIA ESTRUTURAL, AÇÃO SOCIAL E ATRIBUIÇÕES DE GÊNERO EM PROCESSOS JUDICIAIS DE PARRICIDAS INIMPUTÁVEIS

Maria Patricia Corrêa Ferreira[45]

Este artigo analisa o tema da saúde mental[46] por meio do estudo de processos judiciais de parricídio julgados na cidade de São Paulo. Os casos mostram que o assassinato dos pais pelos filhos que sofrem de distúrbios mentais abrange os níveis materiais, psicológicos e simbólicos, envolvendo motivações individuais e determinações sociais. O objetivo é analisar as questões relativas à violência estrutural, à autodeterminação dos sujeitos e às atribuições de gênero em processos judiciais de parricidas com transtorno mental.

Compõem a base para a construção da verdade no judiciário determinados elementos subjetivos como as possíveis motivações para o crime e interpretações sobre as emoções e os sentimentos que são relacionados a modelos de comportamento e atribuições sociais na família. Todos esses aspectos são reconstituídos no laudo médico-psiquiátrico e pelos atores judiciais de acordo com a lógica do campo jurídico. É neste contexto que se busca refletir sobre as relações entre o transtorno mental de parricidas e as situações relacionadas à violência estrutural que reforçam o potencial estigmatizante atrelado à "loucura".

Os processos em questão fazem parte da pesquisa documental realizada para a minha tese de doutorado em Ciências Sociais (Ferreira 2010)[47]. Foram pesquisados 32 processos judiciais de parricídio, julgados na cidade de São Paulo, nas 1ª e 5ª Varas do Tribunal do Júri, entre os anos de 1990 e 2002. Entre os 34 acusados, sete foram considerados inimputáveis e dois semi-imputáveis. Dos inimputáveis, cinco tiveram sentença de absolvição indireta e aplicação de medida de segurança na Sentença de Sumário pelo juiz e dois foram pronunciados e, assim, submetidos ao julgamento pelo Tribunal do Júri, no qual receberam absolvição por inimputabilidade.

Para este artigo, selecionei três processos referentes a acusados inimputáveis, cujas histórias abrangem: a) as especificidades do judiciário ao lidar com o crime de parricídio; b) o ponto de vista médico-psiquiátrico; c) questões sociais, condições econômicas, aspectos culturais, simbólicos e psicológicos.

---

45   Mestre em Antropologia Social pela Unicamp e doutora em Ciências Sociais pela Unicamp. Pesquisadora colaboradora do Núcleo de Estudos de Gênero "Eneida de Moraes"- GEPEM/UFPa, Belém/PA.
46   A primeira versão deste texto foi apresentada no Seminário Internacional Fazendo Gênero 10, no Simpósio Temático: Gênero e Saúde Mental, realizado na Universidade Federal de Santa Catarina (UFSC) em setembro de 2013.
47   A tese foi defendida em 2010, no Programa de Pós-Graduação em Ciências Sociais da Unicamp, e teve apoio do CNPq por meio de uma bolsa de doutorado.

JUDICIÁRIO, TRANSTORNO MENTAL, GÊNERO E DESIGUALDADES

Os processos representam mais explicitamente uma disciplinarização pautada em normas e leis que ordenam a realidade. Os estudos antropológicos sobre o judiciário (CORRÊA, 1981, 1983; ADAIRLON e DEBERT 1987; 2010; SCHRITZ-MEYER, 2001; MIRAGLIA, 2005) mostram como, nesse campo, são reforçados e reproduzidos os estereótipos e os preconceitos na dinâmica da disciplinarização do social, todos baseados no potencial pedagógico das decisões judiciais. Como mostrou Corrêa (1981), os discursos de promotores, defensores e juízes são construídos estrategicamente com base na seleção de informações, fatos, atitudes, crenças e valores das quais emergem ambiguidades e contradições.

Os processos penais de parricidas inimputáveis retratam a lógica argumentativa dos operadores do Direito e colocam em cena os laudos dos médicos-psiquiatras. As narrativas judiciais dos operadores do Direito e peritos, constroem retratos, a partir de representações sociais que revelam comportamentos, sentimentos e gestos (Foucault, 2010).

A inimputabilidade consiste na impossibilidade de atribuir responsabilidade penal àqueles que, por transtornos mentais, praticaram crimes, por não compreenderem o caráter ilegal do fato. No judiciário, quando há indícios de que o acusado sofre de distúrbios mentais, o juiz pode optar pela Absolvição Imprópria, isto é, quando se impõe Medida de Segurança, assim chamada em decorrência da inimputabilidade do acusado.

Os acusados absolvidos por inimputabilidade, apesar de isentos da responsabilidade penal, têm sua liberdade vigiada, têm seus direitos civis anulados e são impedidos de conviver em sociedade. Por isso, a absolvição por inimputabilidade não é uma absolvição completa e o acusado tem que cumprir as medidas de segurança, que podem ser tratamento ambulatorial ou internação. Vale ressaltar que nesses casos é comum haver um consenso entre defesa, acusação e juiz quando se é apresentado o laudo médico-psiquiátrico, porém pode ser também um argumento acordado entre as partes como uma atitude estratégica de acordo com os interesses dos defensores e dos promotores.

São os juízes que detém o poder de decisão sobre aceitação não dos laudos médicos, embora sejam amplamente sugestionados a aceitar os laudos que reconhecem que há transtorno mental nos indivíduos acusados de parricídio. A decisão de submeter o acusado a julgamento popular ou mandá-lo para um hospital de custódia, a fim de ser internado e cumprir a tratamento psiquiátrico, passa pelo livre convencimento do juiz e, portanto, por questões subjetivas quanto a definição de personalidade antissocial e da consciência do ato criminoso no momento do crime. De modo geral, nos casos de inimputabilidade não há disputas e esforços discursivos posto que o exame de insanidade, via de regra, é aceito e validado pelos operadores do Direito, embora haja exceções. A questão dos semi-imputáveis é o ponto que gera maior embate entre defesa e acusação.

Os exames de insanidade mental revelam o tipo de pessoas que podem ser consideradas "loucas" pelos médicos psiquiatras que produziram os laudos, mas não necessariamente esses mesmos acusados são vistos pelos operadores do Direito como "incapazes de compreender o fato delituoso," no sentido de anular a sua responsabilidade penal. Nos casos em que se configura como fato indubitável pela família e pelo poder judiciário, a inimputabilidade passa a ser um meio eficaz e facilitador na solução dada ao crime pela Justiça. Muitas vezes, pela própria história pessoal dos acusados, marcada por internações e uso de remédios controlados durante boa parte de suas vidas, a indicação para tratamento psiquiátrico é ponto pacífico entre os operadores do Direito. Trata-se de evidências consideradas "inequívocas" de que se trata de crimes cometidos sob influência de surtos psicóticos.

A questão da saúde mental nos processos é retratada com mais detalhes no exame de insanidade mental, no qual os médicos psiquiatras fazem uma avaliação da história de vida do acusado para chegar a um diagnóstico. Utilizando-se das informações dos autos (denúncia, versão policial, depoimento do réu e de testemunhas), os peritos indagam sobre os costumes e o modo de vida do paciente, sobre a conveniência com parentes e, em seguida, realizam os exames físicos e a análise psíquica.

No exame de insanidade mental, os médicos fazem uma avaliação do histórico do acusado a partir de dados contidos nos autos (denúncia, versão policial, depoimento do réu e de testemunhas). A anmese é a etapa do exame clínico na qual o "louco" fala sobre si mesmo, mas as necessidades, as aspirações, os conflitos de valores e as questões existenciais narradas são, em geral, apenas utilizadas para chegar a um diagnóstico. Zanello (2011) chama a atenção para o fato de o enfoque na doença mental e em seus sintomas, em prejuízo da subjetividade, coloca em segundo plano a influência das condições existenciais e materiais do indivíduos em sofrimento psíquico. Trata-se de uma perspectiva biologizante que encontra na abordagem sociocultural o seu contraponto. Segundo a autora, nesta última, a "loucura" é explicada enquanto consequência negativa dos efeitos de padrões culturais, dentre eles as desigualdades nas relações de gênero, construídos historicamente.

De acordo com os laudos anexados aos processos de parricídio, em geral, os acusados considerados inimputáveis são diagnosticados como esquizofrênicos, doença mental caracterizada essencialmente pela presença de "ideias de perseguição, alucinações auditivas e perturbações de percepções." Porém, a principal perturbação que caracteriza a inimputabilidade é a falta de afeto, em especial a dos filhos pelos pais naturalizado em nossa sociedade. A ausência afetiva é descrita nos exames psiquiátricos por meio das seguintes categorias: declínio afetivo, perturbação dos afetos, ausência de sentimentos refinados, afeto superficial e inapropriado, embotamento do afeto, desadaptação afetiva, indiferentismo afetivo e ausência de sentimentos superiores como piedade e altruísmo.

Quando os peritos julgam necessário, também entrevistam os parentes do acusado. Após todas essas avaliações, os peritos chegam ao diagnóstico sobre a imputabilidade penal do acusado, que pode ser total, parcial ou nula. A questão da desigualdade social se apresenta como pano de fundo nas narrativas presentes nos processos judiciais.

Para além de todos os critérios, objetivos e subjetivos, inerentes ao saber produzido no campo do Direito e no campo da medicina psiquiátrica, o crime em família modifica a vida das pessoas, levando-as a acionar suas redes sociais nas quais encontram apoio (e pelas quais se integram à sociedade) e nas teias de relações que constituem a sociabilidade familiar. A forma como se constroem as relações no universo familiar e como essas relações influenciam a sociabilidade é variada, o que faz da família um reino multifacetado. Nesse sentido, ao se refletir sobre os casos de inimputabilidade nos crimes de parricídio, é importante considerar os elos entre os aspectos subjetivos relativos aos efeitos da violência intrafamiliar e os aspectos estruturais em função das condições econômicas e políticas. A relação entre os aspectos materiais, políticos e existenciais são fundamentais para a compreensão dos impactos dos transtornos mentais na realidade social.

Nas palavras de Alexander (1987) a ação social "pode ser concebida como fluindo em ambientes simbólicos, sociais e psicológicos" que se interpenetram e, nesse movimento, o estrutural influencia o cultural e vice-versa. A violência estrutural como a pobreza, a baixa escolaridade e o desemprego interferem na forma como as relações familiares se desenvolvem e no modo como as pessoas resolvem os seus problemas no interior de uma estrutura social desigual e marcada, ainda, pelas desigualdades de gênero que atravessa todas as esferas das relações sociais.

Gênero é entendido aqui como uma categoria analítica, constitutiva e estruturante da vida social, que focaliza as relações de poder e as diferenciações entre homens e mulheres. Essas relações são construções sociais, culturais e históricas, estabelecidas de forma hierárquica, assimétrica e relacional, não sendo identificadas apenas nas relações de parentesco e familiar, mas estão presentes em todas as áreas da vida social, como nas relações políticas, econômicas e institucionais (SCOTT, 1993). Butler (2003) refinou o conceito de gênero ao postular que ele é produzido por efeitos discursivos que compõem um conjunto de normas que podem ser ressignificadas. Conforme Butler, gênero é um texto representado pelos atores sociais, portanto, não é algo que somos, mas algo que fazemos. A autora elaborou a teoria da performatividade de gênero referindo-se a um conjunto de comportamentos masculinos e femininos, num contexto de regras altamente rígido que se cristalizou historicamente.

Assim, além da análise sobre a produção de normas e das reproduções dos padrões de comportamento na esfera doméstica pelos operadores do Direito no judiciário, faz-se necessário refletir sobre os efeitos da violência doméstica nas dimensões estruturais da vida social, como a econômicas, a política e as relações de gênero, nas quais a violência intrafamiliar se insere. Ressalte-se que todas essas dimensões são alvo das atuais políticas sociais que se fundamentam na proposta do desenvolvimento integral da sociedade e no amparo aos setores mais vulneráveis da população (ANANIAS, 2010; SAMPAIO, 2010).

Partindo desses pressupostos, passo a analisar três casos de inimputabilidade, buscando problematizar as escolhas dos sujeitos que praticaram parricídio, as atribuições de gênero na família e os aspectos estruturais que exercem controle e coersão social.

PARRICIDAS INIMPUTÁVEIS

Carlos (Proc. 216/93), Antônio (Proc. 496/92) e Eliza (Proc. 3630/96-1)[48] são três parricidas inimputáveis e é a partir de suas histórias que farei algumas reflexões acerca de dois aspectos centrais: a) o modo como a doença mental e as situações relacionadas à violência simbólica reforçam o potencial estigmatizante vinculado à "loucura"; b) a forma como a violência estrutural se apresenta nos processos criminais de parricídio que envolvem acusados absolvidos por inimputabilidade. num cenário de desigualdade econômica e de diversidade dos valores culturais.

O primeiro caso é o de Carlos (25 anos, desempregado, solteiro, negro, baiano). Ele foi acusado de tentativa de homicídio do irmão (18 anos, ajudante) e de homicídio consumado do pai (52 anos, pedreiro, pardo) em 1993. De acordo com os depoimentos dos irmãos do acusado, não havia desavenças entre pai e filhos, mas uma testemunha afirmou que Carlos lhe havia revelado o desejo de matar o pai. O acusado declarou que não teve a intenção de matar o irmão nem o pai. Para o promotor, Carlos atirou "pelo simples motivo do acusado ter se desagradado com o fato de não obter dinheiro para comprar munição para sua arma". O disparo em direção ao irmão não o acertou, já o tiro que atingiu o pai levou-o à morte. Segundo o acusado, queria apenas assustar o irmão e, no caso do pai, teria sido uma tentativa de defesa, já que ele costumava andar com uma faca e acreditou que ele iria usá-la para machucá-lo.

De acordo com o advogado de defesa, o pai havia provocado o filho ao lhe dar um empurrão e Carlos somente se defendeu dessa agressão. Para o defensor, "as próprias testemunhas também confirmaram a atitude dessa vítima, que agrediu o próprio filho". O advogado solicitou a impronúncia em relação ao irmão e a desclassificação para homicídio simples em relação ao pai. Carlos foi pronunciado em 1995 e absolvido por inimputabilidade pelo Tribunal do Júri em 1999.

Mesmo sem nenhuma indicação pelos familiares, amigos e demais testemunhas de que Carlos sofria de distúrbios mentais, o Ministério Público solicitou a realização do exame de insanidade mental em 1998, três anos depois da pronúncia.

Consta no exame que Carlos já havia respondido a um processo penal por tentativa de homicídio quando era cobrador de ônibus, após uma briga. O acusado afirmou que não usava drogas, mas portava arma, justificando-se pelo fato de morar num bairro perigoso. Parou de estudar na quinta série primária, quando tinha 20 anos de idade, para se dedicar ao trabalho e negou ter problemas neurológicos. A mãe era idosa e o pai era alcoólatra. Sobre seu relacionamento como pai, afirmou que o considerava "muito ignorante" e disse ser mais ligado à mãe.

---

48   Os nomes foram trocados para preservar a identidade dos envolvidos nos processos judiciais analisados.

De acordo como o exame psíquico, Carlos possuía "rudeza intelectual e afetiva", "alheamento e alienação", "consciência conturbada", "desatenção", "desorientação quanto ao tempo e espaço", "nexos afetivos embotados", "ausência de sentimentos elaborados", "pensamento lento", sua inteligência era "abaixo dos níveis de normalidade". Os peritos consideraram a bagagem sociocultural um fator determinante na conformação desse quadro clínico, resultado, segundo eles, de um aparato sociocultural deficitário. Todas essas características levaram os psiquiatras à conclusão de que ele sofria de esquizofrenia paranoide, que o tornava inimputável. Assim, foi indicado a ele tratamento psiquiátrico e internação hospitalar por no mínimo dois anos.

No Julgamento pelo Tribunal do Júri, o defensor pediu legítima defesa putativa em relação ao pai (o tiro teria sido consequência de um erro justificado, pois resultou do fato de a vítima pôr a mão na cintura, fazendo com que o acusado acreditasse estar diante de uma agressão) e desclassificação do homicídio tentando em relação ao irmão (alegando que não houve a intenção de matar). O exame de insanidade mental foi desconsiderado pelo defensor, que não o utilizou em seus argumentos. A opção de absolvição por inimputabilidade foi apresentada pelo promotor e acatada por unanimidade pelos jurados.

O segundo caso é o de Antônio (33 anos, ajudante/desempregado, branco), que matou o pai (54 anos, branco) a facadas em 1992. De acordo com as testemunhas, o acusado sofria de problemas mentais, o pai discutia constantemente com o filho. Para as testemunhas, Antônio não era agressivo, era "obediente" e "não criava caso com os vizinhos". O policial militar que prendeu o acusado afirmou que ele não ofereceu resistência ao ser preso e justificou o crime afirmando que "o pai lhe teria dito que o Deus dele (acusado) estava embaixo do pé da vítima". Este teria sido o motivo para o assassinato.

No seu depoimento, Antônio declarou que costumava se desentender com o pai. No dia do crime, eles discutiram e o pai lhe ofendeu várias vezes. O acusado estava decidido a "terminar com tal situação uma vez por todas", matando seu pai. Posteriormente à briga, o pai saiu de casa e, quando voltou, o acusado atacou-o de surpresa, dando-lhe várias facadas. Em seguida, Antônio limpou a faca, lavou as mãos e ficou na casa até a chegada dos policiais. Na delegacia, ele se autodeclarou doente mental.

O exame de insanidade foi realizado em 1993. Para chegar ao diagnóstico, os peritos informaram que precisariam de várias entrevistas, além de visitas aos locais onde Antônio havia sido internado anteriormente. Na entrevista com o acusado, este se queixou que era muito humilhado pelo pai, que dizia que o acusado "não servia para nada", chamava-o de "múmia", considerava-o um "peso morto". Afirmou que esteve internado em nove ou dez clínicas psiquiátricas e, em uma delas, foi submetido a tratamento ambulatorial por oito anos. Confirmou que tinha a intenção de matar o pai. Por causa do "escândalo" que o pai fez no dia do crime, ele ficou "traumatizado" e o agrediu com uma faca.

Antônio culpou o pai por ser doente mental. Segundo ele, seu pai, além de alcoólatra e tabagista, "não cumpria seus deveres paternos" e o jogo e a bebida "levaram a loucura os integrantes da família." Afirmou que se sentia melhor comendo a comida da cadeia, porque na sua casa vivia "desnutrido e com "ânsia de vômito". O acusado informou que, com o nascimento da irmã, passou a ter muito ciúmes da mãe, que temia que ele fizesse algum mal ao bebê. Antônio estudou até a sétima série do primeiro grau, as alterações de comportamento começaram a ocorrer a partir dos 15 anos, apresentando agressividade sem que houvesse motivos. Certo dia, tentou incendiar a sua casa e feriu a tia com uma faca. Ele passou a ouvir vozes que lhe mandavam "fazer coisas", sentia-se perseguido, ameaçava a todos da família, falava sozinho e gesticulava muito. A partir dos 18 anos, o acusado foi internado para tratamento psiquiátrico, passava a maior parte do tempo sozinho, evitando interação social. Ele declarou que eram as vozes que diziam para que matasse o pai.

Outras informações foram fornecidas pela irmã (21 anos). De acordo com ela, havia outro parente com distúrbio mental na família, um primo que sofreu um surto psicótico. A mãe, falecida havia cinco anos, era agredida pelo acusado com constância e agredia também a irmã. No laudo, os médicos frisaram que Carlos, às vezes, transmitia a sensação de não ter nenhum tipo de "ressonância afetiva, já denotando sinais de declínio afetivo". Para os peritos, a principal característica da esquizofrenia paranoide que o acusado apresentava eram as vozes que ouvia e que determinavam as suas condutas agressivas e extremadas. O comportamento agressivo de Carlos culminou com o assassinato do pai.

Após o exame de insanidade mental, a promotoria pediu a absolvição do acusado por inimputabilidade, da mesma forma que sua advogada de defesa. Nesse ano, o juiz decretou a absolvição sumária do acusado.

O terceiro caso é o da Eliza (29 anos, solteira, desempregada, negra) que matou a mãe (55 anos, do lar, negra)[49]. De todos os casos pesquisados, esse é o único processo que envolve uma mulher inimputável. A família era formada apenas pela mãe, pela acusada e por uma irmã (13 anos, estudante). A irmã encontrou a mãe morta quando chegou da escola e foi ela quem avisou a polícia.

De acordo com os depoimentos, a convivência de Eliza com a família era marcada por tensões e conflitos que envolviam ameaças de morte e xingamentos e, por vezes, a mãe expulsava a acusada de casa. Eliza passava a maior parte do tempo sozinha no quarto localizado nos fundos da residência. A mãe era considerada popular na vizinhança até a morte do filho, fato que a tornou reservada e triste, passando a usar a religião como refúgio. Devido aos distúrbios emocionais, a acusada começou a ser medicada num posto de saúde, mas seu problema nunca foi diagnosticado. Ela estudou somente até a quinta série, quando tinha 16 anos, porque queria trabalhar. Relatou aos peritos que sofria com os remédios que tomava, pois lhe "faziam mal" e "engordavam".

Presa em flagrante, Eliza teria confessado o crime ao policial. As desavenças e as ameaças de morte corroboraram para a suspeita de que ela havia matado a mãe. Em juízo, a acusada declarou a sua vontade de morar sozinha na casa da frente, mas negou ter praticado o crime. No exame psiquiátrico consta que Eliza perdeu o pai

---

49   Este caso foi analisado em FERREIRA (2012).

aos seis anos de idade e referiu-se à mãe como madrasta, chegou a trabalhar como doméstica e embaladora. Afirmou que não se dava bem com a "madrasta". Manifestou "angústia e desencanto" ao dizer que não gosta de ser negra. Presa preventivamente, a acusada apresentava "higiene sofrível", apesar de lúcida, tinha dificuldade em se orientar no tempo, no espaço e também quanto à própria identidade, levando os peritos a perceberem que havia sério comprometimento das "coesões mentais básicas". Apresentava "alheamento", "estranheza" e "aflição", seu humor era "contido" e a expressão de sentimentos "embotados". Relatou seu sofrimento na prisão por ser assediada sexualmente pelas colegas de cela.

Com o resultado do exame de insanidade, o defensor sustentou primeiramente a negativa de autoria (apesar de a acusada ter confessado o crime ao policial que a aprendeu em flagrante) e, como segunda opção, a inimputabilidade. O promotor optou pela absolvição sumária. A acusada foi absolvida sumariamente pelo juiz em 1997. Contudo, em 1999, dois anos depois a promulgação da sentença, Eliza continuava detida em prisão comum pela falta de vaga em manicômio judiciário. O defensor, em função disso, solicitou a prisão domiciliar, informando ao juiz que a transferência era necessária devido à situação "aflitiva" em que ela se encontrava. O promotor, por sua vez, não concordou com a prisão domiciliar, alegando "incompatibilidade com a medida imposta". A situação foi resolvida com o juiz solicitando a expedição de guia de internação em Hospital de Custódia e Tratamento.

O reconhecimento da inimputabilidade implica em estigma social e restrição de liberdade e isto está intimamente ligado ao potencial de perigo associado ao transtorno mental. Entretanto, por representar exclusão social, mas ao mesmo tempo a diminuição da pena, a inimputabilidade, às vezes, é colocada estrategicamente como opção pelo defensor ao juiz. Defensores e promotores podem utilizar estrategicamente o resultado do exame de insanidade, de acordo com os interesses em jogo. Cabe ao juiz decidir, conforme o seu livre convencimento, se o acusado deve ser absolvido de forma indireta (na fase da sentença de sumário, na qual o juiz decide pela pronúncia ou pela impronúncia) ou se ele deve passar por julgamento pelo Tribunal do Júri. Por meio das atribuições que lhes são outorgadas, os discursos psiquiátrico e judicial têm em comum o poder de excluir socialmente um indivíduo. Conforme Foucault (1996), as interdições que atingem os discursos são a forma mais conhecida de exclusão. O Judiciário também tem um papel fundamental na constituição das identidades já que é uma instituição que tem o poder de conferir ou negar reconhecimento social aos indivíduos por meio da legitimação pública de direitos, de deveres, dos valores e atribuições sociais. É nesse sentido que o judiciário e a psiquiatria transformam os crimes de parricídio em questões sociais.

No que se refere às relações entre pais e filhos, é importante notar a forma como a figura do pai se apresenta nos três processos. No caso de Eliza pela ausência e no caso de Carlos e de Antônio pela aversão ao pai.

Caracteriza o caso de Eliza a ausência do pai e as desavenças com a mãe. Marcou a convivência familiar os desentendimentos no lar causadas pelas insatisfações e alterações emocionais da filha, que ocasionaram o seu isolamento. O trauma e o sofrimento sentido pela mãe por causa da morte do filho e a falta de assistência médica e psicológica adequada para a filha completa o quadro de fatores que levaram à ação extremada da acusada de matar a mãe.

No caso de Antônio, o pai estava presente, mas este não cumpria suas atribuições na família, sendo apontado como o causador dos conflitos, principalmente, por ser alcoólatra. O isolamento do acusado e as brigas na família também eram constantes. Apesar de passar por tratamento psiquiátrico, Antônio não controlou os impulsos que o levaram a matar o pai, a quem culpa por seus problemas psicológicos. A precariedade a que Antônio estava exposto pode ser imaginada quando ele afirmou que se sentia melhor comendo a comida da cadeia do que a comida de sua casa.

No caso de Carlos, o pai também aparece como figura central nos conflitos com o filho, que alimentava a vontade de matá-lo. Mas, diferentemente de Antônio e Eliza, não foi relatado por testemunhas e familiares um histórico de distúrbios mentais. O exame de insanidade, curiosamente, foi realizado três anos após ter sido pronunciado pelo juiz. O diagnóstico de que Carlos sofria de distúrbios mentais foi baseado nas deficiências de sua formação social, cultural e econômica. A decisão de solicitar um exame de insanidade mental somente três anos depois da pronúncia pode significar que prevaleceu a concepção do senso comum de que somente um louco cometeria o crime de parricídio, ideia recorrente nas narrativas judiciais. No caso de Carlos a inimputabilidade facilitou a solução dada ao crime pelo Poder Judiciário.

Nos casos de Carlos e Antônio observa-se a questão da autoridade do pai. Os filhos são vitimados diante do mau uso do poder paterno. Os distúrbios mentais apresentam-se como resultado da convivência com um pai dominador, opressor e castrador, a quem os filhos recusavam obediência.

No caso da filha parricida, a mãe aparece distante da imagem da figura amorosa e dedicada. Em outro artigo (FERREIRA, 2012) argumentei que a relação entre a "loucura" feminina e os estereótipos de gênero pode ser um ponto fundamental para a compreensão do parricídio cometido pela mulher, na medida em que as encaixa na condição de passiva e frágil. Afirmei que o caso da filha parricida elucida aspectos relativos à vitimização feminina, no judiciário, triplamente excluída socialmente: por ser "louca", pobre e negra.

A discriminação racial relatada por Eliza evidencia mais um dos efeitos da violência simbólica a que os inimputáveis estão sujeitos. A questão racial não foi uma temática discutida nos processos judiciais pesquisados, a relação entre os aspectos biológicos e as concepções morais que norteiam o crime de parricídio não foi utilizada nos argumentos dos operadores do Direito, o que não significa que essa associação não persista no imaginário social e nas experiências de vida. No entanto, pode ser que a dupla vitimização da acusada enquanto mulher e "louca" por si só a tenha colocado numa posição de vítima e passiva, tal como o script de gênero reitera. Dessa forma, o parricídio cometido por uma mulher é "justificado" no judiciário (FERREIRA, 2012). Acrescente-se a isso o fato de o abuso sexual que a filha inimputável sofreu na cadeia retirar o parricídio da esfera da cultura e coloca-o na esfera da natureza.

A história de Carlos é interessante porque o laudo atribui a incapacidade do acusado de discernir sobre o fato criminoso ao deficitário desenvolvimento afetivo e à ausência de "sentimentos elaborados", cuja causa principal seria a falta de amparo socioestrutural, que a família e o Estado não foram capazes de suprir. A corrupção moral que se transfigurou em parricídio é justificada tanto pela ausência do Estado quanto pela incapacidade da família de transmitir e consolidar os aspectos positivos do afeto no acusado. O filho, considerado "louco" porque não tinha compromisso com a moral e com as normas de conduta, foi convertido em vítima do próprio sistema social e econômico.

O processo de Carlos revela que é tênue a linha que separa a "loucura" do desvio moral. Nesse caso, entra em questão a desordem psíquica na esfera da moral. Para Foucault, trata-se de uma experiência ocidental da loucura, construída no século XVI e que perdura até os dias atuais. A loucura é identificada em tudo que vai contra a natureza do ser humano, no indivíduo que não foi domesticado pelos valores. Nas palavras do autor, uma loucura que "conduz ao coro alegre de todas as fraquezas humanas" e que "reina sobre tudo que há de mal no homem" (Foucault, 2004, p.23)

CONSIDERAÇÕES FINAIS

De acordo com Rifiotis, os processos judiciais de parricídio oferecem "un material pertinente para la comprensión de la traducción de los conflictos intergeracionales en términos del lenguaje y de las practicas jurídicas y, en este sentido, es extremadamente útil para la comprensión de la especificidad del campo jurídico frente a los parricidios" (Rifiotis, 2011, p.120). Entretanto, os casos analisados mostram que os processos penais de parricídio privilegiam não somente a compreensão das representações sociais, dos valores culturais e de atribuições sociais manipuladas no judiciário e as especificidades que esse tipo de crime assume na linguagem judicial, inseridos na dinâmica de relações de poder presente nas versões dos envolvidos nos crimes.

Além das lógicas argumentativas apresentadas pelos atores judiciais e dos diagnósticos dos peritos responsáveis pelo exame de insanidade mental, os processos penais evidenciam a forma como as condições estruturais e culturais influenciam nos padrões de comportamento das famílias que passaram pela experiência de ter um de seus membros com transtorno mental como assassino de seu genitor. Observa-se também como os aspectos subjetivos subjazem a noção de "loucura" no judiciário, a maneira como influenciam a decisão do juiz sobre a aceitação ou não da absolvição por inimputabilidade.

Os casos mostram que o exercício do poder e da autoridade dos pais sobre os filhos que sofrem de distúrbios mentais e o grau de autonomia desses filhos ocorrem num contexto da violência estrutural como a pobreza, a baixa escolaridade, a falta de tratamento médico adequado, a rotinização da violência doméstica (física e verbal) e de estereótipos e atribuições de gênero. Trata-se de vulnerabilidades sociais que enredam preconceitos e estigmas sociais. A família, a escola, o saber médico e o judiciário, que têm como função de disciplinar os sujeitos, fazem parte da estrutura de poder e controle do Estado (Foucault, 1979). Os preconceitos sociais, as deficiências da educação formal exercida nas escolas, a ausência de condições básicas de sobrevivência e a violência intrafamiliar refletem a ineficácia das políticas sociais no combate à violência na esfera doméstica.

O que se observa nas narrativas dos processos judiciais e nos laudos periciais é que a não garantia de direitos fundamentais por parte dos indivíduos que administram o Estado e o não cumprimento das responsabilidades e atribuições sociais por parte dos membros que compõem a família tornam os filhos incapazes de cumprir as normas sociais de conduta, torna-os insensíveis à valorização da vida e impossibilitados de desenvolver sentimentos nobres. A associação desses elementos transforma o Estado e a família em responsáveis pelos crimes de parricídio. Assim, os distúrbios mentais autoauto explicam os crimes de parricídio, uma vez que suprimem a capacidade de autodeterminação dos sujeitos.

Tudo isso leva à reflexão sobre a responsabilidade dos filhos parricidas. O problema é que essa simples atribuição de culpa é incongruente com a complexidade das relações de poder na família e com a diversidade dos aspectos que configuram a socialização dos indivíduos na sociedade, que influenciam a formação do caráter e da moral. Assim sendo, para além da incapacidade do Estado em tornar efetiva a garantia de direitos da cidadania, é importante aprofundar a análise sobre como os valores culturais e atribuições sociais (que tocam em questões como autoridade, reciprocidade, hierarquia e desigualdades e reciprocidades entre homens e mulheres e entre pais/mães e filhos) se entrelaçam com a questão da desigualdade social. A íntima relação entre esses elementos constituem-se como fatores que motivam um filho portador de doença mental a cometer o parricídio. Torna-se, portanto, essencial problematizar a forma como esses indivíduos são socializados e investigar a influência das condições materiais e da ação social nos intricados vínculos entre transtorno mental, questões de gênero e violência estrutural nas relações entre pais e filhos.

REFERÊNCIAS

ALEXANDER, Jeffrey C. **O novo movimento teórico**. Revista Brasileira de Ciências Sociais, Vol. 4, 1987.

ANANIAS, Petrus. Sobre o dever de mudar a realidade: o papel do Estado na promoção de políticas sociais em um modelo de desenvolvimento integral. In: COELHO, Maria Francisca Pinheiro; TAPAJÓS, Luziele Maria de Souza; RODRIGUES, Monica (Orgs.). **Políticas sociais para o desenvolvimento:** superar a pobreza e promover a inclusão. Brasília: Ministério do desenvolvimento social e combate à fome, UNESCO, 2010.

ARDAILLON, Danielle; DEBERT, Guita Grin. **Quando a Vítima é Mulher:** análise de julgamentos de crimes de estupro, espancamento e homicídio. Brasília: Conselho Nacional dos Direitos da Mulher, 1987.

BUTLER. Judith. **Problemas de gênero**. Feminismo e subversão da identidade. Rio de Janeiro: Civilização Brasileira, 2003.

CORRÊA, Mariza. **Morte em família:** representações jurídicas de papéis sociais. Rio de Janeiro: Graal, 1981.

FERREIRA, Maria Patricia Corrêa. **Matar pai e mãe:** uma análise antropológica de processos judiciais de parricídio (São Paulo, 1990-2002). Tese de Doutorado. Programa de Pós-Graduação em Ciências Sociais, UNICAMP, Campinas, 2010.

_____. **Violência intrafamiliar e judiciário:** reflexões acerca do parricídio cometido por mulheres. Revista Amazônica, Belém, Vol. 4, n. 2, setembro 2012, pp: 400-429. Disponível em < <http://www.periodicos.ufpa.br/index.php/amazonica/article/view/1063/1512>. Acesso em 30 de outubro de 2012.

FOUCAULT, Michel. **Eu, Pierre Rivière, que degolei minha mãe, minha irmã e meu irmão**. 9ª reimpressão. Rio de Janeiro: Graal, 2010.

_____. **História da Loucura**. 7ª edição. São Paulo: Perspectiva, 2004.

_____. **A ordem do discurso**. São Paulo: Loyola, 1996.

_____. **Microfísica do poder**. Rio de Janeiro: Edições Graal, 1979.

MIRAGLIA, Paula. **Aprendendo a lição:** uma etnografia das Varas Especiais da infância e da juventude. Novos estudos - CEBRAP, n. 72, Julho de 2005.

RIFIOTIS, Theóphilos. Parricidio: padres e hijos en el tribunal de justicia de Florianópolis (santa Catarina, Brasil). In RIFIOTIS, Theóphilos; CASTELNUOVO, Natalia (Orgs.). **Antropología, violencia y justicia:** repensando matrices de la sociabilidad contemporánea en el campo de género y de La familia. 1a Ed. Buenos Aires: Antropofagia, 2011, p. 91-124.

SAMPAIO, Arlete. As políticas de desenvolvimento social do Brasil. In: COELHO, Maria Francisca Pinheiro; TAPAJÓS, Luziele Maria de Souza; RODRIGUES, Monica (Orgs.) **Políticas sociais para o desenvolvimento:** superar a pobreza e promover a inclusão. Brasília: Ministério do desenvolvimento social e combate à fome, UNESCO, 2010.

SCOTT, Joan. El género: una categoría útil para el análisis histórico. In: CANGIANO, M. C.; DUBOIS, L. (Orgs.). **De mujer a género:** teoría, interpretación y práctica feminista en las ciencias sociales. Buenos Aires: Centro Editor de América Latina, 1993, p. 17-50.

ZANELLO, Valeska.; BUKOWITZ, B. **Loucura e cultura:** uma escuta das relações de gênero nas falas de pacientes psiquiatrizados. Revista Labrys, v. 20-21, 2011. Disponível em: <http://www.tanianavarroswain.com.br/labrys/labrys20/bresil/valeska.htm>. Acesso em 06 out. 2013.

SAÚDE MENTAL E VIOLÊNCIA DE GÊNERO - REFLEXÕES

Maria Eunice Figueiredo Guedes,[50]
Alan Fernandes;[51]
Carlos Joaquim Barbosa da Rocha;[52]
Cristianne Pinheiro Silva;[53]
Fernanda Tamie Isobe;[54]
Fabiana Lima Silva;[55]
Ilana P. Botelho Rodrigues;[56]
José Moraes Cardoso;[57]
Raquel Platilha;[58]
Weverton Ruan Rodrigues.[59]

INTRODUÇÃO

A violência é uma realidade tão antiga quanto a humanidade. Está atrelada à "necessidade" de poder, que é exercido contra o mais fraco, contra a minoria ou, às vezes, contra a maioria, no caso do poder político e religioso. Em todos os casos, o indivíduo ou o grupo é ressignificado, por parte do agressor, com um tipo de ameaça e alvo para a obtenção de prazer pela subjugação.

---

50   Professora do Curso de Psicologia da Universidade Federal do Pará – UFPA. Mestre em Ciências Sociais e Doutoranda do Programa de Psicologia –PPGP/UFPA. Coordenadora do Projeto de Extensão "Promovendo os Direitos Humanos, Saúde e Cidadania através do apoio e atenção a mulheres, crianças e adolescentes vítimas de VDS. Conselheira do Conselho Regional de Psicologia do Pará/Amapá – CRP10 e Coordenadora da Comissão de Políticas Públicas do CRP 10. E-mail nicepsique@hotmail.com.

51   Estudante do curso de Psicologia da UFPA, Brasil. Integrante do Projeto de Extensão "Promovendo os Direitos Humanos, Saúde e Cidadania através do apoio e atenção a mulheres, crianças e adolescentes vítimas de VDS E-mail alan.psique@gmail.com

52   Estudante do curso de Psicologia da UFPA, Brasil. op.cit. Integrante do Projeto de Extensão "Promovendo ..

53   E-mail bcarlosjoaquim@gmail.com
Estudante do curso de Psicologia da UFPA, Brasil. op.cit. Integrante do Projeto de Extensão "Promovendo . E-mail cristy_psi14@hotmail.com

54   Estudante do curso de Psicologia da UFPA, Brasil. op.cit. Integrante do Projeto de Extensão "Promovendo . E-mail fernandaisobe@hotmail.com

55   Estudante do curso de Psicologia da UFPA, Brasil. op.cit. Integrante do Projeto de Extensão "Promovendo . E-mail fabianaifch@gmail.com

56   Estudante do curso de Psicologia da UFPA, Brasil. op.cit. Integrante do Projeto de Extensão "Promovendo . E-mail Ilana.botelho@yahoo.com.br

57   Estudante do curso de Psicologia da UFPA, Brasil. op.cit. Integrante do Projeto de Extensão "Promovendo . E-mail josue_mcardoso@hotmail.com

58   Estudante do curso de Psicologia da UFPA, Brasil. op.cit. Integrante do Projeto de Extensão "Promovendo . E-mail raquelplatilha@hotmail.com

59   Estudante do curso de Psicologia da UFPA, Brasil. op.cit. Integrante do Projeto de Extensão "Promovendo . E-mail wevertonobama2@gmail.com

Antes, o que era de domínio dos jornais e de programas sensacionalistas, tornou-se corriqueiro de se ver e ouvir em qualquer telejornal mais respeitado. E, não muito longe, talvez em nossa própria vizinhança nos deparemos com casos de espancamento e violência sexual que se pode provocar morte e deixar sequelas físicas e psíquicas para o resto da vida. Nesse cenário mórbido, as maiores vítimas são sempre crianças, adolescentes e mulheres.

Embora esta realidade nos intimide, é preciso que a enfrentemos a partir da integração de diferentes setores como o da saúde, da justiça, segurança pública e outros. Também já é tempo (ou sempre foi) de pensarmos sobre a questão do direito e lembrarmos que a lei antes de tudo, "... era força bruta e que, mesmo hoje, não pode prescindir do apoio da violência"... (Freud, 1933) articulando promoção com atenção às situações de violência doméstica e sexual – VDS.

SAÚDE MENTAL E GÊNERO

As mulheres constituem a maioria da população brasileira e as principais usuárias do Sistema Único de Saúde - SUS. Conformam, portanto, um segmento social fundamental para as políticas de saúde, não apenas pela sua importância numérica, mas, especialmente, porque neste campo as históricas desigualdades de poder entre homens e mulheres implicam em forte impacto nas condições de saúde das mulheres, sendo as questões de gênero um dos determinantes de saúde a ser considerado na formulação de políticas públicas. Outras variáveis como raça/etnia e situação de pobreza aprofundam ainda mais tais desigualdades e também necessitam ser consideradas na formulação, implementação e avaliação de estratégias de intervenção governamental na área.

É importante considerar o fato de que determinados problemas afetam de maneira distinta os homens e as mulheres e que alguns são mais prevalecentes em determinados grupos étnico-raciais. Enquanto a mortalidade por violência afeta os homens em grandes proporções, a morbidade, especialmente provocada pela violência doméstica e sexual, atinge prioritariamente a população feminina. Também no caso dos problemas de saúde associados ao exercício da sexualidade, as mulheres estão particularmente afetadas e, pela particularidade biológica, têm como complicação a transmissão vertical de doenças como a sífilis e o vírus do HIV, a mortalidade materna e os problemas de morbidade ainda pouco estudados. No caso das mulheres negras, por exemplo, a literatura científica constata, ainda, a maior frequência de diabetes tipo II, miomas, hipertensão arterial e anemia falciforme.

As mulheres sob o enfoque de gênero sofrem duplamente com as consequências do sofrimento psíquico, dadas as condições sociais, culturais e econômicas em que vivem. Condições que são reforçadas pela desigualdade de gênero tão arraigada na sociedade brasileira, que atribui à mulher uma postura de subalternidade em relação aos homens: pais, maridos, companheiros, patrões, irmãos...

Outros aspectos agravam a situação de desigualdade das mulheres na sociedade: classe social, raça, etnia, idade e orientação sexual, situações que limitam o desenvolvimento e comprometem a saúde mental de milhões de mulheres.

Um dos fatores determinantes na saúde mental feminina e questões referentes à saúde mental em decorrência por parte destas da vivência por estas de situações de violência doméstica e sexual.

A Organização Mundial da Saúde (OMS) reconhece a violência doméstica como um problema de saúde pública, pois afeta a integridade física e a saúde mental. Os efeitos da violência doméstica, sexual e racial contra a mulher sobre a saúde física e mental são evidentes para quem trabalha na área. Mulheres em situação de violência frequentam com assiduidade os serviços de saúde e em geral com "queixas vagas". Situações como a falta de alternativas de sustentabilidade financeira, inexistência ou deficiência de retaguardas para o exercício de seu papel de chefe de família e outras situações cotidianas provocam adoecimento e a resposta para isso por parte da atenção em saúde é a medicalização.

VIOLÊNCIA DE GÊNERO

Arendt (1985) analisa a relação entre poder e violência no campo social e político partindo do pressuposto de que eles ocupam polos contrários *"onde um domina de forma absoluta, o outro está ausente"*(Arendt, 1985, p. 30). O poder é, segundo Arendt, aquele que delegamos a outrem: elegemos um outro e de comum acordo o fazemos representante de nossos anseios e decisões. Este então não precisa utilizar de força para exercer seu poder, ao contrário, quando a força se faz presente o poder já foi ou está sendo perdido. Portanto, está instalada uma potência e a utilização da violência ocorre na tentativa de retomar, a qualquer custo, aquilo que foi perdido.

Assim, esta análise torna-se válida para a compreensão da violência no âmbito doméstico pois o masculino ocupa um espaço privilegiado nas sociedades, e como tal, supostamente, detém um poder sobre a mulher. Na relação conjugal é reafirmado esse lugar de macho, o contrato matrimonial é o meio legal pelo qual se estabelece o controle do marido. A existência de leis civis e religiosas outorgam aos homens direitos sobre as mulheres e alimentam a crença de que eles como seus protetores e proprietários têm o direito de bater em suas esposas, aplicando o que chamavam de *"castigos domésticos"*(Langley e Levy, 1980, p. 56) da mesma forma que podiam castigar crianças e aprendizes. À mulher cabia apenas obedecer os ditames sociais e religiosos segundo Almeida e Saffioti (1995) pois,

> ... dada sua socialização, as mulheres tendem a ser muito provedoras no campo afetivo... e cuidar do material. Trata-se de tarefas muitas vezes penosas que a mulher desenvolve para agradar, uma vez que lhe ensinaram a tentar agradar sempre...(Almeida;Saffioti, 1995, p. 86)

Afinal esse era o significado do ser mulher – amar incondicionalmente, ser mãe. Para manter este suposto poder, fixando papéis/ lugares, é que o homem utiliza-se da força tenta assegurar-se do seu dito poder pela violência. Essa postura é tolerada e legitimada pela sociedade, e é justamente a aceitação social da violência masculina contra as mulheres (e meninas) que faz dela uma violência de gênero. As pesquisas indicam que a maioria das agressões físicas ocorridas no âmbito doméstico são sofridas por pessoas do sexo feminino, estando mulheres e meninas mais expostas.

A violência de gênero é pandêmica por assim dizer, pois está presente no mundo todo, é um problema mundial que atinge mulheres independentemente de idade, cor, etnia, condição social ou religião. Está presente em todos os espaços sociais, mas é no privado, nas relações conjugais, que ela expressa sua face mais destruidora. Portanto, a violência doméstica é violência de Gênero. O ato violento destrói a segurança de um indivíduo e é capaz de abolir os aportes de uma identidade, aniquila desejos, autonomia e liberdade.

No nosso trabalho a agressão física é o tipo de violência mais denunciado, o que não quer dizer que é a mais cometida. Outros tipos de violência mais veladas, nem por isso menos destruidoras, ocorrem diariamente entre quatro paredes e não são percebidas como violência pelas mulheres. É o caso das ameaças, calúnias, difamações que constituem violência de cunho psicológico bastante eficazes na domesticação/ adestramento das mulheres frente à dominação masculina.

Outro tipo de violência comumente sofrida pelas mulheres dentro de casa e raramente denunciada é o abuso sexual. Primeiramente, porque muitas mulheres acreditam que o ato sexual é um dever conjugal ao qual ela tem que se submeter, mesmo contra a sua vontade, para dar prazer ao parceiro cumprindo assim, seu papel de esposa. Em segundo lugar, porque sentem muita vergonha de se expor ao falar de um assunto tão íntimo. Portanto, por trás de toda violência há uma ideologia que cria e lhe dá sustentação. Embora nem sempre seja percebida pelos sujeitos envolvidos, ocorrendo assim, a perpetuação e reprodução daquela, pelos homens e mulheres, em suas relações sociais, sem que estes (as) se deem conta disto.

1.2.1 O CICLO DA VIOLÊNCIA

Não é fácil compreender a problemática em questão, principalmente quando vemos que uma mulher verbaliza estar cansada de apanhar, denuncia o cônjuge/agressor e logo depois volta a mesma relação; ou mesmo, permanece em outra relação violenta por anos a fio sem dela conseguir sair.

As perguntas sempre suscitadas "por quê uma mulher aceita isso?" ou " por quê você fica nessa relação?"carregam consigo um julgamento altamente culpabilizador, que de alguma forma, desconsidera ou desconhece todos os mecanismos que inviabilizam a saída da relação violenta. Esses tipos de afirmações acabam apontando/reforçando o que seria considerado socialmente como " mais um fracasso da mulher, que além de não fazer um bom casamento, não consegue levar a cabo sua ruptura" (grifo nosso)[60]. Diversos estudos indicam que esta permanência se deve a vários fatores. Dentre eles a problemas socioeconômicos-culturais e o emprego dos mecanismos intrínsecos ao ciclo da violência.

---

60 Foram várias vezes que escutei em trabalho de atendimento a mulheres vítimas de violência este tipo de afirmação por parte das mulheres vitimizadas. Verbalizavam no grupo o sentimento de fracasso diante da expectativa (s) que tinham da relação de casamento.

A Violência Doméstica e sexual pode ocorrer no "lar–doce–lar" (grifo nosso), no seio da família, que é um espaço onde se tem ideia de amparo, afetividade, no qual se desenvolve a base para a socialização do indivíduo. O "lar-doce-lar" também passa a ser para mulheres, crianças e adolescentes atendidos pelo grupo educativo[61], um espaço de espancamento físico e psicológico, permeado de depreciação. Se qualquer tipo de violência acarreta prejuízos à vítima, imagina a desencadeada na família?

Adolescentes maltratados podem se tornar adultos agressores. Esse é o "Ciclo da Violência". O pai que hoje maltrata o filho, pode ter sido agredido na infância ou até mesmo abusado sexualmente, justificando a importância de tentar entender o processo, que está ocorrendo no universo social e familiar onde este adolescente se encontra.

A violência doméstica traz em si representações culturais socialmente construídas tais como a noção de proteção à infância; de castigo com instrumento pedagógico; de hierarquia familiar e de dominação do mais forte. Esses elementos podem variar de acordo com a posição de classe; renda salarial; se os filhos foram ou não desejados; uso de drogas e álcool; abusos sexuais sofridos pelos pais etc. Duque--Arrazola (1997) em trabalho sobre o cotidiano de meninos e meninas em situação de pobreza na cidade de Recife coloca que as famílias e adolescentes de classes mais baixas estão sujeitas diferenciadas de outros adolescentes (de classe mais alta) afirmando que na situação de pobreza,

> ...na situação de pobreza desses grupos domésticos familiares, frequentemente os pais, mães, marido e mulher, irmãos e irmãs falam na presença dos(as) filhos(as) da pesada carga que estes(as) representam...Nessas cruas condições de vida, além do mais, desde pequenos(as), meninos e meninas só escutaram dizer que foram indesejados(as),rejeitados(as) pelo pai ou pela mãe, pelos avôs ou pelas avós, por serem filhos(as) de mãe solteira, de mãe adúltera, aquela que colocou galha no marido e que, por isso, foi abandonada. Pobreza que expõe com maior evidência e nudez, se comparada com outros grupos domésticos de classe sociais distintas, o poder e a dominação dos homens da casa e a subordinação e dependência das mulheres do grupo doméstico...Mesmo assim, e sob essas condições, meninos e meninas aprendem a relacionar--se com os(as) outros(as), definem-se como seres sociais-sujeitos-nas suas relações com os(as) outros(as)... (Duque-arrazola,1997,p.383-384)

Saffiotti (1997) por outro lado pontua dois tipos de violência: estrutural e violência inerente às relações interpessoais adulto-criança (Saffioti,*apud* Azevedo e Guerra,1997,p.145) existentes na sociedade e faz algumas considerações sobre essas colocações das autoras.

> A violência estrutural, inerente ao modo de produção das sociedades desiguais em geral e da sociedade capitalista em particular, não é a única forma de

---

61 Conforme vários relatos feitos por pacientes no PEMA.

fabricar crianças vítimas. A seu lado- e por vezes, mas não necessariamente em intersecção com ela -coexiste a violência inerente às relações interpessoais adulto-criança (Grifos no original)...Da maneira como a ideia foi exposta, sinaliza a inexistência de contradição nas relações de gênero e nas étnico-raciais, o que vale dizer que a violência não é inerente a estas relações. A postura aqui assumida é frontalmente contrária...porque o gênero e a raça/etnia são tão fundantes das relações sociais quanto a classe...(Saffioti, 1997, p.145-146).

O ciclo da violência, para a maioria dos (as) autores (as) se divide em três fases, como ilustra a fig. 1.

Fig. 1: Ciclo da Violência (ciclo ininterrupto, sem início ou fim, da lua de mel para a tensão, para a agressão, para a lua de mel etc.)

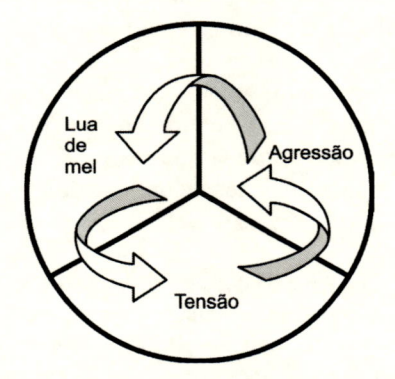

Na fase de tensão são constantes ameaças e cobranças por coisas triviais como servir o almoço ou arrumar a casa. Diante das cobranças e ameaças é comum a mulher procurar obedecer ao marido mesmo que pareça irracional, agindo de forma a administrar a situação para que a ameaça não se concretize.

Na fase de agressão as ameaças concretizam-se de fato, muitas vezes em ocasiões inesperadas pelo motivo mais banal. Logo após, o agressor se diz arrependido, mas transfere para a mulher a culpa pelos seus atos, já que as regras outrora impostas por ele forma descumpridas. As regras variam desde tarefas domésticas, passa pelos ditos "deveres conjugais" e chega ao extremo da privação de comunicação com parentes e/ ou vizinhos. Ela é a culpada, mas ele a perdoa. Ela muitas vezes admite e assume sua culpa, prometendo não mais cometer o erro e ele a corrompe com juras de amor e compromete-se a mudar. Esta é a chamada fase da Lua-de-mel, considerada a mais significativa, pois é quando renovam-se as esperanças de que tudo ainda pode mudar para melhor, ativando-se suas fantasias de enfim encontrar o príncipe tão falado nos contos infantis e viver com ele como nos finais felizes de filmes românticos.

Permeando estas fases estão muitos mecanismos que potencializam sua eficácia. O isolamento é um deles. O agressor no início de um relacionamento, alegando ciúmes, afasta a mulher da família, amizades, trabalhos ou estudos, podendo assim manter o controle da situação, restringindo a vida da mulher ao âmbito doméstico no qual ele reina absoluto. Mas é dela a responsabilidade de zelar pelo bom andamento do lar e da felicidade da família (como dizem nossos avós). É comum que ele faça constantes comentários depreciativos sobre a capacidade intelectual e o corpo da mulher, inclusive em público. Ele picha a imagem dela e exalta a sua fazendo-se onipotente frente às leis.

Estas formas de conduta fazem com que a mulher enxergue através do olhar do homem, destruindo sua autoimagem, fazendo-a sentir-se insegura, isolada do mundo e dependente exclusivamente dele. Muitas mulheres sequer realizam exames médicos por impedimento se seus parceiros, que as submetem a atos sexuais sem o seu consentimento e/ou desejo.

Por outro lado a realidade do agressor se torna a realidade da "vítima", torna-se dependente da obediência dela. É um falso sentimento de poder e controle. A saída da mulher desse controle significa o fim do mundo dele. Dizer não é contestar o poder masculino, é atestar a sua impotência.

As pesquisas indicam que as agressões mais graves, incluindo as que resultam em homicídio, ocorrem quando a mulher tenta sair da relação ou depois da separação, o que confirma a tese do suposto poder do qual os homens se acham investidos.

Há muitos fatores subjacentes à permanência da mulher na relação conjugal violenta. Uma das mais importantes é a sua atitude diante da violência: se ela vê a violência como algo normal, dificilmente tentará mudar a relação, mesmo que esta lhe seja dolorosa e humilhante. O padrão de relacionamento familiar é, pois, potencialmente determinante na forma de vida de um indivíduo. Está provado que as crianças abusadas serão potencialmente agressoras quando adultas. É comum que as mulheres vitimadas venham de famílias onde havia a violência conjugal. Estas mesmas mulheres investem a violência sofrida contra seus filhos, os quais estão sobre o seu domínio na escala hierárquica do poder familiar. As dificuldades financeiras para criar os filhos sem a colaboração do homem e a falta de apoio familiar podem ser também apontados como um fator.

A dependência emocional figura como importante fator de permanência. Pelo temor da solidão, hesitam em denunciar o companheiro. O sentimento de afeto a este é quase sempre negado, mas uma escuta mais atenta e sensível consegue torná-lo aparente.

Contudo, Langley e Levy (1980) em trabalho intitulado *"Mulheres espancadas-fenômeno invisível"* mostraram que o rompimento do ciclo da violência é sempre feito pela mudança de atitude da mulher, que, a seu tempo, não suporta mais, decide sair do relacionamento. Algumas reagem ao primeiro sinal de ameaça, outra após várias agressões físicas. De qualquer forma significa uma mudança de atitude ou de posição, na relação com o parceiro, a saída da mulher da relação de violência.

1.3 A violência na Amazônia

A incidência cada vez maior de casos, tem preocupado as inúmeras organizações de mulheres que trabalham em defesa dos direitos e da dignidade da mulher, prezando pela construção de uma sociedade mais tranquila, onde todos possam exercer sua cidadania plena, com o exercício de direitos e respeito às diferenças.

Presente desde a década de 70 na agenda dos movimentos da região Norte (Amazônia) o tema violência teve sua atenção voltada para a questão do assassinato de mulheres e na impunidade dos criminosos até a década seguinte. Na década de 80 os crimes praticados pelos maridos começaram a ser denunciados sob a ótica da violência de gênero. O trabalho de denuncia foi intenso nesta década em que as campanhas para a condenação de estupradores e assassinos de mulheres deram visibilidade a questão e aos movimentos.

A década de 90 caracteriza-se pelo levantamentos de dados da violência junto a delegacias e à imprensa. A frequência dos atos de agressividade (assassinatos, estupros, espancamentos, violência psicológica, abusos sexuais, etc.) contra a mulher, demonstra por outro lado, a dramaticidade da violência especifica de gênero, que reúne todas as formas de abuso, instituídos cultural e socialmente contra a mulher.

Nosso projeto enquadra-se na perspectiva de buscar estratégias para melhorar a situação da mulher e de crianças e adolescentes , que são vítimas de violência Doméstica e Sexual em Belém. Atualmente ocorrem um grande número de casos de violência doméstica e sexual, seja sobre adultos, seja sobre adolescentes. Em Belém, em 2012 (de janeiro a setembro), foram realizados 3769 registros policiais de crimes contra a Mulher no Estado do Pará (dados SEGUP/PA) sendo que destes 1497 foram feitos nos municípios da Região Metropolitana de Belém – RMB (sendo 893 em Belém) segundo informações a Coordenadoria da Mulher do Estado do Pará . Ou seja quase 40 % do total de registros de crimes contra as mulheres ocorreram na RMB.

Após a edição da Lei 11340/2006 mais conhecida como Lei Maria da Penha –LMP foram registrados na Divisão Especializada de Atendimento- DEAM da Secretaria de Segurança Pública do Estado do Pará –SEGUP/PA (de setembro de 2006 a agosto de 2012) 11221 Boletins de ocorrência Policial – BOP em Belém. Número extremamente significativo. Destes crimes somente 1039 dos agressores foram presos.

Existe também uma morosidade na justiça pois o Tribunal de Justiça do Estado do Pará – TJEP (nas 03 varas de violência doméstica e familiar contra a mulher) pois esta só condenou 56 agressores (de janeiro de 2011 a julho de 2012) embora tenha concluído nesse período 3368 processos.

Os dados de notificação de violência contra a mulher - NVC por outro lado nos serviços de saúde em vários hospitais públicos e privados e unidades de saúde da capital são enormes. De 2009 a 2012 foram notificados 9220 casos em Belém. Na RMB foram realizados 1068 atendimentos pelos serviços de saúde em 2011 sendo que 781 em Belém. Estes números estão sub dimensionados pois ainda hoje os serviços notificam pouco as ações de violência atendidas pelo setor saúde. Muitos dos atendimentos realizados encontram não só um tipo situação de violência mas múltiplas. Entre estas se destacam com maiores ocorrências a violência sexual e a violência física, psicológica. Muitas situações no entanto esses 03 tipos se somam (são violências simultâneas) como podemos observar na tabela 1.

Tabela 1- SINAN: ATENDIMENTOS FEMININOS POR VIOLÊNCIAS. BRASIL. 2011

Município	UF	Total Atendi- -mentos	Tipos de Violência					Taxa (em 100 mil)
			Física	Psicoo- -lógica	Sexual	Negli- -gência	Outras	
Ananindeua	PA	203	65	94	191	1	12	82,7
Belém	PA	781	431	343	492	16	7	106,3
Benevides	PA	31	13	22	29		4	120,0
Marituba	PA	35	16	23	32	1	6	64,4
Santa Bárbara do Pará	PA	18	11	13	18			214,6
Total	PA	1.068	536	495	762	18	29	

A mobilização das mulheres fez com que Governos e governantes iniciassem discussão sobre a necessidade de formulação de políticas públicas objetivando a prevenção, punição e erradicação da violência contra a mulher.

As variáveis se modificam de cultura para cultura, e estão ligadas às tipicidades culturais nas quais se inserem, como a dinâmica do núcleo familiar e a história de vida, da criança e adolescente; o processo histórico e social; a classe social; o tipo de trabalho exercido etc assim como as demandas e propostas das comunidades.

Entre as conquistas fruto da mobilização dos movimentos de mulheres no âmbito do combate à violência doméstica e sexual temos: criação de Delegacias Especializadas de Atendimento à Mulher, 02 Albergues para atendimento às mulheres em situação de violência e sob risco de vida (municipal e estadual), investimento ainda pequeno na formação de profissionais que lidam com a temática da violência, criação do fórum de discussão entre a rede de Serviços, regulamentação do Programa do Aborto Legal no Hospital Santa Casa.

O documento de pauta do 8 de março de 2012 dos movimentos de mulheres do Pará aponta algumas demandas e propostas que, se forem efetivadas contribuirão para melhorar a qualidade de vida das mulheres eliminando a discriminação de gênero na consolidação de uma plena cidadania feminina e diminuição da violência doméstica e sexual no Pará. Destacamos algumas:

- Realização de Campanhas sistemáticas veiculadas pela grande mídia/sensibilização da sociedade para a problemática e estímulo à quebra do silêncio sobre a violência doméstica e familiar contra mulheres e meninas;
- Reestruturação dos equipamentos sociais/melhoria das Delegacias especializadas e abrigos para mulheres;
- Incluir no Currículo do Curso de Formação dos policiais a discussão de Gênero;
- Reformulação e atualização do Código Penal;
- Educação não sexista, orientação sexual nas escolas;
- Atendimento psicossocial às pessoas vitimizadas pela Violência Doméstica e Sexual.

Em Dezembro de 1999, foi montado e coordenado por nós um trabalho experimental de atendimento psicossocial a mulheres adultas, crianças e adolescentes no Hospital Bettina Ferro de Souza-HUBFS denominado "Programa de atendimento a mulheres, crianças e adolescentes vítimas de violência Doméstica e Sexual"[62] - PEMA. Este projeto teve como objetivo a prevenção, atenção e atendimento a crianças, adolescentes e mulheres que são vítimas de violência doméstica e sexual em Belém.

No entanto temos hoje uma nova perspectiva de trabalho no campo da promoção de direitos e cidadania e prevenção à violência doméstica e sexual na UFPA e no qual se demanda o retorno deste tipo de intervenção que realizamos anteriormente através do PEMA

Assim deve-se buscar as parcerias governamentais e não governamentais com segmentos que podem minimizar os elementos que hoje agudizam a inserção das mulheres em situações de stress e violência podendo ocasionar processos de adoecimento e articular políticas intersetoriais".

É necessário também intervir no modelo vigente de atenção à saúde mental das mulheres, visando a propiciar um atendimento mais justo, mais humano, eficiente e eficaz, em que a integralidade e as questões de gênero sejam incorporadas como referências na formação dos profissionais que atendem a esse grupo populacional e podem intervir positivamente nessa realidade.

Para que se possa compreender as reais necessidades das mulheres que buscam um atendimento em serviço de saúde mental, é necessário que se dê um processo de incorporação, à prática das ações de saúde, da perspectiva de que a saúde mental das mulheres é, em parte, determinada por questões de gênero, somadas às condições socioeconômicas e culturais. Dentro dessa realidade, o SUS poderá propiciar um atendimento que reconheça, dentre os direitos humanos das mulheres, o direito a um atendimento realmente integral a sua saúde.

---

62 Este trabalho foi implementado em sua versão mais recente em dezembro/1999, embora desde 1997 tenha se discutido com Delegacia da Mulher/Belém, Juizado da Infância e Adolescência, OAB a operacionalização desse trabalho. Em 1998 ele funcionou na sede da OAB/Pará. Em 1999 se mudou para o Hospital Universitário Bettina Ferro de Souza –HUBFS da UFPA. Esse trabalho foi coordenado pela Profª Maria Eunice Figueiredo Guedes do DPSE/UFPA até Novembro/2001 quando foi assumido pela Profª Milene Xavier Veloso do DPSE/UFPA.Inicialmente atendia mulheres adultas sendo que a partir de março/2001 passou a atender crianças e adolescentes. Esse trabalho contou com a parceria de organismos governamentais e não governamentais como Fórum de Mulheres da Amazônia Paraense, CMCF, Albergue Emanuele Diniz, Abrigo Dulce Accioly, GEMPAC, Conselhos Tutelares, DATA, MNMMR, Rede Saúde/Pará, entre outras entidades.

Amarante e Torres (2010) em relação a alguns dos entraves apontados aqui, especificamente sobre o campo da saúde mental, ressaltam que as políticas para a área não devem ser reduzidas a processos de reorganização ou reorientação do modelo assistencial, assim como o conceito de reforma psiquiátrica deve ser entendido como um processo social complexo, de construção de outro lugar social para os sujeitos em sofrimento pois atualmente, no Brasil, há uma baixa articulação entre a rede de saúde mental e a Estratégia de Saúde da Família, causando a fragilização da área, disse.

O pesquisador destaca os novos conceitos de tratamento, que envolvem a cultura e a diversidade cultural, educação, lazer, redes sociais, em prol da garantia de direitos para os usuários do sistema de saúde mental assim como o conceito de reforma psiquiátrica deve ser entendido na perspectiva da integralidade do cuidado.

Para pensar na perspectiva da integralidade do cuidado para as mulheres no âmbito da saúde deve-se então pensar na perspectiva de **implantar um modelo de atenção à saúde mental das mulheres sob o enfoque de gênero e,**

• Melhorar a informação sobre as mulheres com sofrimento psíquico no SUS para qualificar a atenção à saúde mental das mulheres;

• incluir o enfoque de gênero e de raça na atenção às mulheres com sofrimento psíquico e promover a integração com setores não governamentais, fomentando sua participação nas definições da política de atenção às mulheres com sofrimento psíquico.

• A Política de Atenção à Saúde da Mulher deverá atingir as mulheres em todos os ciclos de vida, resguardadas as especificidades das diferentes faixas etárias e dos distintos grupos populacionais (mulheres negras, indígenas, residentes em áreas urbanas e rurais, residentes em locais de difícil acesso, em situação de risco, presidiárias, de orientação homossexual e identidade de gênero, com deficiência, dentre outras).

• Articular o setor saúde como um todo, e também outros campos de política social, colocando a necessidade da intersetorialidade;

• Estabelecimento de uma REDE: Projetos e programas em várias áreas: direitos humanos e justiça; habitacional; Trabalho; assistência social; educação; cultura, esporte e lazer, etc.

• Contribuir para que a saúde e as diversas disciplinas científicas compreendam e incorporem a diversidade: racial, étnica, de classe, gênero, geracional, orientação sexual etc. na sua prática.

Retomamos então essa experiência anterior com o PEMA mas agora ampliando as ações além da atenção à saúde com atendimento a adolescentes a realização de ações de promoção de saúde interdisciplinares abrangendo grupos de mulheres mais vulneráveis como as mulheres ribeirinhas e jovens da ilha do Combú, mulheres indígenas do Distrito Sanitário Guamá Tocantins – GUATOC e Profissionais do sexo da Região Metropolitana de Belém – RMB em parceria com Unidades de Saúde, Ong's e Saúde Indígena.

Acreditamos que assim a universidade se coloca em consonância com a pauta colocada pelos movimentos de mulheres/feministas para o Pará.

As ações de sensibilização, e atenção a vítimas de VDS em termos de proposta de intervenção seguem um enfoque pedagógico que estimulam a participação popular e a emancipação do ser humano desde a concepção das ações, levando em consideração que toda comunidade onde ocorrerá uma intervenção detém um saber prévio que deve ser respeitado.

Através de metodologias participativas busca-se então construir junto as/aos envolvidos no projeto a consciência de que todos somos atrizes/atores de um projeto de sociedade. Com este enfoque procura-se estimular a participação da universidade na relação com a comunidade e demais esferas onde a comunidade possa participar e contribuir ativamente da formulação e implementação das políticas públicas.

REFERÊNCIAS

ALMEIDA & SAFFIOTI, H.(1995) **Violência de Gênero, Poder e Impotência**. Rio de Janeiro: Revinter.

AMARANTE. , TORRES, P.., E.H.G. **Medicalização e determinação social dos transtornos mentais:** a questão da indústria de medicamentos na produção de saber e políticas In: Determinação Social da Saúde e Reforma Sanitária/ Roberto Passos Nogueira (Organizador) – Rio de Janeiro: Cebes , 2010

ARENDT, H. (1985) **Da Violência**. Brasília:Ed. UnB.

ARIÈS, P. (1978) **A História Social da Família e da Criança.** Rio de Janeiro: Ed. Guanabara.

AZEVEDO, M. A.G. (1988) **Pele de asno não é só história... um estudo sobre a vitimização sexual de crianças em família**. São Paulo: Editora Roca

BOCK, A. M. B. A psicologia sócio- histórica: uma perspectiva crítica em psicologia. In: BOCK, A. M. B; GONÇALVES, M. G. M; FURTADO, O. (Org.). **Psicologia sócio-histórica:** uma perspectiva crítica em psicologia. São Paulo: Cortez, 2001. p. 15-35.

BRASIL. Política nacional de atenção integral à saúde da mulher: princípios e diretrizes / Ministério da Saúde, Secretaria de Atenção à Saúde, Departamento de Ações Programáticas Estratégicas. Brasília: Ministério da Saúde, 2004.

BURIN, M. (1987) **Estudios Sobre La Subjetividad Femenina – Mujeres Y Salud Mental.** Buenos Aires, Grupo Editor Latinoamericano / Colección Controversia

DUQUE-ARRAZOLA, L. S. (1997) O cotidiano sexuado de meninos e meninas em situação de pobreza In Madeira, Felícia Reicher (org.) **Quem mandou nascer mulher? Estudos Sobre Crianças e Adolescentes Pobres no Brasil**. Rio de Janeiro: Record/Rosa dos Tempos, p. 135-211

FREUD, S. (1933) Porque a guerra? (EINSTEIN E FREUD). In: **Edição Standard Brasileira das Obras Psicológicas Completas de Sigmund Freud**. Imago, Rio de Janeiro, 1972. Vol. XXII.

GUEDES, M. E. F. (1995) **Gênero o que é Isso?** In: Revista do Conselho Federal de Psicologia. Brasília, CFP

_____(2002) **Algumas considerações entre Gênero, Violência e o Programa Prevenção, atenção e atendimento a mulheres, crianças e adolescentes vítimas de violência doméstica e sexual- PEMA**. Belém, mimeo , p. 17-32.

MINISTÉRIO DA SAÚDE (1985) **Assistência Integral à Saúde da Mulher:bases de ação programática**. Brasília:Centro de documentação do Ministério da Saúde

_____(1997) **Norma Operacional Básica do Sistema de Saúde/NOB-96.** Brasília: Ministério da Saúde

_____(1998) **Norma Técnica em relação à violência Sexual. Brasília:** Centro de documentação do Ministério da Saúde. Brasília: Ministério da Saúde

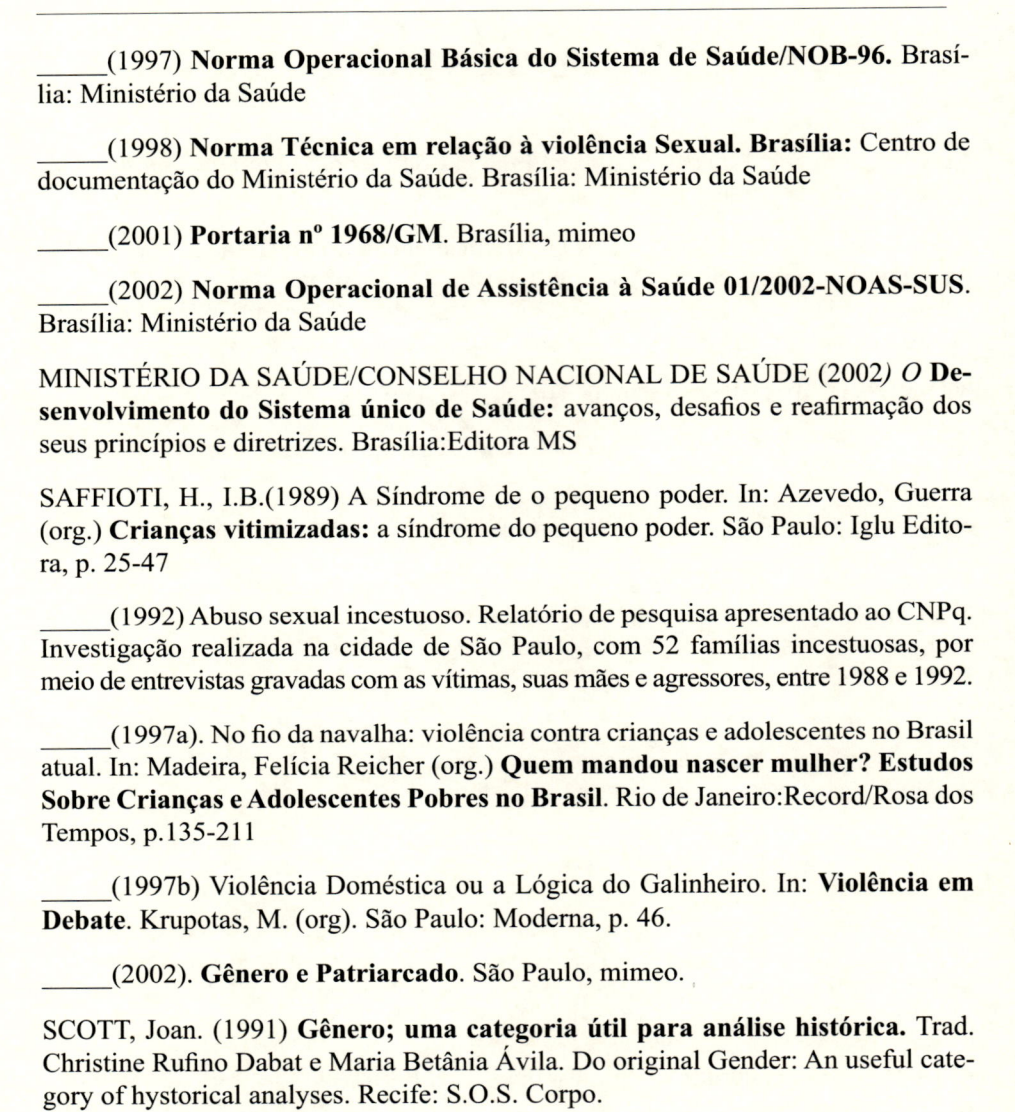

_____(2001) **Portaria nº 1968/GM.** Brasília, mimeo

_____(2002) **Norma Operacional de Assistência à Saúde 01/2002-NOAS-SUS.** Brasília: Ministério da Saúde

MINISTÉRIO DA SAÚDE/CONSELHO NACIONAL DE SAÚDE (2002*) O* **Desenvolvimento do Sistema único de Saúde:** avanços, desafios e reafirmação dos seus princípios e diretrizes. Brasília:Editora MS

SAFFIOTI, H., I.B.(1989) A Síndrome de o pequeno poder. In: Azevedo, Guerra (org.) **Crianças vitimizadas:** a síndrome do pequeno poder. São Paulo: Iglu Editora, p. 25-47

_____(1992) Abuso sexual incestuoso. Relatório de pesquisa apresentado ao CNPq. Investigação realizada na cidade de São Paulo, com 52 famílias incestuosas, por meio de entrevistas gravadas com as vítimas, suas mães e agressores, entre 1988 e 1992.

_____(1997a). No fio da navalha: violência contra crianças e adolescentes no Brasil atual. In: Madeira, Felícia Reicher (org.) **Quem mandou nascer mulher? Estudos Sobre Crianças e Adolescentes Pobres no Brasil**. Rio de Janeiro:Record/Rosa dos Tempos, p.135-211

_____(1997b) Violência Doméstica ou a Lógica do Galinheiro. In: **Violência em Debate**. Krupotas, M. (org). São Paulo: Moderna, p. 46.

_____(2002). **Gênero e Patriarcado**. São Paulo, mimeo.

SCOTT, Joan. (1991) **Gênero; uma categoria útil para análise histórica.** Trad. Christine Rufino Dabat e Maria Betânia Ávila. Do original Gender: An useful category of hystorical analyses. Recife: S.O.S. Corpo.

PARTE 6
TRABALHO E VIOLÊNCIA

O "TRABALHO ESCRAVO" CONTEMPORÂNEO:
construção conceitual e caracterizações

Jorge Luis Ribeiro dos Santos[63]

O Artigo IV da Declaração Universal dos Direitos Humanos de 1948 diz: "Ninguém será mantido em escravidão ou servidão; a escravidão e o tráfico são proibidos em todas as suas formas". Mas antes da Declaração a primeira definição internacional de escravidão já estava contida no Art. 1.º da Convenção de 1926 da Liga das Nações, na qual a "escravidão é um estado ou condição de uma pessoa sobre a qual se exercem alguns ou todos os poderes referentes ao direito de propriedade". O mesmo documento proíbe o comércio, captura, aquisição e disposição de pessoas para fins de escravidão[64].

Segundo o Dicionário Houaiss da Língua Portuguesa[65] escravo é a aquele que está privado da liberdade, está submetido à vontade absoluta do senhor, a quem pertence como propriedade. Para Aristóteles o escravo era uma propriedade viva do amo, um instrumento indispensável da vida doméstica, o escravo, por instinto natural, pertence a outro por não possuir uma razão plena, é tido como instrumento. A propriedade é um instrumento e o escravo é uma propriedade viva. Os instrumentos podem ser de uso e produção e o escravo serve para facilitar o uso. Sendo o escravo propriedade constitui-se não somente escravo, mas parte de seu amo. Deste modo não se pertence, mas pertence a outro, sem deixar de ser homem. É um homem possuído, é um instrumento de uso, separado do corpo a que pertence[66]. Já Montesquieu definia a escravidão como sendo "o estabelecimento de um direito que torna um homem de tal forma dependente de um outro, que este se torna senhor absoluto de sua vida e deu seus bens"[67]. Mas as definições às vezes não se convergem. Há certo consenso de que o escravo, seja na antiguidade clássica ou na modernidade, era mercadoria, perdia sua personalidade, tornava-se propriedade do senhor que dominava sua vida e todo o fruto de seu trabalho. Eugène D. Genovese afirma ser fundamento da escravidão a apropriação de um homem por outro, bem como a apropriação dos frutos de seu trabalho[68] e para Moses Finley esta discussão de ser

---
63   Doutor em Direitos Humanos pela UFPA, Mestre em Ciências Criminais pela PUCRS, professor de Direito na UNIFESSPA (Universidade Federal do Sul e Sudeste do Pará), advogado.
64   - MINISTÉRIO DA JUSTIÇA e Ministério do Trabalho e Emprego. O combate ao Trabalho Forçado no Brasil. Anais da I Jornada de Debates sobre Trabalho Escravo.
65   - HOUAISS, Dicionário Houaiss da língua portuguesa. p. 1210
66   - ARISTÓTELES. A política. ps. 17, 18,
67   - MONTESQUIEU. O Espírito das leis. p. 249.
68   - FIGUEIRA, Ricardo Rezende. Pisando fora da própria sombra. p.39,40.

ou não o escravo mercadoria é "irrelevante" e "fútil", o escravo é uma "propriedade peculiar", afirma o autor[69].

Para Milton Meltzer o escravo é aquele que é propriedade do outro homem. Propriedade diz respeito a algo que "alguém tem título legal" onde o "proprietário tem o direito exclusivo de possuir, usufruir e dispor"[70]. Finley concorda com esta definição e acrescenta que a escravidão surge da necessidade de mobilizar uma força de trabalho para grandes tarefas, esta força de trabalho seria "obtida pela compulsão", pela força das armas, da lei e do costume. Este "trabalho compulsório pôde assumir variadas formas, tanto no passado como em nossos dias: escravos por dívidas, clientes, peões, *hilotas*, servos, escravos-mercadoria". No caso da escravidão, afirma Finley, a "mercadoria é o próprio trabalhador", isto o faz singular perante as formas de trabalho, embora esteja próxima de formas forçadas e servis de trabalho. O escravo sendo mercadoria, é propriedade, pouco importa que seja humano, que seja uma "propriedade com alma", e a humanidade dos escravos nunca na história dissuadiu seus senhores do exercício violento do seu *dominiun*. Os direitos do proprietário eram totais, não apenas sobre o seu trabalho, mas sobre a pessoa e personalidade. São três os componentes da escravidão: o escravo propriedade, o poder total sobre ele e a ausência de parentesco[71].

Mário José Maestre Filho afirma que "um indivíduo submetido pela força não é, necessariamente, um escravo (...). Nem mesmo a compra de seres humanos com objetivos econômicos cria, forçosamente, relações escravistas". Para este autor deve haver três condições necessárias para a existência da escravidão: "O cativo" enquanto "mercadoria, deve estar sujeito à eventualidades aos bens mercantilizáveis – compra, venda, aluguel, etc. A totalidade do produto de seu trabalho deve pertencer ao senhor ". Em segundo lugar a "remuneração que o cativo recebe sob a forma de alimento, habitação, etc., deve depender (...), da vontade senhorial". E em terceiro lugar "o status escravo deve ser vitalício e transmissível aos filhos"[72]. Por sua vez, Jacob Gorender preceitua que "a escravidão é uma categoria social que, por si mesma, não indica um modo de produção" sua característica essencial é sua "condição de propriedade de outro ser humanos", neste sentido "o escravo é uma *coisa*, um bem *objetivo*", esta é uma visão baseada em Aristóteles[73] (grifos no original). Calisto Vendrame observa que em todos os tempos e lugares "o escravo foi considerado, juridicamente e de fato, uma coisa, uma peça dos bens móveis", portanto como um "artigo de uso" o escravo era "comprado, vendido, emprestado, trocado, herdado", era como animal, sem família ou sobrenome e "No comércio, era contado por cabeça como gado", mercadoria e instrumento de trabalho[74]. Desde antes dos escritos filosóficos gregos a aceitação ética da escravidão nunca foi uma unanimidade. Para Vendrame o conceito de escravo na Bíblia é expresso "pelos

---

69 - FINLEY, Moses. Escravidão antiga e ideologia moderna. p. 75.
70 - MELTZER, Milton. História ilustrada da escravidão. 17.
71 - FINLEY, Moses. Escravidão antiga e ideologia moderna. p. 75,76,77
72 - MAESTRE FILHO, Mário José. O escravismo antigo. p.3.
73 - GORENDER, Jacob. O escravismo colonial ps. 46 – 49.
74 - VENDRAME, Calisto. A escravidão na Bíblia. p. 143.

profetas quando tomam posição frente às situações desumanas que levam à escravidão. Para eles o escravo é um homem como todos os outros, vítima da ganância e do egoísmo de seus semelhantes", a escravidão é considerada "algo de absurdo que deverá desaparecer na restauração messiânica, quando o homem será reintegrado na sua justiça". O escravo no sentido bíblico "só pode ser entendido à luz do conceito amplo do HOMEM" (destaque no original), que praticamente o esvazia de seu sentido aviltante"[75]. A "coisificação" do homem com a "escravatura, faz com que nada mais tenha sentido no mundo"[76]. Aristóteles também encontra os opositores à sua tese de escravidão natural, assim como os modernos escravocratas se defrontarão com as ideias abolicionistas do humanismo.

Se a definição da escravidão instituída até finais do século XIX já apresenta dissensos, o termo "escravidão contemporânea" - termo controverso e sem definição jurídica consensual por ser um fenômeno que só recentemente ganhou repercussão no Brasil e no mundo - está propenso a gerar ainda maiores e mais variadas interpretações e conceituações. Considerando que a escravidão enquanto instituição está abolida em todas as nações do mundo e, a rigor, o capitalismo destituiu de vez o trabalho involuntário e assalariou a mão de obra tornando o homem livre para vender sua força de trabalho, seria legítimo então o uso literal do termo para definir a situação contemporânea "análoga" àquela abolida? E a despeito do uso do termo "escravidão contemporânea" e o seu correlato "trabalho escravo", isto não diluiria o sentido e a realidade atroz da escravidão antiga? Como conceituar as relações de trabalho involuntário, degradante ou forçado, hoje existentes na realidade laboral, útil para a investigação teórica e a efetivação dos direitos humanos?

O termo "trabalho escravo", hoje usado para descrever situações de trabalho involuntário e degradante não era, até bem pouco tempo, uma categoria utilizada e aceita para designar a situação de trabalho forçado ou compulsório no Brasil. Mas, algumas variantes sinônimas apareceram em relatos históricos desde o final do século XIX e princípios do século XX para definir o trabalho involuntário. Euclides da Cunha e Ruy Barbosa usaram termos como "trabalho servil" e "escravidão branca" quando constataram estas situações no Brasil dos inícios do século XX. Com intenção metafórica o deputado gaúcho Fernando Ferrari ao descrever a vida camponesa no Brasil no início dos anos 60 escreveu: "vivem na Zona rural dois terços dos brasileiros, dos quais mais da metade, como servos e escravos"[77]. Fernando Henrique Cardoso e Geraldo Muller ao se depararem com peões submetidos a trabalho involuntário no sudeste do Pará no final dos anos 70 usaram termos como "semisservidão" e "coerção privada sobre a mão de obra"[78]. Otavio Guilherme Velho chamou esta situação de "força de trabalho reprimida", trabalho "quase servil" e "formas compulsórias de trabalho"[79] e Neide Esterce definiu como "repressão da

---

75 - ibid. p. 225.
76 - ibid. p.225
77 - FERNANDO, Ferrari. Escravos da terra. p. 18.
78 - CARDOSO, Fernando H., MULLER, Geraldo. Amazônia: expansão do capitalismo.
79 - VELHO, Otávio Guilherme. Capitalismo autoritário e campesinato.

mão de obra" e mesmo "trabalho escravo"[80]. Mas a expressão "trabalho escravo" só passa a ser integrada ao vocabulário dos agentes sociais da região do sudeste do Pará no final da década de 60 para definir a situação de trabalhadores submetidos às condições degradantes de trabalho forçado nas frentes de expansão da pecuária nesta região, pela primeira vez denunciadas pelo Bispo Dom Pedro Casaldáliga na Amazônia Oriental. As primeiras denúncias registradas pela CPT - Comissão Pastoral da Terra - de Conceição do Araguaia e Rio Maria, no sul do Pará, sobre a prática de "trabalho escravo" datam de 1969, segundo afirma Ricardo Rezende Figueira[81]. A partir de então, o uso do termo para designar tal situação de *trabalho indigno* se estendeu ao vocabulário da imprensa, entre setores do governo e no próprio judiciário brasileiro com cada vez maior frequência. Tal denominação, apesar de imprópria para muitos, num primeiro instante serviu para dar visibilidade ao problema, suscitar providência do poder público e traduzia a indignação dos agentes de pastorais católicas e ativistas de direitos humanos diante dos relatos ouvidos e das condições físicas e morais das vítimas submetidas às situações degradantes de *trabalho forçado* nas fazendas da região.

A Campanha Contra o Trabalho Escravo instituída pela CPT em 1997 uniformizou o conceito de Trabalho Escravo visando instrumentalizar seus agentes com uma definição o mais uniforme, abrangente e rigorosa possível, de maneira simples e pragmática para efetivar a classificação criteriosa das denúncias e evitar equívocos, tanto nos relatórios quanto no encaminhamento de denúncias apuradas. Para a CPT

> Trabalho Escravo é a redução de um ou vários trabalhadores à condição igual a de escravo, consistindo na privação da liberdade destes de sair de um lugar para outro, através da alegação de uma dívida crescente e permanente e, com efeito, há retenção de salários e/ou de documentos pessoais. Pode ainda se caracterizar pelas promessas enganosas de "gatos" e/ou empreiteiros, ou de patrões. Em casos extremos, há utilização de violência física ou psicológica contra o trabalhador para obrigá-lo a permanecer no local de trabalho, através de "seguranças", "capangas", "fiscais", e outros que portam armas de fogo ou têm fácil acesso a elas.[82]

Ricardo Rezende Figueira em trabalhos sobre a "escravidão contemporânea" na fronteira amazônica, assim caracteriza o sujeito da escravidão, o ser humano escravizado:

> O último, o escravo contemporâneo, é aliciado longe do local onde trabalhará, é transportado e vendido. Perde o direito de ir e vir e o direito à própria vontade. Possui juridicamente os direitos à liberdade, à posse e à propriedade. Contudo, no período em que está submetido ao trabalho, na prática, esses

---

80 - ESTERCI, Neide. Escravos da desigualdade.
81 - FIGUEIRA, Ricardo Rezende. Quão Penosa é a Vidal dos Senhores: discurso dos proprietários sobre o trabalho escravo. pág. 05
82 - MINISTÉRIO DA JUSTIÇA e Ministério do Trabalho e Emprego. O combate ao Trabalho Forçado no Brasil. Anais da I Jornada de Debates sobre Trabalho Escravo – 24 a 25 set. 2002. p. 26.

direitos são suspensos. Em algumas situações sofre constrangimentos físicos - passa fome, é amarrado, espancado, submetido à violência sexual, é assassinado. Não há no município onde trabalha, parentes ou amigos que lhe ampare. Falta a solidariedade e a simpatia da sociedade - que desconhece os fatos e considera que aquele que tem dívidas deve ser obrigado a pagá-la. O senhor poderá morar distante (...) e não manter relação direta com o trabalhador (...). A relação normalmente é intermediada pelo gato e pelos seus retagatos.83

O autor analisa o fenômeno localizando duas regiões de aliciamento: Barras no Piauí e Vila Rica e região no Mato Grosso[84]. Ele exemplifica o "trabalho escravo":

> Essa modalidade de trabalho em geral se manifesta quando as fazendas estão derrubando as árvores para plantar capim e erguendo, recuperando ou protegendo cercas e pastos ou executando diversas atividades simultaneamente.
> Para realizar o trabalho o fazendeiro em geral alicia diretamente ou através de terceiros, pessoas de outros municípios ou mesmo de fora do estado. Uma vez transportados até os imóveis, os recrutados são informados de que só poderão sair após pagarem o "abono" recebido no transcurso da viagem. A dívida aumenta, pois eles devem adquirir a alimentação e os instrumentos de trabalho de uma cantina da própria fazenda, onde os preços são incompatíveis com a remuneração prevista.
> A eficiência do sistema de coerção depende de diversos fatores, tais como a responsabilidade moral sentida pelos trabalhadores frente à dívida e a presença de homens armados. A vulnerabilidade das pessoas aumenta pela distância entre a fazenda e o local do recrutamento, pois não apenas estão longe de suas cidades, mas de uma rede de solidariedade que poderia ser acionada, composta por seus parentes, amigos e conhecidos.

Para José de Souza Martins o "trabalho escravo" moderno ainda é um termo em construção conceitual. O autor contrapõe o "trabalho escravo" contemporâneo à escravidão legal anterior a 1888 delimitando a diferença entre superexploração e "trabalho escravo", o que não raro, é confundido por agentes sociais e o próprio governo. Diz o autor que o "trabalho escravo" é uma forma extralegal de cativeiro e vem acompanhado de violências físicas contra o trabalhador, de coerção física e moral que cerceia a livre opção do trabalhador. Para prender o trabalhador ao trabalho criam-se mecanismos de endividamento artificial. É temporário e circunstancial e está "ligado ao modo de desenvolvimento capitalista, decorrendo na maioria dos casos da escassez de mão de obra"[85] em um contexto que propicia a violação do "trabalho livre". Segundo ele:

---
83 - ibid. p. 23.
84 - FIGUEIRA, Ricardo Rezende. Pisando fora da Própria sombra: a escravidão por dívida: a escravidão por dívida no Brasil contemporâneo. p. 34 e 35.
85 - MARTINS, José de Sousa. A escravidão nos dias de hoje e as ciladas da interpretação, in: "Trabalho Escravo no Brasil Contemporâneo", Org. VV.AA. p. 157.

Um conceito de escravidão depende de uma teoria das relações sociais das sociedades em que a escravidão é praticada, relações que não são nem podem ser as mesmas em diferentes circunstâncias e situações. No caso brasileiro atual, a escravidão, que é escravidão temporária e circunstancial, ainda que persistente, está diretamente ligada ao modo como se dá entre nós o desenvolvimento capitalista. Na maioria dos casos, mas não necessariamente em todos, decorre da escassez de mão de obra em algumas regiões do país, pelos salários que os empresários estão dispostos a pagar e para o trabalho que necessitam executar.

Ressalta o autor que "a escravidão não se manifesta direta e principalmente em más condições de vida ou em salários baixos ou insuficientes" mas que o "núcleo da relação escravista está na violência em que se baseia" e na "coerção física e às vezes também nos mecanismos de coerção moral utilizados por fazendeiros e capatazes para subjugar o trabalhador". Não é difícil inferir que o fenômeno se configura crime, no entanto, a impunidade é fator preocupante e os juristas pouco têm produzido acerca do tema, considerando a gravidade que representa a escravidão humana atual. Como afirma o juiz Jorge Vieira da Vara do Trabalho de Marabá,

> o "escravo moderno" é menos que o boi (que é cuidado, vacinado e bem alimentado), que a terra (que é protegida e bem vigiada) e que a propriedade (sempre defendida com firmeza). Dessarte, o trabalhador escravizado, por não integrar o patrimônio do 'escravagista moderno', este não se preocupa com sua saúde, segurança e higidez física ou mental, sendo totalmente DESCARTÁVEL, utilizado apenas como meio de produção e não ligado ao proprietário por qualquer liame, legal ou social, na visão daqueles que se utilizam da prática ou que pretendem legalizá-la[86] (destaque no original).

Completa o magistrado dizendo que "Há uma rede criminosa composta por vários agentes, cada um com finalidade própria, criada para exploração de seres humanos como fonte de riquezas, sem nenhuma responsabilidade, em benefício de organização produtiva que viceja"[87]. Ela Wiecko Castilho analisa o "trabalho escravo" contemporâneo e as implicações jurídico-penais do fenômeno. Para a autora trabalho forçado, compulsório ou obrigatório, é todo trabalho exigido de um indivíduo sob ameaça de qualquer penalidade e para o qual não se ofereceu espontaneamente:

> A conduta de escravizar não se limita à violação da liberdade física e pode existir mesmo havendo liberdade de locomoção. A vítima é livre do ponto de vista físico para deixar o trabalho, mas não o deixa porque se sente escravo. A escravidão se estabelece de forma sutil e complexa com participação de vários agentes e até com o consentimento da vítima.
> Ficam próximos, às vezes se sobrepõem, os conceitos de trabalho escravo, de trabalho degradante e trabalho em condições indignas e subumanas, pois

---

86 - VIEIRA, Jorge. XVIII Congresso Brasileiro de Magistrados, Salvador, 23/10/2003.
87 - VIEIRA, Jorge. Sentença em Ação Civil Pública. ACP. 8ª. Vara do Trabalho de Parauapebas, 2003.

estado de escravo implica negar a dignidade humana (*status dignitatis*). Contudo quando se fala em trabalho escravo pressupõe-se uma relação entre as partes: a que presta o trabalho e aquela que é beneficiada. Já o trabalho degradante pode se dar independentemente de uma relação empregatícia. Por fim, a superexploração do trabalho é um conceito cuja elaboração se faz numa perspectiva econômica e sociológica[88].

Castilho conclui que "as formas contemporâneas de escravidão nas relações de trabalho são, antes de mais nada, atentatórias à dignidade humana" e a "superexploração do trabalho humano ou a condição degradante a que uma pessoa é exposta são indícios veementes de escravidão", pois em tais situações a pessoa fica "totalmente submetido a outrem, torna-se objeto", contudo, esclarece a autora, na raiz das divergências de conceituação estão concepções ideológicas, além de enfoques sociológicos e filosóficas que se atribui ao trabalho. Mas, acrescenta:

> A ideia de dignidade da pessoa individual implica necessariamente o princípio da liberdade individual. Mas a escravidão, antes de ser um crime contra a liberdade individual, é um crime contra a dignidade humana. Esse enfoque é mais abrangente porque inclui as outras liberdades e direitos do homem. Dignidade abrange tudo, a escravidão tira tudo[89].

A aplicação do termo para relações de "trabalho escravo" na atualidade, denotam a negação da dignidade e cerceamento de liberdade. Mesmo se reportadas às qualidades do escravismo do passado, a denominação quer significar a negação de algo eticamente condenado por tornar inumano o ser submetido ao trabalho indigno e involuntário. Como afirma Ricardo Rezende Figueira, no instante em que os trabalhadores perdem de fato, mesmo que temporariamente, "o direito de dispor sobre si mesmo e sobre o direito de vender sua força de trabalho" e quando os "trabalhos realizados sob qualquer tipo de coação sem que fosse provocada por uma sentença judicial, serviço militar" ou calamidade pública, e ainda nos casos específicos onde sempre "houve uma 'dívida'" e, portanto, a "pessoa se tornou sujeita a outra, como sua propriedade", tal situação legitima o uso do termo. O diferencial da escravidão contemporânea em relação à antiga é sua "temporalidade e ilegalidade"[90].

Para Kevin Bales: "A escravatura na sua forma real, não metafórica, está a crescer e evoluir". Para o autor parte do problema em designar a escravatura é que "*escravatura* é uma palavra muito forte", mas que as organizações de defesa dos direitos humanos devem mesmo usar uma linguagem forte, pois algumas organizações como a ONU são muito tímidas no trato da questão, assim como alguns governos os quais tentam defini-la numa linguagem burocrática e que só faz ocultá-la, portanto, responde o autor, "não podemos simplesmente permitir que a palavra escravidão seja tão atenuada no seu significado que não tenha o poder para identificar

---

88 - CASTILHO, Ela Wiecko. Considerações sobre a interpretação jurídico-penal em matéria de escravidão. p. 57.
89 - ibid. p. 61.
90 - FIGUEIRA, Ricardo Rezende. Quão penosa é a vida dos senhores: discurso dos proprietários sobre o trabalho escravo. p. 8.

e condenar a escravatura real". O autor caracteriza a nova escravidão como a escravidão "sem rosto, temporária, altamente lucrativa, legalmente dissimulada e inteiramente cruel"[91], na qual o ser humano é usado e descartado. Bales traça o paralelo entre a antiga e a nova escravidão: naquela a posse legal é firmada, o preço de custo é elevado, os lucros baixos, há escassez de escravos potenciais, as relações são de longo prazo, os escravos são mantidos e as diferenças étnicas são relevantes. Na escravidão contemporânea a posse legal é evitada, o custo é baixo, os lucros altos, há abundância de escravos potenciais e a relação é de curto prazo pois os escravos são descartáveis, a diferença étnica não tem importância[92]:

Mesmo assumindo os riscos de uma comparação da escravidão clássica ou moderna com a "escravidão contemporânea", o que certamente poderia resultar numa declaração apressada de inadequação peremptória do termo por razões formais, históricas e mesmo técnicas - uma vez que a escravidão já não existe como modo de produção - uma contraposição da antiga com a contemporânea escravidão só seria útil para compreensão do fenômeno "trabalho escravo" de hoje tendo claro as estabelecidas diferenças e aproximações, dados os contextos temporais e sociais totalmente diversos. Mas isto não torna a denominação de "trabalho escravo contemporâneo", expressão híbrida da herança escravista antiga cuja denominação se inspira na antiga escravidão, sem validade. Embora até mesmo o argumento do "escravo propriedade" antigo não poderia ser de todo afastado, pois, hoje encontra similaritude no trabalho escravo contemporâneo, como cita Alessandra Gomes Mendes, nos casos de relatos no Pará e Mato Grosso em que "os 'gatos' venderam 'lotes de trabalhadores' a outros empreiteiros"[93]. Sobretudo, é preciso atentar para o fato de que as evasivas e postulação por outros adjetivos, mesmo que com rigorosas intenções científicas, pode suscitar mecanismos de escamoteamento do problema do "trabalho escravo" real, dada a dimensão social que o termo hoje alcança por conta de sua dimensão de ocorrência. Pode ainda resultar em riscos de uma minimização da gravidade da situação de "trabalho escravo" materializado nas inúmeras constatações por órgãos oficiais. E pior, eufemismos para a prática inaceitável que indigna qualquer cidadão minimamente ético por ter por base este tipo de exploração laboral a indignidade supressora da liberdade do corpo e, de certa forma, do espírito do trabalhador. Como reafirma Kevin Bales,

> os escravocratas, a gente de negócios e até governos escondem a escravatura atrás de cortinas de fumo de palavras e definições. Nós temos de penetrar nesse fumo e conhecer a escravatura naquilo que ela é, reconhecendo que ela não é uma coisa do "terceiro mundo", mas uma realidade global – uma realidade em que já estamos envolvidos e implicados[94].

Há uma luta por significação. A antropóloga Neide Esterci afirma que o "termo escravidão tem o poder de denunciar a violência, a privação de liberdade, o desrespeito

---

91 - BALES, Kevin. Gente descartável: a nova escravatura na economia global. p.175, 310, 311.
92 - ibid. p. 26, 148
93 - MENDES, Alessandra Gomes. Trabalho Escravo Contemporâneo no Brasil: interpretando estratégias de dominação e de resistência. p. 98.
94 - BALES, Kevin. Gente descartável: a nova escravatura na economia global. p. 311, 312.

à igualdade e à dignidade" e é "neste sentido uma categoria política, faz parte do campo das lutas que se travam na sociedade". Aduz a autora, citando a jurista Ela Wiecko Castilho, que essa luta por significação e visibilidade "tem logrado por em questão" novas definições legais úteis para ampliar práticas criminais definidas como escravidão[95]. Tem razão Esterci, pois os ativistas de direitos humanos e representantes de trabalhadores rurais que lidam há décadas com o problema cunharam o termo "trabalho escravo" com toda a força e impacto que puderam com claros objetivos de dar visibilidade à situação, dar voz e eco aos gritos silenciados (e às vezes mortos) nas distâncias, até então, inacessíveis à liberdade e ao direito e, por força de mobilizações, denúncias e clamor público, impor mudanças significativas na legislação penal e administrativa brasileira. Estas conquistas não são gratuitas, mas frutos de embates constantes e enfrentamentos antagônicos acirrados. É preciso não esquecer ainda que o próprio ato de denúncia foi uma árdua e dolorosa luta histórica por efetivação de direitos humanos nos ermos dos latifúndios escravagistas onde enfrentou-se e enfrenta-se uma dura e violenta repressão de pessoas e grupos identificadas como responsáveis por tal situação de "trabalho escravo". Ameaças, mortes e difamações são comuns no caminho dos defensores dos trabalhadores submetidos à escravidão no Brasil.

Uma das antagonistas dos ativistas que combatem o "trabalho escravo" é a classe dos ruralistas, cuja representação no Congresso Nacional, a Bancada Ruralista, é uma das maiores e mais poderosa[96]. Uma de suas organizações classista é a UDR – União Democrática Ruralista, a outra é a CNA – Confederação Nacional da Agricultura. A bancada ruralista tem sido veemente na defesa, no Congresso Nacional, de fazendeiros acusados de prática de trabalho escravo e segundo revelam alguns ativistas têm lutado para impedir a aprovação do Projeto de Emenda Constitucional (PEC)[97] que prevê expropriação de terras onde for constatado trabalho escravo em tramitação, bem como a inclusão de sanções administrativas a empresas ou particulares flagrados usando "força de trabalho escrava". Os embates políticos dos dois lados - latifundiários e ativistas – no que diz respeito ao "trabalho escravo" são ideologizados e quase sempre temos uma grande propriedade como palco de manifestação

---

95 - ESTERCI, Neide. A ilusão do trabalho livre. In ESTERCI, Neide FRY, Peter e GOLDENGER, Mirian: Fazendo Antropologia no Brasil. p. 265,266.
96 - VIGNA, Edécio. Bancada ruralista: um grupo de interesse. p. 05
97 - Leis são criadas diante da exigências impostas pelo fenômeno do trabalho escravo no Brasil, como: Lei 9.777/98, que altera os artigos 132, 203 e 207 do Código Penal Brasileiro; Lei 10.803/2003 que altera o artigo 149 do Código Penal Brasileiro, ampliando designando as situações de configuração de situação "análoga a de escravo; Decreto Federal 1.538 que cria o Grupo Executivo de Repressão ao Trabalho Forçado (GERTRAF), com a finalidade de coordenar e implementar as providências necessárias à repressão ao trabalho forçado; Decreto Federal 1.538, Lei n. 10.608 – de 20 de dezembro de 2002 Altera a Lei nº 7.998, de 11 de janeiro de 1990, para assegurar o pagamento de seguro-desemprego ao trabalhador resgatado da condição análoga à de escravo; Decreto de 31 de julho de 2003 a Comissão Nacional de Erradicação do Trabalho Escravo – CONATRAE; Lei nº 10.706, de 30 de julho de 2003, que autoriza a união a conceder indenização a José Pereira Ferreira, submetido a trabalho escravo e tentativa de assassinado, cujo crime prescreveu por inércia do judiciário brasileiro. A indenização foi por determinação de sanção pela OEA ao Estado brasileiro; Resolução Nº 5, de 28 de Janeiro de 2002 que constituiu a Comissão Especial para conhecer e acompanhar denúncias de violência no campo, exploração do trabalho forçado e escravo, exploração do trabalho infantil, e propor mecanismos que proporcionem maior eficácia à prevenção e repressão a essas práticas; PEC (Projeto de Emenda Constitucional) de expropriação de terras onde for constatado trabalho escravo, hoje tramitando no Senado.

do fenômeno do trabalho escravo cujo proprietário ruralista recorre à sua associação classista e aos porta-vozes políticos de seus interesses na sua defesa pública.

Os principais argumentos defensivos usados por estes referem-se a supostos excessos e abuso de autoridade dos órgãos e agentes do governo nas fiscalizações e aplicações de sanções, bem como o desestímulo do produtor diante das constantes ameaças criminalizadoras e fiscalização agressiva e servil ao denuncismo de segmentos de esquerda e de ONGs estrangeiras, segundo denunciam os produtores. Tudo isto, afirmam, pode ser prejudicial ao agronegócio e resultar em perdas à economia do país. Nelson Ramos Barreto[98], jornalista e defensor ferrenho dos ruralistas afirma que as

> ONGs ideologicamente atrasadas, financiadas por recursos dos países ricos, insistem em afirmar que o trabalho escravo é a principal forma de emprego na agricultura brasileira. Essas acusações se intensificam justamente num momento em que o Brasil, impulsionado pelo agronegócio, aumenta sua participação no comércio mundial. É preciso que se dê um basta às denúncias equivocadas de trabalho escravo no campo[99].

O autor reafirma a negação veemente ao "trabalho escravo" e dirige ataques ao governo brasileiro quando este admite a prática de trabalho escravo no Brasil:

> O Brasil, através de seu embaixador Tadeu Valadares, foi o primeiro e único país a reconhecer, em reunião oficial da ONU, a existência de "formas contemporâneas de escravidão". Uma vergonha anunciada e proclamada no fórum internacional. Espanto geral. Nem os países africanos que ainda têm a escravidão legalizada fazem dela tal alarde. Muito menos a China e os países comunistas, que mantêm os "trabalhadores do povo" em regime forçado, reconhecem-no como escravidão. Somente o governo brasileiro se encarrega de fazer mais essa propaganda negativa. Por quê?

Em carta ao Ministério do Trabalho, cita a Alessandra Gomes Mendes, um produtor rural mineiro, acusado de escravizar trabalhadores em sua propriedade, se expressou:

> Os responsáveis pelos Órgãos Públicos deveriam nos agradecer por estarmos empregando nem que seja por um tempo curto esses operários que vivem correndo de propriedade em propriedade fazendo pequenos bicos, evitando desta maneira o Êxodo Rural, o que obriga estes empregados a irem para as cidades e viverem em estado bem mais degradantes do que nas propriedades rurais[100].

Na concepção do fazendeiro ele faz um bem para o trabalhador e o trabalho rural é menos degradante do que na cidade. Outro argumento comum é que eles

---

98 BARRETTO, Nelson Ramos. 'Trabalho escravo': nova arma contra a propriedade privada. Apresentação
99 MENDES, Alessandra Gomes. Trabalho Escravo Contemporâneo no Brasil: interpretando estratégias de dominação e de resistência. p. 95.
100 - FIGUEIRA, Ricardo Rezende. Pisando fora da própria sombra – a escravidão por dívida no Brasil contemporâneo. p. 394.

(proprietários) foram os "desbravadores", os "pioneiros" e geram emprego e renda, evitam problemas sociais com o êxodo rural e protegem o trabalhador. Muitos se sentem benfeitores dos trabalhadores apesar de se considerarem ludibriados por eles, que não pagam dívidas, não realizam as tarefas conforme contrato. Ricardo Rezende Figueira conclui: "Alguns consideram legítimos os tipos de controle e coerção exercidos contra as pessoas e acham a legislação trabalhista e penal divorciada da realidade rural" e sentem-se prejudicados pelas fiscalizações[101]. Os argumentos do fazendeiro brasileiros são parecidos ao que declarou a Kevin Bales em 2001, um senhorio indiano que mantém servos em sua terra na aldeia de Bandi, sul da Índia:

> (...) Mantenho a eles [servos] e suas famílias. (...) De qualquer modo eles estão bem (...) eu sou como um pai para esses trabalhadores. É uma relação pai-filho: eu protejo-os e guio-os. Por vezes tenho também de discipliná-los, tal como um pai faria. (...) Vocês sabem que eles não seriam capazes de cuidar de si próprios[102].

O proprietário empregador não admite, finge desconhecer, descaracteriza, dissimula ou faz apelos aos costumes e práticas locais de coação para justificar o "trabalho escravo", no final parece ser o trabalhador por seus hábitos perdulários e desonestos e as leis impossíveis de serem cumpridas - sob pena de inviabilizar a iniciativa do empreendimento agrícola – de serem os culpados por esta situação. Eles se eximem e o outro lado ataca com a denúncia. Para os proprietários a "escravidão" é exagero que só alardeia inverdades e afasta investidores no setor agropecuário e prejudica a produção e geração de emprego.

Há divergentes opiniões e definições, conforme a concepção sociopolítica de quem conceitua. A classe dos latifundiários e pecuaristas até admite que em determinadas situações pode haver desrespeito às leis trabalhistas, mas trabalho escravo não existe, "isto não passa de campanha inventada para prejudicar o setor rural"[103]. Alessandra Gomes Mendes em sua pesquisa denominada "Trabalho Escravo Contemporâneo no Brasil: interpretando estratégias de dominação e de resistência"[104], afirma que por ser o trabalho escravo contemporâneo um "fenômeno social, constitui uma categoria política de luta de interesses e de conflito de visões de mundo entre diferentes segmentos e atores sociais" e disto derivam as "classificações ambíguas" de trabalho escravo e as denominações "polissêmicas", variando de acordo com os contextos que as produzem:

> ao projetar-se como evidência no cenário social contemporâneo, a escravização provoca estranheza, a indignação moral, a repulsa na sociedade, marcando novos sentidos de interpretação, no contexto de uma ordem que afirma, ao menos teoricamente, os direitos de cidadania[105].

Em meio aos embates está o judiciário. Os litígios criminais, trabalhistas ou

---

101 - FIGUEIRA, Ricardo Rezende. Pisando fora da própria sombra – a escravidão por dívida no Brasil contemporâneo. p. 394.
102 - BALES, Kevin. Gente descartável: a nova escravatura na economia global. p.264, 265.
103 - Deputado Federal pelo Pará, Asdrúbal Bentes Jornal Opinião 28/06/03 - pág. 03
104 - MENDES, Alessandra Gomes. Trabalho Escravo Contemporâneo no Brasil: interpretando estratégias de dominação e de resistência. p. 1, 13.
105 - ibid. p.1

cíveis, advindos da prática do *trabalho escravo*, têm suscitado fecundas discussões também no meio jurídico local, os quais, não raro, chegam às mesas de audiências judiciais e são, na maioria das vezes, interpretadas de forma descaracterizada e equivocada. A maioria dos julgados não considera as práticas degradantes do trabalho rural como formas de *trabalho escravo*. Este tem sido um fator de preocupação por ser diretamente apontado como uma das principais causas da impunidade quando a lei não atinge os criminosos por uma tipificação inadequada e às vezes insuficiente. O tema tem gerado equívocos que submetem a todos, advogados, juízes, promotores, defensores dos direitos humanos e sociedade em geral, a uma revisão e aprofundamento constante de conceitos e, nas palavras de Maurice Lengellé-Tardy, encontrar novas definições para a escravidão contemporânea, "que já não procede (em principio) do *abusus*, mas do usufruto à distância do homem pelo homem"[106]. O autor defende que a escravidão tem sido inerente ao progresso humano e aparece em cada setor da economia, cada etapa de liberalização do trabalho leva, paradoxalmente, à gênese de uma nova forma de servidão, há novas formas de ação melhor adaptadas às formas ocultas e movediças da escravidão contemporânea[107]. A própria OIT – Organização Internacional do Trabalho - reconhece problemas nas legislações nacionais sobre a normatização do fenômeno. Segundo a OIT não há uma definição detalhada de trabalho forçado[108] o que dificulta a tarefa dos agentes encarregados do cumprimento da lei. Em consequência desta indefinição, sustenta o relatório, no mundo tem-se poucas condenações por delitos de trabalho forçado e isto tem gerado um círculo vicioso, iniciado pela ausência de uma legislacão clara[109]. Para a OIT, tal qual expresso no seu último relatório global de 2005[110], o "trabalho forçado" está presente nas variadas formas em todo o mundo e em todo tipo de economia e não precisa estar necessariamente ligado a uma atividade econômica. A coação para prática da mendicância é exemplo de trabalho forçado, por exemplo e não está afeto a atividade econômica. Além das tradicionais formas de trabalho forçado as modalidades mais "antigas estão se revestindo de novas aparências". As principias características do trabalho forçado moderno, segundo o documento são: uma maior frequência no setor privado do que no Estado, o endividamento induzido, reforçado com ameaças de represálias e outros castigos, a precariedade da situação jurídica de migrantes, e o vazio legislativo que obstaculiza a luta contra as coações.

A OIT revela que as diferentes acepções do termo muitas vezes vinha associada principalmente com as práticas de trabalho forçado dos regimes totalitários como do nazismo na Alemanha hitlerista e o stalinismo na Rússia. Por outro lado, as expressões como "escravidão moderna", "práticas análogas de escravidão", às

---

106 - - LENGELLÉ-TARDY, Maurice. La esclavitud moderna. p. 9 - Tradução minha.
107 - ibid. p. 11,12.
108 - A OIT utiliza a terminologia "trabalho forçado" conforme sua Convenção Número 29 de 1930, porém, a Declaração da Ligas das Nações de 1926 utiliza o termo "escravidão". Para a OIT a escravidão é uma das formas de manifestação de trabalho forçado.
109 - Una alianza global contra el trabajo forzoso – Ginebra 2005. pg. 1 a 11.
110 - ibid. 1 a 11.

vezes, são empregadas sem rigor para referir-se a trabalho precário, insalubre ou indigno, ou ainda a pagamento de baixos salários. A Convenção número 29, da OIT, promulgada em 1930 define trabalho forçado em seu artigo 2 como todo trabalho exigido de um indivíduo sob ameaça de uma pena qualquer para o qual a pessoa não se ofereceu voluntariamente e a Convenção 105 de 1957, proíbe o trabalho forçado para fins econômicos, como meio de educação política ou como medida discriminatória, como disciplina ou castigo qualquer. Trabalho forçado, explica o documento, não é trabalho sob condições precárias nem se iguala à necessidade econômica a qual "prende" o trabalhador no trabalho por falta de outra alternativa, o trabalho forçado "constitui uma grave violacão dos direitos humanos e uma restrição da liberdade pessoal". Ele se configura na presença de dois elementos básicos: "por um lado, o trabalho ou serviço que se exige sob a ameaça de uma pena; por outro, este se leva a cabo de forma involuntária"[111]. Numa visão global o trabalho forçado é agrupado em três modalidades: o trabalho forçado imposto pelo estado, consistindo em serviço militar, obrigação de participar em obras públicas e em regime penitenciário; trabalho forçado imposto por agentes privados com fins de exploração sexual, onde trata-se da prostituição involuntária; o trabalho forçado imposto por agentes privados com fins de exploração econômica, onde se inclui a servidão, o trabalho doméstico forçado e o trabalho forçado na agricultura[112].

É importante nos atentarmos para o conceito da OIT, pois, sendo o Brasil signatário das Convenções sobre trabalho forçado, como a Convenção 29 e 105, tais institutos se inserem no ordenamento jurídico brasileiro com força de norma constitucional. Daí a preferência de alguns teóricos escolherem por tradição usarem o termo de "trabalho forçado", tal como definido pela OIT, quando querem se referir à trabalho compulsório no Brasil, uma vez que o ordenamento jurídico brasileiro só fazia referência ao tipo aberto "reduzir alguém à condição análoga a de escravo" no artigo 149 do Código Penal Brasileiro, pelo menos até 11 de dezembro de 2003, e não especificava no que consistia a "condição análoga a de escravo". Esta definição só veio a se efetivar com o advento da Lei 10.803, que reformou o artigo 149 onde a nova redação especifica as condições em que se dá a redução de alguém à condição análoga à de escravo, quais sejam: "submetendo-o a trabalhos forçados ou a jornada exautiva", "sujeitando-o a condições degradantes de trabalho" e "restringindo, por qualquer meio, sua locomoção em razão de dívida contraída com o empregador ou preposto".

O trabalho forçado não é necessariamente o mesmo que escravidão, pois esta é uma forma de manifestação daquele, ou seja, o "trabalho escravo" é espécie do gênero "trabalho forçado" para a OIT. A escravidão contemporânea, segundo o Relatório da Oficina do Alto Comissariado das Nações Unidas para os Direitos Humanos, pode ser determinada conforme o grau em que se exerce os atributos de direito de propriedade sobre uma pessoa ou alguns dos atributos deste direito. Neste

---

111 - ibid. p. 5, 6. As exceções são: serviço militar obrigatório, obrigações cívicas, trabalho em virtude de uma pena judicial, serviço em caso de força maior e pequenos trabalhos comunais. p. 5, 6.
112 - ibid. p. 7 e 11.

sentido torna-se fundamental estabelecer: o grau de restrição da liberdade de circulação da pessoa; o grau de controle da pessoa sobre seus pertences e a existência de consentimento com conhecimento de causa e plena compreensão da natureza da relação entre as partes. A estes elementos acompanha a ameaça de violência. A escravidão, segundo o conceito da Convenção sobre Escravidão da Sociedade das Nações de 1926,

> implica o controle absoluto de uma pessoa por outra, ou em ocasiões, de um coletivo social por outro. A escravidão está definida no primeiro instrumento internacional sobre a matéria (datado de 1926) como o estado ou condição de um indivíduo sobre o qual se exerce os atributos de direitos de propriedade ou alguns deles (artigo 1,1). Uma pessoa que se encontra em escravidão, se verá forçada a trabalhar, mas esta não é a única característica definidora da relação. A condição de escravo não tem uma duração determinada, pois é permanente e baseia-se na ascendência[113].

As práticas análogas da escravidão incluem a situação em que um indivíduo ou um grupo é forçado ao trabalho. Isto torna comum algumas características das duas categorias, "A servidão por dívidas ou "escravidão por dívidas" é uma característica particularmente proeminente das situações contemporâneas de trabalho forçado"[114]. Já no contexto do "trabalho escravo" rural no Brasil, por exemplo, esta forma assume características típicas que não necessariamente as mesmas preconizadas acima, aqui a "escravidão" se efetiva por dívidas, é contratual, sazonal e não se baseia na filiação. Contudo, a Organização Internacional do Trabalho reconhece que os países empregam distintas terminologias para definir trabalho forçado, como é o caso brasileiro. Sendo assim, não há excludência nas conceituações, a OIT respeita as definições locais por conta das especificidades e não impõe uma nomenclatura única:

> No Brasil, a expressão usual para referir-se ao aliciamento e a práticas de trabalho coercitivo em zonas remotas é "trabalho escravo"; todas as situações abarcadas por esta expressão estariam, em princípio, dentro do âmbito de aplicação dos convênios da OIT sobre o trabalho forçado no Brasil[115].

Por este motivo muitos juristas preferem o termo "trabalho forçado" por esta expressão estar normatizada nos Convênios Internacionais da OIT, os quais se inserem no nosso ordenamento jurídico, ao passo que os ativistas optam pela expressão "trabalho escravo", embora este termo não conste *ispsis litteris* do ordenamento jurídico pátrio ou internacional. Os ativistas, refrise-se, usam-no por entenderem que o vocábulo "trabalho forçado" pode, numa realidade de embate semântico, denotar uma "atenuante" para o problema real da "escravidão" como se ela fosse uma

---

113   - ibid. p. 8,9. Tradução minha.
114   - ibid. p. 08. Tradução minha.
115   - ibid. p. 09. Tradução minha.

infração trabalhista e não um crime contra a dignidade e liberdade do trabalhador, embora não seja esta a intenção normativa da OIT, embora em certo sentido a reforma do Código Penal com a modificação do artigo 149, ainda que não assumindo literalmente o termo trabalho escravo, e sim "condição análoga à de escravo" reduziu muito as controvérsias conceituais e exemplificativa de trabalho escravo. Lembrando que na melhor interpretação do artigo 149, basta uma das condições para se configurar o crime. O Artigo 149 assim dispôs:

> Art. 149. Reduzir alguém a condição análoga à de escravo, quer submetendo-o a trabalhos forçados ou a jornada exaustiva, quer sujeitando-o a condições degradantes de trabalho, quer restringindo, por qualquer meio, sua locomoção em razão de dívida contraída com o empregador ou preposto: (Redação dada pela Lei nº 10.803, de 11.12.2003)
> Pena - reclusão, de dois a oito anos, e multa, além da pena correspondente à violência. (Redação dada pela Lei nº 10.803, de 11.12.2003)
> § 1º. Nas mesmas penas incorre quem: (Incluído pela Lei nº 10.803, de 11.12.2003)
> I - cerceia o uso de qualquer meio de transporte por parte do trabalhador, com o fim de retê-lo no local de trabalho; (Incluído pela Lei nº 10.803, de 11.12.2003)
> II - mantém vigilância ostensiva no local de trabalho ou se apodera de documentos ou objetos pessoais do trabalhador, com o fim de retê-lo no local de trabalho. (Incluído pela Lei nº 10.803, de 11.12.2003)
> § 2º. A pena é aumentada de metade, se o crime é cometido: (Incluído pela Lei nº 10.803, de 11.12.2003).
> I - contra criança ou adolescente; (Incluído pela Lei nº 10.803, de 11.12.2003).
> II - por motivo de preconceito de raça, cor, etnia, religião ou origem. (Incluído pela Lei nº 10.803, de 11.12.2003)

Entretanto, reconhecendo a legitimidade das diferentes denominações nacionais a OIT reafirma a adequação de denominação de "trabalho escravo" convencionada no Brasil e traça uma orientação no sentido de uma conceituação universal básica para o "trabalho escravo". É imprescindível que esta prática seja tipificada como um delito grave e é necessário um conceito universal no qual se reconheçam os princípios fundamentais da liberdade do trabalho e se proporcionem salvaguardas contra a coação.

REFERÊNCIAS

ARISTÓTELES. **Política.** São Paulo, Martin Claret, 2004.

BALES, Kevin. **Gente descartável:** a nova escravatura na economia global. Lisboa, Gadiva, 2001.

BARRETTO, Nelson Ramos. **'Trabalho escravo':** nova arma contra a propriedade privada. Apresentação. Disponível em www.ifp.com.br. Acesso em 10 de Junho de 2005.

CARDOSO, Fernando H., MULLER, Geraldo. **Amazônia:** expansão do capitalismo. São Paulo. 2ª. Edição, 1978.

CASTILHO, Ela Wieko. **Considerações sobre a interpretação jurídico-penal em matéria de escravidão**, Estudos Avançados 14 (38), 2000

ESTERCI, Neide. **A ilusão do trabalho livre.** In: ESTERCI, Neide, FRY, Peter e

FERNANDO, Ferrari. **Escravos da terra.** Globo. Porto Alegre - 1963

FINLEY, Moses I. **Escravidão antiga e ideologia moderna.** Rio de Janeiro, Editora Graal, 1991.

GORENDER, Jacob. **O escravismo colonial.** São Paulo, 4ª Edição, Editora Ática., 1985.

HOUAISS, **Dicionário Houaiss da língua portuguesa.** Rio de Janeiro. Objetiva, 2001.

LENGELLÉ-TARDY, Maurice. **La esclavitud moderna.** Barcelona, Ediciones Bellaterra, 2002.

MAESTRE FILHO, Mário. **A servidão negra.** Porto Alegre, Editora Mercado Aberto, 1988.

MELTIZER, Milton. **História ilustrada da escravidão.** Rio de Janeiro, Ediouro, 2004.

MENDES, Alessandra Gomes. **Trabalho Escravo Contemporâneo no Brasil:** interpretando estratégias de dominação e de resistência. Dissertação de Mestrado. Universidade Federal de Viçosa – UFV, 2002.

MINISTÉRIO DA JUSTIÇA e Ministério do Trabalho e Emprego. **O combate ao Trabalho Forçado no Brasil.** Anais da I Jornada de Debates sobre Trabalho Escravo.

MONTESQUIEU. **O Espírito das leis.** Porto Alegre, Martin Claret. 2005.

VENDRAME, Calisto. **A escravidão na Bíblia.** São Paulo, Editora Ática. 1981.

VELHO, Otávio Guilherme. **Capitalismo autoritário e campesinato.** São Paulo – Rio de Janeiro, 2ª. Edição, 1979.

VIGNA, Edécio. **Bancada ruralista:** um grupo de interesse. Brasília, Argumento nº 08, INESC – 2001.

FIGUEIRA, Ricardo Rezende. **Pisando fora da própria sombra:** A escravidão por dívida no Brasil contemporâneo. Rio de Janeiro. Civilização Brasileira, 2004.

_____ **Quão Penosa é a Vidal dos Senhores:** discurso dos proprietários sobre o trabalho escravo. Rio de Janeiro, Dissertação de Mestrado. URRJ, 2001.

MARTINS, José de Souza. **Fronteira**. O problema da escravidão nos dias de hoje e as ciladas da interpretação, São Paulo, 1997.

VIEIRA, Jorge. **Palestra proferida no XVIII Congresso Brasileiro de Magistrados, Salvador,** 23/10/2003.

BARRETTO, Nelson Ramos. **'Trabalho escravo':** nova arma contra a propriedade privada. Apresentação

(Endnotes)

1 Existem dois documentários brasileiros, disponíveis para downloads, que mostram os relatos das dores e consequências da violência obstétrica para as mulheres. São eles: "Violência obstétrica: a voz das brasileiras", de 24/11/2012, disponível em: <https://www.youtube.com/watch?v=eg0uvonF25M>

 e "A dor além do parto", de 24/11/2013, disponível em: <https://www.youtube.com/watch?v=cIrIgx3TPWs>

SOBRE OS AUTORES

Alan Fernandes
Estudante do curso de Psicologia da Universidade Federal do Pará.

Alessandra Carla Baia Dos Santos
Enfermeira, Mestre em Enfermagem pelo Programa de Pós-Graduação em Enfermagem do Instituto de Ciências da Saúde da Universidade Federal do Pará. Licenciada em Enfermagem pela Faculdade de Enfermagem do Instituto de Ciências da Saúde da Universidade Federal do Pará. Professor Assistente I da Universidade Federal do Sul e Sudeste do Pará.

André Ozela Augusto
Acadêmico do Curso de Medicina do Instituto de Ciências da Saúde da Universidade Federal do Pará. Atuou no Programa de Educação pelo Trabalho para a Saúde - PET Saúde - UFPA (2011). Participou dos projetos de extensão: "Projeto de Ensino, Pesquisa e Extensão Interinstitucional Ambulatório de Especialidades Pediátricas" (2011 e 2012);Bolsista de Extensão/PROEX do Programa Emponderamento e fortalecimento da mulher amazônica frente a violência doméstica e familiar(2013); Bolsista de Iniciação Cientifica/PROPESP/FADESPE do projeto de pesquisa Imagens da violência contra a mulher narradas pela mídia paraense e Membro fundador da Liga Acadêmica de Reumatologia do Pará - LARP.

Andrey Ferreira da Silva
Enfermeiro, Licenciado em Enfermagem pela Faculdade de Enfermagem do Instituto de Ciências da Saúde da Universidade Federal do Pará. Mestrando em Enfermagem do Programa de Pós-Graduação em Enfermagem do Instituto de Ciências da Saúde da Universidade Federal do Pará. Bolsista CNPQ. Componente do Grupo de Pesquisa Educação, Políticas e Tecnologia em Enfermagem da Amazônia (EPOTENA).

Carlos Joaquim Barbosa da Rocha
Estudante do curso de Psicologia da Universidade Federal do Pará.

Cristianne Pinheiro Silva
Estudante do curso de Psicologia da UFPA

Cyntia Maria Bino Sinimbú
Graduada em Odontologia pela Universidade Federal do Pará. Especialista em Ortodontia e Ortopedia Facial pela (UNESP-Araraquara), e Mestra em Odontologia pela UFPa.

Danielle Leal Sampaio
Enfermeira, Mestre em Enfermagem pelo Programa de Pós-Graduação em Enfermagem do Instituto de Ciências da Saúde da Universidade Federal do Pará. Licenciada em Enfermagem pela Faculdade de Enfermagem do Instituto de Ciências da Saúde da Universidade Federal do Pará. Componente do Grupo de Pesquisa Educação, Políticas e Tecnologia em Enfermagem da Amazônia (EPOTENA).

Edna Abreu Barreto
Professora da Faculdade de Educação da UFPA. Doutora em Educação pela Universidade Federal Fluminense; Pesquisadora da área de currículo com ênfase em temas como políticas curriculares, relações de gênero e sexualidade; Integrante da Rede Parto do Princípio - Mulheres em rede pela maternidade ativa - http://www.partodoprincipio.com.br/

Fabiana Lima Silva
Estudante do curso de Psicologia da Universidade Federal do Pará.

Fernanda Tamie Isobe
Estudante do curso de Psicologia da Universidade Federal do Pará.

Genylton Odilon Rêgo da Rocha
Doutor. Professor Associado I da Universidade Federal do Pará, exercendo atividade de ensino, pesquisa e extensão nos cursos de graduação em Geografia e Pedagogia, e nos Programas de Pós-Graduação em Educação (Mestrado e Doutorado) e Enfermagem (Mestrado).

Gustavo Antonio Martins Brandão
Professor Doutor em Odontologia em Saúde Coletiva da Universidade Federal do Pará, Belém, Pará, Brasil.

Ilana P. Botelho Rodrigues
Estudante do curso de Psicologia da Universidade Federal do Pará.

Jorge Luis Ribeiro dos Santos
Doutor em Direitos Humanos pela UFPA, Mestre em Ciências Criminais pela PUCRS, professor de Direito na UNIFESSPA (Universidade Federal do Sul e Sudeste do Pará), advogado.

José Moraes Cardoso
Estudante do curso de Psicologia da Universidade Federal do Pará.

Leonildo Nazareno do Amaral Guedes
Mestre em Educação pela Universidade Federal do Pará

Lidiane Xavier de Sena
Enfermeira, Licenciada em Enfermagem pela Faculdade de Enfermagem do Instituto de Ciências da Saúde da Universidade Federal do Pará. Mestranda em Enfermagem do Programa de Pós-Graduação em Enfermagem do Instituto de Ciências da Saúde da Universidade Federal do Pará. Bolsista CNPQ. Componente do Grupo de Pesquisa Educação, Políticas e Tecnologia em Enfermagem da Amazônia (EPOTENA).

Liliane Silva do Nascimento
Professora Doutora em Odontologia em Saúde Coletiva da Universidade Federal do Pará, Belém, Pará, Brasil. E-mail: lilianenascimento2001@gmail.com

Lorena Santiago Fabeni
Professora de Direito da UNIFESSPA Universidade Federal do Sul e Sudeste do Pará, Campus Marabá. Doutoranda no Programa de Pós-Graduação da UFPA. Email: lsfabeni@ufpa.br

Luanna Tomaz de Souza
Professora de Direito da Universidade Federal do Pará. Doutoranda em Direito (Universidade de Coimbra). Conselheira e Presidente da Comissão de Direitos Humanos da OAB-Pa. Pesquisadora do Grupo de Estudos sobre Mulher e Relações de Gênero "Eneida de Moraes"- GEPEM/UFPa, Coordenadora do Grupos de Estudos e Pesquisas "Direito Penal e Democracia" Email: luannatomaz@ufpa.br

Manoella Canaan-Carvalho
Discente do Curso de Graduação em Psicologia da Universidade Federal do Pará. E-mail: manoellacanaan@hotmail.com

Maria Eunice Figueiredo Guedes
Professora do Curso de Psicologia da Universidade Federal do Pará – UFPA. Mestre em Ciências Sociais e Doutoranda do Programa de Psicologia –PPGP/UFPA. Coordenadora do Projeto de Extensão "Promovendo os Direitos Humanos, Saúde e Cidadania através do apoio e atenção a mulheres, crianças e adolescentes vítimas de VDS. Conselheira do Conselho Regional de Psicologia do Pará/Amapá – CRP10 e Coordenadora da Comissão de Políticas Públicas do CRP 10. E-mail nicepsique@hotmail.com.

Maria Luzia Miranda Álvares
Professora Associada 3 (IFCH/UFPA); graduada em Ciências Sociais pela Universidade Federal do Pará, Mestre em Planejamento do Desenvolvimento/NAEA e

Doutorado em Ciência Política/IUPERJ. Tem experiência na área de Ciência Política, com ênfase em estudos eleitorais e partidos políticos, participação política das mulheres e relações de gênero. É jornalista de "O Liberal"/PA; coordenadora do GEPEM/UFPA e Coordenadora Regional do OBSERVE. E-mail: luziamiranda@gmail.com

Maria Patricia Corrêa Ferreira

Mestre em Antropologia Social pela Unicamp e doutora em Ciências Sociais pela Unicamp. Pesquisadora colaboradora do Grupo de Estudos sobre Mulher e Relações de Gênero "Eneida de Moraes"- GEPEM/UFPa, Belém/PA.

Pedro Augusto Dias Baía

Psicólogo, Analista Judiciário (Tribunal de Justiça do Estado do Pará), Mestre em Teoria e Pesquisa do Comportamento (Universidade Federal do Pará).

Priscila Nazaré da Silva Neves

Estudante de graduação em odontologia da Universidade Federal do Pará,

Raquel Platilha

Estudante do curso de Psicologia da Universidade Federal do Pará.

Roberta Maués de Carvalho Azevedo Luz

Mestre em Odontologia pela Universidade Federal do Pará, Belém, Pará, Brasil. E-mail: robertamaues@gmail.com

Rochele Fellini Fachinetto

Professora Adjunta do Departamento de Sociologia da Universidade Federal do Rio Grande do Sul (UFRGS). Pesquisadora associada ao Instituto Nacional de Ciência e Tecnologia em Violência, Democracia e Segurança Cidadã - CNPq e do Grupo de Pesquisa Violência e Cidadania - UFRGS/CNPq. Integrante do Grupo de Pesquisa em Políticas Públicas de Segurança e Administração da Justiça Penal-PUC/RS. É membro da LASA - Latin American Studies Association.

Silvia Canaan-Stein

Doutorado em Psicologia pela Universidade de Brasília (2002). Professora Adjunto IV da Universidade Federal do Pará, atuando como Supervisora do Estágio em Psicologia Clínica Comportamental. É Coordenadora do Programa de Atenção Interdisciplinar à Dependência Afetiva e à Violência Baseada no Gênero (PRODAVIG) na Clínica de Psicologia da UFPA.

Valquíria Gomes Rodrigues
Enfermeira, Licenciada em Enfermagem pela Faculdade de Enfermagem do Instituto de Ciências da Saúde da Universidade Federal do Pará. Componente do Grupo de Pesquisa Educação, Políticas e Tecnologia em Enfermagem da Amazônia (EPOTENA).

Vera Lúcia de Azevedo Lima
Enfermeira, Doutora pelo Programa de Pós-Graduação em Enfermagem da Universidade Federal de Santa Catarina, Docente da Faculdade de Enfermagem e do Programa de Pós-Graduação em Enfermagem do Instituto de Ciências da Saúde da Universidade Federal do Pará. Componente do Grupo de Pesquisa Educação, Políticas e Tecnologia em Enfermagem da Amazônia (EPOTENA). Membro do Núcleo de Estudos e Intervenção da Violência (NEIVA).Coordenadora do Mestrado profissional Gestão e Saúde na Amazônia da Fundação Santa Casa de Misericórdia do Pará.

Weverton Ruan Rodrigues
Estudante do curso de Psicologia da Universidade Federal do Pará.

SOBRE O LIVRO
Tiragem: 1000
Formato: 16 x 23 cm
Mancha: 12 X 19 cm
Tipologia: Times New Roman
10,5/12/16/18
        Arial 7,5/8/9
Papel: Pólen 80 g (miolo)
Royal Supremo 250 g (capa)